保险应用写作（第二版）

BAOXIAN YINGYONG XIEZUO

主 编 余 扬

副主编 李 冰 李一鸣

复旦大学出版社

前 言

　　随着中国特色社会主义新时代的到来,应用文写作课程越来越受到人们的重视。所谓"应用文写作"其最实质、最核心的问题,就是研究如何写作文,但它不同于中学阶段所学的作文。中学所学的作文叫基础写作,而"应用文写作"则是要求学习者在具备一定的基础写作能力之上,进一步学习写作现实中各种各类实用的文章。所谓"保险应用写作"则是研究各种各类应用文体在保险实务中的运用,这里面有一些是保险界所专用的应用文体,如保险计划书、保险投标书、保险案例分析……但更多的是一些保险界和其他各行各业都通用的应用文体,如工作计划、工作总结、调查报告、通知、通报、请示、报告……但这些文体运用于保险实务中,无疑都带有鲜明的保险特色,打上了鲜明的保险烙印,是保险从业人员对这些现代应用文文体既规范化又创造性的运用。

　　保险应用写作是一门综合性的学科,要求写作者具备较广博的知识、宽阔的视野和深刻的思想。要努力学习和掌握马克思列宁主义、毛泽东思想、邓小平理论、"三个代表"重要思想和习近平新时代中国特色社会主义思想的政治理论,党和国家在新时期的路线、方针、政策和有关的法律、法规,保险理论与实务……如果涉及具体保险业务领域,还须懂得该业务知识,如写作财务分析报告须懂保险财会,写作审计报告须懂保险审计……当然,作为当代写作学的一个分支,作者显然还须学习、掌握相关的知识:扎实的语言、文字功底、文学修养、应用写作学的基础理论和各种各类文体方面的知识。保险应用写作是直接产生于保险实践并且服务于保险实践,是保险界人士在"实践──认识──再实践──再认识……"这一社会活动过程中,人们在认识这一环节的智慧结晶,要求写作者随时立足于保险实践,着眼于保险实践,从宏观和微观领域及时把握保险实践的脉搏,既具有丰富的过往实践经验,又对保险实践的发展态势具有战略性、前瞻性的思维和眼光。综上所述,可以看出,要成为一个保险应用写作方面的"高手",对作者的要求是很高的,是永无止境的,需要每个人活到老、学到老、笔耕到老、提高到老。

具备较强的应用写作能力是保险从业人员应具备的重要素质。这里要走出一个认识上的误区:以为学习、提高这方面能力只是搞办公室文秘工作才需要的。错了!不管你在保险实务中从事何种工作,工作计划、工作总结、调查报告、简报、述职报告、请示、报告、通知、通报、函、会议纪要、合同、理赔报告、保险计划书、保险投标书、保险防灾预案、保险广告、保险论文、演讲词等文体,都经常要用到。如果一个人在这方面能力不强、素养不高,就算不上一个称职的保险从业人员,将会对一个人的事业发展形成瓶颈制约,将会对单位、部门的工作造成负面影响。如果一个企业、单位、部门整体人员在这方面素质偏低,将会直接影响到这个企业、单位、部门的整体形象、工作效率、工作业绩和竞争力。

正因为以上原因,我院的前身中国保险管理干部学院从建院起就将《保险应用写作》列为各专业学生的必修课。本书是在原教材基础上,根据2012年1月1日起施行的新的《党政机关公文处理工作条例》等公文法规的原则、精神,力求反映近年来保险实务中应用写作的最新理论与成果,对原教材的一次重大修改。本书除了作为我院学生的教科书,也可作为保险企业员工岗位培训及个人自修的教材。

本书由保险职业学院余扬老师担任主编,负责全书的整体结构及修改定稿工作,保险职业学院李冰老师和李一鸣老师担任副主编。具体分工为:第一章、第二章、第三章、第五章由余扬老师编写;第六章、第七章、第八章由李冰老师编写;第四章由李一鸣老师编写。在编写过程中得到多家保险企业鼎力相助,他们提供了不少宝贵资料,特别是得到了中国人寿保险股份有限公司河北省分公司金融市场部总经理张斌先生的支持,张先生通读全稿并给出了宝贵的修改意见。同时,编者也参考了大量有关书籍,吸取了同行们的一些研究成果。在此对他们深表敬意和万分感谢。

由于编写时间仓促、编者水平有限,不足之处恳请各位专家、同行和读者不吝赐教,批评指正,以期日臻完善。

编　者

2019 年 5 月

目 录

保 · 险 · 应 · 用 · 写 · 作

第一章　应用文写作基础

著名教育家叶圣陶先生说过,大学毕业生不一定要能写小说、诗歌,但是一定要能写工作和生活中实用的文章,而且非写得通顺扎实不可。

作为一名作家、教育家,叶圣陶为什么这么强调大学生"一定要能写工作和生活中实用的文章"呢? 这是因为人类虽然已经进入经济和科学技术高度发达的信息时代,现代化的传播媒介不断出现,但永远也代替不了阅读和写作,而且,传媒形成的基础还是文本的写作。因此,在 21 世纪,对外部世界进行表达的能力是每个现代人必备的一种能力。随着社会的进步,人类的物质文明、精神文明也随之进步,作为物质文明、精神文明载体的应用文是一种现代文化的表现,应用文写作也必然"与时俱进"。这就要求我们打破传统的写作观念,树立新型的写作意识,使应用写作能力成为每个现代人必备的基本素质。

案 例 导 入

"博 士"寻 驴

从前,有一位老先生,号称学富五车,才高八斗,人称"博士"。有一天家人告诉他,家里一头黑驴丢失了,请老爷写个寻驴启事,博士磨墨铺纸,提笔运腕,一张《寻驴启事》一气呵成,墨迹未干就张贴在闹市口了。几天过去了,一点消息也没有,博士来到闹市口一看,启事还在,不少人在围观,有人正摇头晃脑地给大家念着:"我中华古国、历史悠久、文化灿烂、民风淳朴、文明教化……盘古开天……唐宗……宋祖……"一个寻驴启事洋洋洒洒写了上万字,还没提到一个驴字。难怪他等了好几天也没有任何消息呢,原来大家还没等他讲到驴就早已不耐烦读下去了。

上述案例中的"博士"的寻驴启事之所以没有达到预期的目的,重要的原因是他没有把握好应用文写作的特点。

第一节　应用文概述

一、应用文的概念

人类自从有了文字就开始了写作活动。人类最早的写作即是为了解决各种实际需要而开始的。就写作目的而言,写作分两大类:一类是文学写作,一类是应用写作。文学写作主要用于抒发作者的主观情感,反映社会现实,是为了让人们欣赏而进行的艺术创作,如诗歌、小说、戏剧、散文等。应用文写作是为了公务和个人事务而写的,用于解决实际问题。人们通常把应用型文章的写作称为应用写作,这是指为解决实际问题而撰写的各类文章,这是在社会生活中有着特定用途的文章。

应用文的使用非常广泛,几乎涉及各个领域、各个部门、各个阶层、每个人。比如,政府机关指导工作,需要用公文;工商企业经营,需要用合同;宣传商品,需要用广告;即使某个人生病了,不能上课、上班,也需要用到请假条。相对于其他文体来说,应用文的使用频率要高得多,许多人可以一辈子不写小说、诗歌、散文,但他在工作、生活、学习中却免不了要写应用文,小到写张请假条、日记,大到写计划、总结、论文等。可以这么说,应用文的使用已经广泛到了无所不在的程度,并且成为个人日常工作、生活中不可缺少的一个重要工具。

综上所述,应用文是国家机关、企事业单位、社会团体和人民群众在日常工作和生活中处理各项公务和日常事务时,在交流情况、沟通信息中,具有直接实用价值和惯用格式的一种书面交际工具。

二、应用文的特点

作为一种应用文体,应用文与小说、诗歌、戏剧、散文等文学作品相比,有着自己独特、鲜明的个性。

(一) 价值的实用性

实用性是应用文的根本属性,是应用文与其他文体最本质的区别,也是衡量应用文优劣的一条重要标准。应用文是为了用而写,只因有用才写。应用文写作的目的不是为了审美,而是为了应用。为了解决实际问题,满足客观实际需要,讲究现实目的和实际效用。例如,上级机关的决定、通知等公文,都是为贯彻传达有关的方针政策,指导工作而发,而下级机关要通过贯彻执行这些文件,解决本地区、本部门的实际问题;计划、总结、报告、请示等也是为了解决实际问题,搞好实际工作而撰写。

(二) 程式的规范性

程式规范性主要针对应用文的格式和处理而言。就文章格式而言,规范性主要包括文种规范、格式规范、语言规范。就文章处理而言,应用文与文学创作不同。作家对于文学创作的拟稿、修改、发表是自由的，没有固定的程式；而应用文则不同，往往要按照一定的程序进行，如党政公文的拟稿、核稿、签发等程序都有严格的规定；专业文书中的法律文书，它的起草和交办，也都有严格的程序。

（三）内容的真实性

真实，是一切应用文的共同特点。真实性是指内容必须从实际出发，实事求是地反映客观事物的真实面貌，准确无误地传递信息。不真实就谈不上应用，就不能担负起指导人们正确行动的作用。例如向上级报告或请示时，如果材料虚假，就是欺骗上级。

（四）行文的时效性

时效性是指应用文要写得及时、发得及时、办得及时。应用文写作目的是解决现实中存在的问题，使办事有依据。在日常工作、学习、交往和生活中一般要求在特定时间内处理特定的问题，如果应用文行文不及时，就会丧失其实用价值。如通知、计划、合同之类的应用文，都是有阶段性的，当其执行的期限一过，也就随即失去了效力。

三、应用文的作用

随着社会的发展，作为一种工具和信息载体的应用文越来越被人们重视。它的作用主要体现在以下四个方面。

（一）宣传教育作用

借助党政公文的法规制度，党的方针政策得以及时和权威地宣传，它们对个人和组织作出道德和行为规范，以统一思想和行动；各级企事业单位也可以通过宣传类应用文为自己树立良好的社会形象；社会团体和人民群众则可以通过报告等形式更好地贯彻执行党的路线、方针和政策。

（二）权威规范作用

应用文是行政管理的工具，党和国家的各级组织和各部门的组织系统，以及企事业单位，从上到下都是通过公务文书来传达法律规范、方针政策、意见办法，来部署工作，实现领导职能的。例如，下达的命令、决定、批复、意见等，具有领导和规范作用。

（三）沟通协调作用

上级机关可以通过批复、命令等应用文下达指导；下级机关可以通过报告、请示等应用文报请有关事情；企事业单位和人民群众可以通过各种专用书信、启事、函件等应用文来沟通思想、传递信息、加强联系。

（四）凭证依据作用

应用文还是单位、团体履行职责、开展公务活动的真实记录，大部分文种在宣传政策、指导工作、规范行为、沟通信息的同时，也具有便于检查、监督的凭证和依据作用，一旦阅办完毕，便需立卷归档，以便查考。

四、应用文的种类

应用文的文种种类繁多，没有统一的标准。根据划分标准的不同，分类的结果也不尽相同。一般而言，按照应用文的使用功能来划分，分为以下两类。

（一）通用类

通用类应用文是指人们在办公或办事过程中普遍使用的文书，它主要包括以下三个方面。

1. 党政公文类

党政公文类应用文是指《党政机关公文处理工作条例》中规定的 15 种公文文种，包括决议、决定、命令（令）、公报、公告、通告、意见、通知、通报、报告、请示、批复、议案、函和纪要。

2. 通用事务类

通用事务类应用文包括计划、总结、调查报告、简报、述职报告、规章制度和会议材料等。

3. 个人事务类

个人事务类应用文如日记、读书笔记及各类信函等。

（二）专用类

专用类应用文指专业性很强的文书，主要包括以下四类。

1. 科技类

科技类应用文包括毕业论文、学术论文、实验报告等。

2. 财经类

财经类应用文包括市场预测报告、市场调查报告、经济活动分析报告及经济合同等。

3. 司法类

司法类应用文包括诉状、辩护词、公证书和判决书等。

4. 传播类

传播类应用文包括消息、通讯、特写和广告等。

此外，专用类应用文还有外交、军事等方面的文书。

五、应用文学习的基本方法

要进行行之有效的应用文写作的学习，就应当注意以下三点。

（一）以理论为指导

应用写作的理论对应用写作实践有直接的、具体的指导作用。掌握其理论，正确认识各类应用文的特点和写法，无疑会帮助我们进行写作实践。只有认真掌握基本概念，理解本门课程的理论框架，熟悉重要的例文，把握其中的规律，才能把知识转化为能力，在实践中才能应用。

（二）以例文为借鉴

应用写作的学习需要经历简单模仿、逐渐熟悉、运用自如三个阶段：尤其在各类文种的体式训练中，阅读例文、模仿例文写作是第一步；熟悉应用文的格式，领悟各类文种的写作思路是第二步；反复练习，最终达到写作自如是第三步。因此，对例文的分析和模仿是学习应用写作的重要途径。例文分析可以使我们从中领悟具体的写作规律。典型例文可以帮我们拓展思路、掌握技法，瑕疵例文可以使我们吸取教训、总结经验。

（三）以训练为中心

将应用写作知识转化为写作能力，主要依靠有目的、有计划的写作训练。尽管写作能力是各种知识的综合性体现，但有重点地针对各文种特点进行训练对于掌握其基本写作方法是十分有效的。因此，坚持不懈，不断加强学习，不断扩大知识面，勤于练习，熟练掌握，是应用文写作入门的坚实路径。

第二节　应用文的写作要素

一、主旨

（一）主旨的概念

写任何文章，作者总应有明确的目的。杂乱的文字堆砌，无逻辑的语句组合绝不能称为文章。写文章，作者总要针对客观事物提出看法、表明态度，以达到宣传、教育读者的目的。作者写文章时，无论是说明事物、阐述道理，还是记叙生活，总是要通过文章的内容表现出基本的思想，体现出作者的写作意图。作者通过文章的内容所表达的基本思想与明确意图称为主旨。

主旨这个概念古已有之，但有多种称呼和说法。概括起来有意、义、理、旨、主意、主脑、主题等。在当代各种不同的文体中，人们对主旨的称呼并不统一。文学作品一般称作主题或主题思想；一般性记叙类文章和说明类文章通常称为中心思想；在议论说理类文章中一般称为观点、论点；在应用类文章中大多习惯叫作主旨或中心。应用写作，有极强的政策性和实践性，写作者必然要鲜明地表达自己的观点，表明自己的态度，提出自己的看法，也就是说，必须有明确的主旨。

（二）主旨的作用

主旨是文章的灵魂与统帅。"无帅之兵谓之乌合"，主旨的重要作用由此可见一斑。

1. 主旨体现写作目的

从思想内容上来看，主旨是文章的灵魂，是基本精神在文章中的反映，具体体现了作者的写作目的。有了主旨，作者就能在复杂多变的客观实际情况中、在丰富复杂的材料中抓住中心，做到"以意为主，以文传意"。

2. 主旨统摄材料

主旨统摄材料，恰似主帅根据作战意图调兵遣将，统领千军万马，志在必夺。动笔之前广搜材料，当需多多益善；主旨确立后，则应依据主旨需要精选材料，将诸多材料认真筛选，去粗取精，将那些能为主旨服务的材料保留下来，在主旨统摄下妥善地组织材料。

3. 主旨决定结构

结构是根据主旨形成的,段落和各段之意又都是围绕主旨而提出的,所以说主旨决定结构。清人刘熙载说:"文无一定局势,因题为局势;无一定柱法,因题为柱法;无一定句调,因题为句调。"这里的"题"字便是我们所说的主旨。这里的"局势""柱法"就是指文章的结构。刘熙载的这句话非常确切地阐述了主旨决定结构这一问题。

4. 主旨决定语言风格

作为应用文,尤其是公文,具有严肃、庄重的法定效力,一旦发出,即将成为人们行动的依据和准绳。因此,遣词造句必须依据主旨需要而确立。"意能遣词",唐人杜牧的这四个字,将主旨与语言风格的主次关系阐述得十分明确而深刻。

主旨在文章中处于支配地位。哪些材料应取,哪些材料应舍,如何处理详略关系,怎样安排结构,采取怎样的表达方法,如何运用语言,并使之和谐统一,组成有机的整体,这一切都必须受主旨的制约,由主旨来决定和支配。

(三) 主旨的要求

1. 正确

所谓正确,即观点、主旨要符合党的路线、方针、政策,符合客观事物的发展规律,揭示客观世界的本质。写作应用文,尤其是公文,要根据具体情况,结合有关政策法规,作出科学决策,而不可主观空谈,随意而为。

2. 单一

所谓单一,指的是主旨集中,就是要"立主脑""减头绪"。全文应紧紧围绕中心。古人说"立意要纯",绝不可枝叶横生,淹没了主干,冲淡了主旨。应用文要一文一事,而不可一文数事。这就是要求主旨单纯明确,即"一文一事一旨"。

3. 鲜明

所谓鲜明,是指观点明确,态度鲜明,反映客观事实,是非分明。主旨必须清晰明白而确定不移,不可模棱两可,含糊其辞。主旨要能够正确地概括和揭示事物的本质,符合马列主义、毛泽东思想、邓小平理论和习近平新时代中国特色社会主义思想的基本原则,而不可是歪曲的、主观的、片面的。写作者的鲜明态度要从主旨中反映出来,赞成什么、反对什么、宣传什么、抨击什么,要清清楚楚、明明白白。

4. 周严

所谓周严,主要是指反映客观事物时应事理周严,不能前后矛盾。要做到主旨"一以贯之,依源扣题"。这里所说的"源"就是指主旨,即在行文时,不离其宗,时刻注意与主旨相扣合。语言周严,用词准确,既要注意确切词语的准确使用,也要注意模糊词语的准确选用。要做到言之有理、言之有序,概念明确,判断恰当。

(四) 主旨的表达方法

主旨确立后,还要用一定的方法与技巧将其完善地表现出来。应用文主旨的表达,多是采用直接的、明显的方式,文学作品的主题则多采用含蓄、自然流露的方式。应用文主旨表达的方法有四种。

1. 标题示旨

这种方式简洁明快,一目了然。主旨往往就是标题中的发文事由。

2. 开篇明旨

开篇明义,开门见山。

3. 篇中立旨

这是指利用小标题或段落的开头表达分论点。

4. 篇末结旨

这也称为"卒章显志",即在文尾处点明或强调文章主旨。

二、材料

(一) 材料的概念

材料是构成文章的要素之一,它是写任何一种体式文章不可或缺的"物质基础"。应用文材料是指在表现文章主旨时,撰写者所依凭或写入文中的一系列现实情由和有关的理论根据。一系列现实情由是指有关的情况、事实、数据等。有关的理论根据是指具有一定权威的、符合客观规律的,为人们所承认的道理,包括马克思主义的基本原理、革命导师以及党和国家领导人的言论、上级的指示和规定、古今中外的名人名言、生活经验、成语故事、诗词古语等。材料的上述两种成分是一个有机的整体,在应用文中大都是交叉使用的,但因文体的不同而有所侧重。

(二) 应用文材料的特点

1. 具有二元性

应用文的材料,有的不直接体现在文章之中,有的则必须根据写作的需要直接写入文章之中。因此,它在材料的处理上具有二元性的显著特点。文学作品的题材是对社会生活或现象的具体描绘,一般都要写入作品之中,只具有一元性。

(1) 应用文材料中仅作为依凭的材料

这也可称为非直接摄入的材料,即所用的材料仅仅是形成应用文的一种依凭,它们并不直接进入文章之中。撰写者仅仅依凭这些理论根据和现实情由来形成文章的观点意见和措施等。这些理论根据和现实情由在作为"依凭"之前,它们属于自然形态的东西,而一旦被作为"依凭"之后,就使它们产生了一种升华,变成了观念形态的东西。非直接摄入材料多用于捐令性和法律、法规性的公文写作中,如规定性通告,指示性、规定性的通知等。

(2) 应用文材料中直接写入文章中的材料

这也称为直接摄入的材料,即所用的材料不仅是形成主旨、观点的依凭,而且写进文章之中,成为表现文章主旨、观点的支柱,成为文章的血肉,是"四大要素"之一。直接摄入材料多用于撰写总结、调查报告、工作报告、论文等文体的写作之中。

2. 具有客观性

写进应用文中的现实情由是对工作情况的客观反映,不能夸大,亦不能缩小,不能虚构,也不得凭空想象,而文学作品中的题材是对现实生活的一种创造,是经过作者加工、提炼的。同样是庐山瀑布,出现在应用文中只能写出它的实际海拔高度,而文学作品中则可以夸张为"飞流直下三千尺"。总之,应用文材料的特点是和它反映现实的方式有着直接关系的。

（三）应用文材料的占有

材料来源于理论学习和保险实践,要在学习实践中积累。应用文中的公文是党和国家各级机关、企事业单位、社会团体之间进行公务活动的客观反映。离开了公务活动这一客观事物,公文就成了无源之水,无本之木,失去了产生、存在的前提和基础。占有材料的途径主要有三种。

1. 要深入调查研究

调查研究是占有材料的基本方法,如调查报告、统计分析报告、总结、简报、规划等,都是在调查研究的基础上写出来的。毛泽东曾说:"没有调查,就没有发言权。"在应用文写作上,可以说没有调查就没有写作权。撰写者如果对周围社会环境和工作状况不做周密系统的调查研究,不及时了解实际生活中出现的新问题、新情况,不认真了解、研究调查对象的客观规律,那么,他就不可能写出有指导性、有社会价值的文章。

2. 要积极参加社会实践

应用文虽然是一种精神产品,但它的原材料或半成品大都来自广大人民群众的实践,它源于生活,是社会生活的客观反映。撰写者在时间和条件许可的前提下,应当积极参加社会实践,把自己置身于社会活动之中,到最广大、最丰富的材料的源泉中去观察、体验、研究、分析一切人,一切阶层,一切群众,一切生活形式和斗争形式。凡是优秀的应用文,它们的材料都离不开作者在社会实践中的直接经验和所见、所闻、所遇、所感。古今中外,许多高质量的、有价值的、有影响的应用文,大都是作者利用实践中了解和体验到的材料写成的。

3. 要努力向书本学习

如果说调查研究和参加社会实践是"行万里路",那么,努力向书本学习、积学储宝就是"读万卷书"。应用文写作需要多方面的知识和多方面的材料。尤其是带有指导性的应用文,经常会遇到一些理论问题,在这种情况下,光靠调查研究和参加社会实践去占有材料是供不应求的,还必须通过"博览群书"去获取各种类型的材料。在科学技术飞速发展、知识不断更新、情况瞬息万变的今天,更要努力向书本学习。通过学习,掌握大量的有关知识和信息。既要懂得社会科学,又要熟悉或了解有关的自然科学。力求在某一领域熟悉和了解古今中外的情况,全面占有材料。广大应用文写作者的写作实践证明,只有"读书破万卷",才能做到"下笔如有神"。

（四）材料的选择

材料的选择,贵在一个"严"字,重在一个"准"字。应该坚持的原则有五项。

1. 要紧紧围绕主旨

主旨是选材的依据。选材的主要标准是看它能否充分深刻地表现主旨。因此,必须严把质量关,紧紧围绕主旨,严格进行挑选。否则,即使再生动,也要忍痛割爱,坚决舍弃。只有选择最能表现主旨的材料,才有利于突出主旨。

2. 要典型

文章总是通过个别事物反映一般规律,通过个性反映共性,应用文也是一样。与主旨有关、能表现主旨的材料往往是很多的,不可能把这些材料都用上,而是要从中选择那些最有代表性、最有思想性、最有说服力、能够"以一当十"的典型材料。材料越典型,应用文的内容也就越精炼,主旨的表现就越深刻。

3. 要真实准确

材料的真实准确是指要符合客观实际,应用文写作中的材料不允许凭空虚构、合理想象、道听途说、添枝加叶,每个事例、每个数据,乃至一个人名、一个地名都要与客观事实核对无误。

4. 要点面结合

点面结合是指既要选用点上的材料,又要选用面上的材料。这里讲的点和面主要包括两种类型。在第一种类型中,点是指材料中的具体事例,面则是指某项工作或某一事件的全面情况。另一种类型是就单位的情况而言的,点是指一个到两个下属单位的情况,面指大单位或一个系统的情况。

5. 要选择正面材料和反面材料

正和反是对立的统一。从总体上说,应用文中选用正面的材料较多,使用反面材料较少。但在实际工作中,往往有一些反面材料会产生比正面材料更大的作用,而且任何事物都是一分为二的,不能说好就绝对好,说坏就绝对坏。因此,一定要根据不同的文体和表达主旨的实际需要去选择正面材料和反面材料。

三、结构

(一) 结构的概念

结构是指文章内部的组织构造,即文章内容的组织排列形式。写文章规划结构的过程,是根据主旨的要求和表达内容的需要,对材料进行合理的组织和安排的过程。经过精心的布局谋篇,才能使自己的思想成型,文章成体,才能使文章"有物有序"。"有物",就是要求内容充实,思想健康;"有序",就是要精心安排材料,做到有呼有应,详略适度,有条不紊。这样,文章才能形成一个有机的整体。

(二) 结构的基本内容

1. 开头

开头就是全文的起笔。这第一步与全文密切相关。从何落笔,从什么问题写起,这是全篇布局的起点。应用文常用的开头方式有五种。

(1) 情况概述法

工作总结及综合性、专题性工作报告的开头,往往用非常简明的语言,概括叙述某一时间、某一方面工作的基本情况。(如遵照上级的什么指示和要求,以什么为指导思想,以什么为重点,在什么背景和基础上进行了什么工作,取得了什么成绩和效果等。)

(2) 提纲挈领法

这种开头的写法,主要表现为章程、条例、规定、办法等规章制度的总纲和总则部分。总纲是用以阐明一个政党、社会团体的性质、地位、奋斗目标、指导思想、总的任务、基本要求等,是一个章程各章的纲。总则一般是写订立本规定制度的目的、意义、要求、根据、原因、适用范围等,是一个规章制度的核心、要领所在。

(3) 起句立意法

这也称点题法,即把文章的主旨、要点及所要解决的核心问题置于开端处,以唤起阅者注意。应用文采用这种方法开头的比较普遍,如讲话稿及文字较长一些的通知、简报、通报、决定等。

(4) 目的依据法

这种开头主要用于决定、通知、通告、计划、规划、工作要点、方案、意见等公文的开头,即用简明的语言,讲清制发本应用文的目的、依据、指导思想。

(5) 交代缘由法

一般在写作通知、命令、请示、通告、通报的开头时多采用这种写法,即在开端处讲明"因为什么要制发本文"。比如,因为什么而要请示,由于什么缘由而要发布命令和通告等,为何原因及因何问题引起而制发本通报或通知等。

2. 主体

主体部分的结构安排形式主要有四种。

(1) 总分式

各层次之间的关系为"总——分——总"式,"总——分"式或"分——总"式的关系。其中,"总——分——总"式是一种完整的基本结构形式。工作计划、工作总结、通知等文种往往采用总分式来安排层次。

(2) 纵式

这类结构形式是向纵深发展的,每个层次之间的关系是层层递进的关系。纵式,又具体分为按时间前后顺序安排的纵式、按事件发展过程安排的纵式、按事理层次安排的纵式三种形式。

(3) 横式

这种应用文的主体结构是横向展开的,各个层次之间的关系不是从属关系,而是并列的"平辈"关系。横式,又具体分为按条款安排的横式和按块块安排的横式两种形式。

(4) 纵横结合式

这是把纵式和横式合在一起来安排文章结构。结合式多数是按先纵式后横式或大的层次为纵式,纵式里面包括横式的顺序来安排结构,也有的是在横式当中包含着纵式。

3. 结尾

结尾是全文的"收笔"。这是对全文的收勒与归结,其作用在于进一步明确主旨,加深认识,明确方向。应用文常用的结尾方式有三种。

（1）总结全文法

对全文主旨进行简要的概括,使阅者有一个总的完整印象。

（2）强调说明法

对全文主旨的意义进行强调说明,引起重视,以有利于贯彻执行。

（3）希望请求法

下行文的结尾,一般向下级提出希望要求,如:"以上各项,望认真贯彻执行""以上规定,希望遵照办理"等。上行文的结尾,一般向上级提出明确的请求。如:"上述意见,妥否,请批示""以上意见如无不妥,请批转有关部门执行"等。

四、语言

应用写作不同于"以情动人"为特征的文学作品,也不同于"以理服人"为特征的理论文章,而且与"以知授人"为特征的说明性文章也不相同,应用写作是以"以事理告人"为特征的。

（一）应用文语言的特点

应用写作,当然要运用记叙、议论和说明的表达方式,但只要求作概括性的记叙、议论或说明,是为了提出问题、意见、措施和办法而作的必要记叙、说明和阐发,因此这就决定了应用写作语言的特点。

1. 语言朴实无华

应用写作的内容完全是写实的,"务实"这个特点就决定了它的语言朴实无华的本色。这一点与文学写作是有很大区别的。在应用写作中,即使是叙事性较强的一类文章,语言色彩也没有文学写作那么浓烈;往往以客观的、平直的叙说为主,既无铺陈渲染,又无夸张虚饰,也不作细腻的描写润色,与文学写作的浓墨重彩描述是不一样的。

2. 语言的惯用性

应用写作有一套惯用语。主要包括：（1）习惯用语；（2）专业术语；（3）惯用句式。

（1）习惯用语

这包括称谓用语、经办用语、期请用语、引叙用语、征询期复用语、回复用语、开端用语、过渡用语、结尾用语等。

① 称谓用语包括三种人称,都有习惯用法。如:

第一人称：本（公司）、我（行）；

第二人称：你（店）、贵（校）；

第三人称：该（厂）。

以上称谓,除"贵"字有尊重、礼貌色彩外,其余在使用时没有等级色彩,上下级均可据实使用。

② 经办用语：经、业经、兹经。

经办用语说明工作处理过程的已然时态,表明处理时间及经过情况。如:

"经有关部门研究决定⋯⋯"。

"《中华人民共和国民法通则》业经六届人大四次会议通过⋯⋯"。

关于××金库被盗一案,兹经调查⋯⋯

③ 期请用语:请、拟请、希、即请查照、希即遵照执行、恳请予以答复(协助、解决⋯⋯)

期请用语是表示期望、请求的,在不同的行文关系中,应注意期请用语的选择。如:

请、拟请、希:在上行,平行与下行文中均可使用,它是协商的委婉语气,礼貌地表达了期请之意。

即请查照:一般用于平行文,即在致函同级机关了解、存查或办理工作事务时,用于文件的末尾。

希即遵照:一般用于下行文,即上级指示下级办理某件事并令其执行时,用于文件的末尾,带有一定指令性,无更多商洽余地。

恳请:一般用于平行文和上行文。

④ 引叙用语:前接、近接、悉、收悉、敬悉、现经等。

引叙用语是引叙来文时的用语。如:

"前接中国人民银行总行来电⋯⋯"

"近接××财政厅通知⋯⋯"

⑤ 征询用语和期复用语。

征询用语:当否、是否可行、可否、是否同意、是否妥当等。

期复用语:请批示、请核示、请回复、请指示。

这两种用语经常联用,常用于请示等公文的末尾。如:

"可否,请批示。"

"是否同意,请核示。"

"是否可行,请回复。"

⑥ 回复用语:同意、不同意、拟予同意、准予备案、按照执行等。

⑦ 开端用语:为了、根据、对于、关于、按照、遵照、据查、据反映、由于等。

开端用语,一般为介词,与后面的宾语组成一个介词结构,这是应用文的常用结构。主要用来表述行文的目的、依据、原因等。

⑧ 过渡用语:为此、对此、鉴此、据此、综上所述等。

过渡用语往往用在开头的总叙之末,用以连接下面的分叙,起到承上启下的过渡作用。如:

"[开头总叙某事],为此,本公司特提出以下三点意见⋯⋯"

"此",特指上文提及的某事,"对此"就将上文总叙的某事与下文将要分叙的三点意见挂上了钩,起到了过渡的作用。

⑨ 结尾用语:为盼、为荷、特此(通知、通报、函复、函达)、现予以公布、贯彻执行等。

这些结尾语是指一般函件、公用介绍信以及有些通知、批复、通报的结尾用语。

在不同的行文关系中,应注意结尾用语的选择:

为荷、为盼：一般用于平行机关或不相隶属机关的行文中。"为荷"带有感谢的意思，"为盼"带有盼望的意思，都有表客气的意味。

特此通知：只是为了加强语气。

应用写作中的惯用性语汇，是应用文语言体系的一个有机组成部分，已在长期的应用过程中定型化和规范化了，不允许随意用同义的词语来替代，也不可张冠李戴。

（2）专业术语

应用写作是专业性很强的写作，因此专业术语是应用写作用语的一个重要组成部分。专业术语不可不用，否则无法准确表达专业工作的实际情况与问题；专业术语又不可滥用，否则就会因过分专业化而使读者面过窄，以致达不到应有的宣传效果，若是不为一般人熟悉而又非用不可的术语，可适当加以注释，以扩大读者面。

由于社会分工的具体化，所以专业术语也随之专门化。例如就经济领域而言，就可分为财政、金融、外贸、商业、审计、保险等专业，都各有一套与专业内容相适应的专业术语，若是不懂专业、不懂专业术语、专业应用写作是无从下笔的，也势必影响专业工作的进行。

（3）惯用句式

① 宾语提前句。应用写作中常用宾语提前句式，这种句式又称"把"字句。

"把"字句式的特点是，用"将"或"把"字，把谓语动词的受事宾语提前，其目的是为了突出所强调的表达对象，将话说得更明确、更清晰。

请看下面例子：

"现将省公司《关于保险事故人员伤害案件管理暂行规定》转发给你们，请遵照执行。"

这是一则转发性通知正文部分的一句话，按照一般语序，应为"现转发给你们省公司《关于保险事故人员伤害案件管理暂行规定》，请递照执行"。而用"将"字提宾，把受事宾语"省公司《关于保险事故人员伤害案件管理暂行规定》"提前，突出并强调了这一部分。这种"把"（将）字句提宾句式，因其表达效果而常用于应用写作之中。

② 重点后置句。如"请示"，通常的结尾用语为"以上意见如无不妥，请批复"。其文意的重点并不在"以上意见如无不妥"上，文句的本意在"请批复"的后半句上。

③ 陈述句。由于公文所表达的内容大都属于叙事性的，因此决定了要较多地使用陈述句，而且又多是结构简单、词语较少的短句，比如"完成了……任务""……工作胜利完成了""开展……活动""取得了……成就""××活动搞得很好"等。

④ 祈使句。如"禁止……""严禁……""不准……""应当……""注意……""必须……"等。

⑤ 目的句。为了表明应用文的写作目的，常常是通过目的句"为了……"引渡出来。

⑥ 无主句。在应用文中，尤其是在公文中无主句俯拾皆是。无主句既能明确地表义，又显得文字简洁清晰，因为根据特定的语境，其主语不言自明。

（二）应用写作的语言要求

1. 准确

用词遣字要准确，概念、判断、推理要准确，句子表达要准确。在总体上，要求语言讲究科学性和逻辑性,能准确地表达文章的内容与作者的思想感情。

2.严密

严密是应用写作语言的重要特色,表现在整体行文上要严密,要前后照应周详、丝丝相扣,一以贯之,不能前后脱节甚至前后矛盾等。

3.精炼

精炼是应用写作语言的又一重要特色。应用文要求写得直截了当,洗练明快,以便节省处理时间,提高工作效率。要求言简意赅,陈言务去。

4.庄重

这是指庄严郑重。这是处理公务活动应有的严正立场和严肃持重的态度在应用文中的体现。所谓庄重,就是应用文的用语不俗气,有气派,使用的是规范的书面用语。

5.得体

根据不同的场合、不同的行文对象、不同的文体特点,注意适当的用语。如上行文,语言须谦恭;下行文,语言须庄重;平行文,语言须有礼,多用协商语言。

6.鲜明

这是应用写作语言表达的更高要求。它是在准确、严密、精炼、得体的基础上,进一步要求通过句式的变化、语言的形象性以及各种修辞手法的灵活运用,加强语言的表现力与艺术感染力。

综合训练

一、填空题

1.……以上意见如_____,_____批转各部属院校。

2._____悉_____公司成立,谨表_____。

3._____……文件的精神,_____将……情况报告如下。

4.以上请示,_____,请批复。

5._____进一步提高……水平,决定对……培训。_____征得××学院同意,_____委托_____院举办……培训。

6.……以大力协作_____。

7._____……省政府……指示,_____将……厅《……》_____给你们。

8.……来函_____,关于……一事,我局同意_____局意见,特此_____。

二、修改病句

1.经过调查,其中一半以上的智力衰退,而其中四分之一的智力衰退十分严重。

2. 在地区与地区之间,尚存在生猪数量多寡不等的现象。

3. 局长嘱咐几个学校的领导,新学期的工作一定要有新的起色。

4. 今年的小麦和粮食又获得了大丰收。

5. 公安部门将这些不法分子逮捕法办,确实罪有应得。

6. 随着匆匆的列车,我跨入××大学的校门。

7. 校园里随时可以看见沉思的身影和琅琅的读书声。

三、问答题

1. 为什么说主旨、材料、结构、语言是文章的四大要素?

2. 元代人乔梦符说:"作乐府(指元曲、编著注)亦有法,曰凤头、猪肚、豹尾,六字是也。"后来人们把凤头、猪肚、豹尾推广为一般文章结构的一条美学标准,请你谈谈对这一标准的理解和看法。

3. 应用文写作与文学写作有什么区别? 你怎么看待"应用文写作"这门课程?

第二章 保险公司常用法定公文

公文的全称是公务文书,是指党政机关在行政管理活动中产生的,按照严格的、法定的生效程序和规范的格式制定的具有传递信息和记录作用的文体。它是特殊规范化的文体,具有其他文体所没有的权威性,有法定的制作权限和确定的读者,有特定的行文格式、行文规则和办理办法。

公文虽是一种实用性的文章,但是有着独特的审美性,在合目的性与合规律性的统一中体现的是社会美,一种充满人文内涵的美。公文虽有模式和规范,但仍然需要创造性,在洞察事务与驾驭语言之间不断地寻找着完美的平衡。

案例导入

政府工作报告修改86处 大部分意见被采纳

2018年3月20日,国务院新闻办举行新闻吹风会,邀请政府工作报告起草组成员、国务院研究室副主任韩文秀介绍报告修订情况并回答记者提问。

据介绍,在全国两会期间,全国人大代表和政协委员深入讨论了报告,提出了许多好的意见建议。按照李克强总理的要求,报告起草组系统整理汇总了人大代表和政协委员提出的意见,对每条意见都进行了认真研究,对报告进行了修改和完善。报告共修改86处,吸收、涵盖了大部分意见。

韩文秀介绍了一些比较重要的修改,集中在四个方面。一是对过去五年历史性成就的补充建议,如在改革开放成就方面,补充了"主要领域改革主体框架基本确立";在人民生活持续改善方面,补充了"教育事业全面发展";二是对过去五年政府工作总结的补充建议,如在坚持创新引领发展部分,补充了"推进全面创新改革试验";在坚持全面深化改革部分,补充了"稳步推进教育综合改革";三是对2018年工作建议的补充建议,如在发展壮大新动能部分,补充了"加快发展现代服务业""建设智慧社会";在加快制造强国建设部分,补充了"推进智能制造""弘扬劳模精神""建设知识型、技能型、创新型劳动者大军";四是使语言表述上更加完整的建议,如在深化"放管服"改革部分,将"全面实施市场准入负面清单制度"改为"全面实施全国统一的市场准入负面清单制度";在落实和完善创新激励政策部分，将"绩效评价要加快从重过程向重结果转变"改为"科研项目绩效评价要加快从重过程向重结果转变"……

　　"通过这些修改，我感到报告更好地体现了党的十九大精神，更好地贯彻了习近平新时代中国特色社会主义思想，更好地吸收了代表和委员的意见建议，更好地反映了人民的心声心愿心念，有利于更好地凝聚共识、推动工作。"韩文秀表示，报告从起草到最后修改完善，是一个发扬工匠精神，精益求精、精雕细刻的过程，不仅对框架结构、主要观点要反复研究，也要对每句话、每个标点符号仔细推敲。

第一节　概　　述

法定公文是指《党政机关公文处理工作条例》等公文法规中明确规定的公文种类。保险公司的法定公文处理工作,都必须遵循《党政机关公文处理工作条例》的原则和精神,不能超越其基本规范。所以,学习保险公司常用法定公文这一章,以学习《党政机关公文处理工作条例》的相关知识为主。

一、法定公文的概念和特点

（一）法定公文的概念

法定公文是党政机关等实施领导、履行职能、处理公务的具有特定效力和规范体式的文书,是传达贯彻党和国家方针政策、公布法规和规章,指导、布置和商洽工作,请示和答复问题,报告、通报和交流情况等的重要工具。

（二）法定公文的特点

法定公文,作为一种特定文体,具有特定功能,因而也就具有区别于其他文章的鲜明特点,归纳起来,主要有以下四个方面:

（1）公文性质的政治性;

（2）公文内容的权威性;

（3）公文效用的现实性;

（4）公文体式的规范性。

二、法定公文的种类

为统一中国共产党机关和国家行政机关公文处理工作,2012 年 4 月 16 日,中共中央办公厅(以下简称中办)、国务院办公厅(以下简称国办)联合印发了《党政机关公文处理工作条例》,同时废止了 1996 年中办印发的《中国共产党机关公文处理条例》和 2000 年国务院发布的《国家行政机关公文处理办法》。《党政机关公文处理工作条例》自 2012 年 7 月 1 日起施行,该条例规定公文的种类为 15 种,具体规定如下。

（1）决议,适用于会议讨论通过的重大决策事项。

（2）决定,适用于对重要事项作出决策和部署、奖惩有关单位和人员、变更或者撤销下级机关不适当的决定事项。

（3）命令(令),适用于公布行政法规和规章、宣布施行重大强制性措施、批准授予和晋升衔级、嘉奖有关单位和人员。

（4）公报,适用于公布重要决定或者重大事项。

（5）公告,适用于向国内外宣布重要事项或者法定事项。

（6）通告，适用于在一定范围内公布应当遵守或者周知的事项。

（7）意见，适用于对重要问题提出见解和处理办法。

（8）通知，适用于发布、传达要求下级机关执行和有关单位周知或者执行的事项，批转、转发公文。

（9）通报，适用于表彰先进、批评错误、传达重要精神和告知重要情况。

（10）报告，适用于向上级机关汇报工作、反映情况，回复上级机关的询问。

（11）请示，适用于向上级机关请求指示、批准。

（12）批复，适用于答复下级机关请示事项。

（13）议案，适用于各级人民政府按照法律程序向同级人民代表大会或者人民代表大会常务委员会提请审议事项。

（14）函，适用于不相隶属机关之间商洽工作、询问和答复问题、请求批准和答复审批事项。

（15）纪要，适用于记载会议主要情况和议定事项。

按行文关系分，上述公文又包含上行文、平行文和下行文三类。上行文是向上级机关呈报的公文，如请示、报告等；平行文是向不相隶属的机关递送的公文，如函等；下行文是向下级机关发布的公文，如决定、通知等。

三、法定公文格式

《党政机关公文格式》规定了党政机关通用的纸张要求、排版和印刷装订要求、公文格式各要素的编排规则。公文用纸采用 GB/T148 中规定的 A4 纸（长 297 毫米、宽 210 毫米）。

公文的文本格式除信函、命令（令）、纪要等有其特定格式规定外，一般格式如下。

（一）版头

置于公文首页红色反线以上的各要素统称公文版头。版头包括公文份数、序号、秘密等级和保密期限、紧急程度、发文机关标志、发文字号、签发人。

1. 发文机关标志

发文机关标志即通常所说的"红头"，由发文机关全称或规范化简称后加"文件"组成，也可以只使用发文机关全称或者规范化简称。联合行文时，发文机关标志可以同时标注联署发文机关名称，也可以单独使用主办机关名称。如果需要同时标注联署发文机关时，应分行连续标注所有联署发文机关名称，一般主办机关在前，并将"文件"二字置于联署发文机关名称右侧，上下居中排布。

2. 发文字号

发文字号是发文机关按照发文顺序编排的顺序号，由发文机关代字、年份和发文顺序号组成。编排在发文机关标志下空两行位置，居中排布。发文机关代字是由发文机关文秘部门为本机关所有部门统一编制的规范化缩写加"发""函"等组成。年份要用四位年代号，不应简化，用六角括号"〔　〕"括入。发文顺序号是一个发文机关一年内制发文件的统一流水号,不编虚位(即1不编为001),不加"第"字。联合行文时,应使用主办机关的发文字号。

(二)公文主体部分

公文主体部分置于公文首页红色反线(不含)以下至抄送机关(不含)之间的各要素统称主体,包括标题、主送机关、正文、发文机关署名、成文日期、印章、附注、附件等。

1. 公文标题

公文标题是对公文主要内容准确、简要的概括,由发文机关名称、事由和文种组成。公文标题中除法规、规章名称加书名号外,一般不用标点符号。标题编排于红色分割线下空两行位置,分一行或多行居中排布;回行时,要做到词意完整,排列对称,长短适宜,间距恰当,标题排列应当使用梯形或者菱形。

2. 主送机关

公文的主要受理机关,应当使用机关全称、规范化简称或者同类型机关统称。主送机关较多时,一般按照重要程度排序,在各类别之间用逗号隔开,各类别之内用顿号隔开,最后一个主送机关名称后标全角冒号。

3. 公文正文

正文是公文的主体,用来表述公文的内容。文中结构层次序数依次可以用"一、""(一)""1.""(1)"标注。

4. 发文机关署名

公文须署发文机关全称或者规范化简称。

5. 成文日期

公文生效的时间是公文生效的重要标志。用阿拉伯数字将年、月、日标全,年份应标全称,月、日不标虚位。

6. 印章

公文中有发文机关署名的,应当加盖发文机关印章,并与署名机关相符。有特定发文机关标志的普发性公文和电报可以不加盖印章。联合上报的公文,由主办机关加盖印章,联合下发的公文,发文机关都应加盖印章。

(三)公文版记部分

公文版记部分置于抄送机关以下的各要素统称为版记,包括抄送机关、印发机关和印发日期。

1. 抄送机关

抄送机关是指除主送机关外需要执行或知晓公文的其他机关。

2. 印发机关和印发日期

印发机关是印制公文主管部门,印发日期是公文的付印时间。

第二节　通　告

一、通告的概念

通告是适用于在一定范围内公布应当遵守或者周知的事项的一种公文。它的适用范围比较宽泛，各级政府及其职能部门、各企事业单位与社会团体都常常使用。通告具有鲜明的告知性、一定的制约性及内容上的专业性。

二、通告的种类

（一）告知性通告

告知性通告是指把需要周知的事项或情况，在一定范围内告知有关单位和个人，以达到沟通信息、互相配合做好某项工作的通告，如《中国人寿××市分公司关于开办95515电话专线的通告》。

（二）规定性通告

规定性通告是对有关事项或问题作出明确具体的规定，并在一定范围内公布，要求有关范围的公众切实遵守和执行的通告。这类通告有较强的约束力和强制性，如《中国人寿××市分公司关于严查人寿保险骗赔行为的通告》。

通告的使用范围较广。就使用机关来说，从国家领导机关到各级地方政府及至基层的企事业单位、人民团体都可以使用；就内容来说，大至国家的法令、政策，小至社会生活中的某些具体事务，诸如施工封锁交通道路、换车辆牌照、电话区号改号等都可以使用通告。通告的告知范围则相对狭窄，其内容只限于某一方面的某一具体问题，有的通告的告知对象仅为某一地区与通告事项有关的单位和个人。

通告的发布方式与其他公文以公文文本形式行文的方式不同，而是以张贴的方式或通过报纸公开发布。

三、通告的结构和写法

（一）标题

通告的标题有完全式标题和非完全式标题两种。完全式标题即"发文机关＋事由＋文种"，如《××省人民政府关于查禁淫秽书画物品的通告》。非完全式标题有两种情况：一是"发文机关＋文种"，如《长沙市电信局通告》；二是只有文种"通告"两字。

（二）主送机关

通告无主送机关，受文者即是一定范围内的单位和个人。

（三）正文

通告的正文结构一般为：发文缘由＋通告事项＋结尾。

1. 发文缘由

发文缘由主要阐明发布通告的原因、依据和目的，以体现言之有据，言之有因，言之有理，使通告中的具体规定形成相应的力量。根据有事实根据和法律、法规根据，采用何种根据须结合内容的需要。这个部分应写得简明扼要，明快有力，用"特作如下通告"或"特通告如下"等惯用语承上启下。

2. 通告事项

通告事项应写得具体明了，写清楚周知或应当遵守的事项的具体内容和要求，便于有关单位和人员领会遵守。

在具体写法上，告知性通告和规定性通告正文的写法有所不同。前者以沟通信息、互相配合做好某项工作为主要目的，篇幅通常短小精悍，采用一段式或两段式结构，语意明确，语气相对和缓。后者以对某一问题作出明确具体的规定，并要求有关单位和个人切实遵守或执行为目的，因此在写法上应力求逻辑谨严，眉目清楚。通常采用分条列项式的结构方法，做到具体周全，条理分明，含义精确，无懈可击。

3. 结尾

结尾多是对通告内容的强调或要求：一是以"特此通告"收尾；二是规定实施日期，如"本通告自××年××月××日起实施"；三是发出号召、要求；四是通告事项结束即正文结束，无结尾。

(四) 落款和成文日期

最后要有落款和成文日期，如是用于张贴的规定性通告，须加盖印章。

四、通告的写作要求

通告的内容要符合有关政策法令的精神，不得与之相违背或相抵触。

通告的语言要明确具体，不能含糊笼统。通告的表达要周密晓畅，防止出现漏洞，为便于群众理解，应避免使用晦涩的专业词语。

五、通告与公告的区别

通告和公告都用于公布有关事项，面向公众行文。从告知的范围看，公告的范围大，通告的范围小。

(一) 发文内容不同

公告旨在宣布重要事项和法定事项；通告则是公布应当遵守或周知的事项，而且业务性强。通告的使用频率也比公告高。

(二) 行文范围不同

公告的告晓对象广泛，即国内外；通告的告知范围已限在一定范围内，即社会的有关方面。

(三) 制发单位级别不同

公告的发文机关级别高，一般由国家一级机关发布；通告的发文机关级别较低，一般来说,规定性通告多由政府机关发布,任何企事业单位均可发布知照性通告。

(四)发布方式不同

公告多用登报、广播的方式发布;通告可用文件形式印发,也可登报、广播或张贴。

例文欣赏

【例文1】

长沙市人民政府
关于长沙市中心城区禁止和限制燃放烟花爆竹的通告
长政发〔××××〕2 号

为加强烟花爆竹燃放安全管理,保障公共安全和人民群众生命财产安全,消除火灾隐患,改善环境质量,根据《中华人民共和国治安管理处罚法》《中华人民共和国环境保护法》和《烟花爆竹安全管理条例》等法律、法规,市人民政府决定,在长沙市中心城区禁止和限制燃放烟花爆竹。现将有关事项通告如下:

第一条　禁止燃放区域

(一)国家机关、新闻、教育、科研、医疗、出版等单位,金融、通信、邮政、快递、供水、供电、供气等企业。

(二)火车站、汽车站、机场、港口码头、轨道交通等交通枢纽以及铁路、轨道交通线路安全保护区。

(三)宾馆、商场、超市、餐馆、集贸市场等人员密集场所。

(四)风景名胜区、园林、公园等公共场所。

(五)养老机构、儿童福利院、幼儿园。

(六)文物保护单位、博物馆、图书馆、档案馆、美术馆、影剧院等公共文化场所。

(七)军事设施保护、物资储存区。

(八)加油(气)站等生产、储存易燃易爆物品的场所,输气(油)管线、输(变)电及架空电力、通信线路等设施安全保护区。

(九)市人民政府规定的其他禁止燃放烟花爆竹的地点。经市人民政府批准,重大节假日和特别节会,需要在橘子洲等地燃放烟花爆竹的,可以组织烟花爆竹燃放活动。

第二条　限制燃放的区域和时段

(一)长沙市南三环、西三环、北三环、中青路、星沙联络道、滨湖路、黄兴大道围合的城市区域,为限制燃放烟花爆竹区域。

(二)每年农历腊月二十四至次年正月初六期间和元宵节当天(正月十五日),上述限制燃放区域每日 6:00 至 24:00(除夕和初一为全天)允许燃放烟花爆竹。其余时段,一律禁止燃放烟花爆竹。

（三）在其他传统节假日和重大庆典活动期间，需要在限放区内燃放烟花爆竹的，由市人民政府批准并予以公告。

第三条　上述限制燃放区域和时段允许燃放烟花爆竹品种《烟花爆竹安全与质量》(GB10631)规定的个人燃放类产品中的爆竹类、喷花类、旋转类、升空类、吐珠类、玩具类和组合烟花类的C、D级产品属于本通告允许燃放的品种，禁止任何单位和个人燃放双响、摔炮、擦炮、不定向火箭等产品和专业燃放类产品。

鼓励市民采用声、光、电产品替代传统的烟花爆竹。支持我市烟花爆竹企业积极研发安全环保型烟花爆竹产品，实现产业提质升级，确保"烟花之乡"品牌地位和市场地位。

经批准实施的焰火晚会燃放的产品种类不受本款限制。

第四条　燃放烟花爆竹的安全要求

（一）应当按照燃放说明以正确、安全的方式燃放烟花爆竹。

（二）不得采用向人群、车辆、建筑物抛掷以及妨碍行人、车辆通行等危害公共安全和人身、财产安全的方式燃放烟花爆竹。

（三）燃放后，应当及时清理、安全处置燃放废弃物。

（四）十四周岁以下未成年人燃放烟花爆竹的，应当由监护人或者其他成年人陪同看护。

第五条　监督与管理

（一）公民、法人和其他组织发现有违反本规定禁止行为的，有权向长沙市中心城区烟花爆竹禁放限放管理工作领导小组办公室(市公安局)举报。领导小组办公室受理举报后应当及时查处，查证属实的，按照规定对举报人给予适当的奖励（举报电话：110）。

（二）违反本通告规定，在禁放限放烟花爆竹的地点和时段燃放烟花爆竹的，由公安机关依照国务院《烟花爆竹安全管理条例》的规定责令停止燃放并给予处罚；构成违反治安管理行为的，依照《中华人民共和国治安管理处罚法》的规定给予处罚。

（三）公民、法人或者其他组织有违法行为的，相关违法信息纳入市公共信用信息系统。

第六条　本通告自发布之日起施行。《长沙市人民政府关于长沙市中心城区禁止和限制燃放烟花爆竹的通告》(长政发〔2017〕31号)同时废止。

长沙市人民政府(印章)

××××年×月×日

【例文2】

停 气 通 告

因燃气管网施工需要，定于××××年×月×日21:00—×月×日6:00，对该区域实施停气作业,请用户在停气时间内关好燃气阀门。由此带来的不便,敬请谅解。

　　停气范围:略

××市燃气有限公司(印章)

××××年×月×日

第三节　通　知

一、通知的概念和特点

　　通知是适用于发布、传达要求下级机关执行和有关单位周知或者执行的事项,批转、转发的一种公文。它具有政策性、指挥性和规定性等特点,是一种应用范围广,使用频率高的公文,有"公文轻骑兵"之称。

　　公文中的"通知"与日常应用文的"通知"含义不一样,后者的标题仅含"通知"两字,无严格的格式要求,且发布的方式是张贴或写在黑板上。人们在观念上要把这两种通知区隔开。

二、通知的种类和写法

(一) 规定性通知、指示布置性通知、周知性通知、会议通知

1. 规定性通知

　　这种通知是针对现实中存在的问题和需要处理的事项,制定相关的行政法规或规章,以"通知"行文,如《国务院办公厅关于加强保险事业管理的通知》《中国人寿××分公司关于坚决杜绝用白条报账的通知》《山东省××市卫生局、中国人寿××市分公司关于加强医疗收费单据和诊断证明管理的通知》。

　　这种通知在写法上近似于规定性通告的写法。一般由前言和主体两部分组成。前言简述行文的缘由——原因、依据、目的等,而后用"特作如下通知""特通知如下"等惯用语过渡到下文。主体部分大多为条文式,阐述有关的法规或规章。

2. 指示布置性通知

　　这种通知是把对工作的指示和部署安排用"通知"行文,是在对下级做工作指示或部署、安排工作时所用,如《××省政府办公厅、中国人民保险××省分公司关于加强协作搞好安全防灾工作的通知》《中国人民保险××省分公司关于开展"创优质服务、树行业新风活动"的通知》《中国人寿××分公司关于开展"我为公司献一策活动"的通知》。

　　这种通知在写法上一般也是分前言和主体两部分。前言简述行文缘由,简要写明为什么要开展此项工作,有什么意义等。主体部分即通知事项,指示或安排部署此项工作如何开展。带指示性的一般只提原则性要求和意见,不作具体安排;带部署性的则

须安排、布置得较具体、周密,实际上是将开展此项工作的计划或方案用"通知"行文。

3. 周知性通知

仅用于传达、知照某些重要信息或事项,没有执行的要求和措施,如《关于调整公司党组成员分工的通知》《关于启用公司新印章的通知》《关于×××同志退休的通知》。

4. 会议通知

这种通知一般用于异地开会。前言中简单介绍召开会议的缘由,通知事项部分应逐一写明会期、会址、会议议题、参加人员、经费解决办法、需带材料等,必要时需告知乘车路线、联系方式等,使与会者能做好充分准备,并能顺利、按时到位,切不可有所疏漏。

(二) 任免通知

任免通知用于任命和免去干部职务。命令和通知都可以用于任免干部,命令的任免级别高,较为重大,而通知可用于一般的任免。

只有任命事项而没有免职事项的叫任命通知;只有免职事项而没任命事项的叫免职通知;两者都有叫任免通知。这种通知的正文简短,包含任免缘由和任免事项两个写作要素。任免缘由使用模糊语言,不能说明任免的具体原因,否则会产生不利影响。任免缘由一般采用"根据工作需要,经××××研究决定"的惯用写法。任免事项要注意排列合理,如任免不止一人,排列应以级别高低为序。既有任命又有免去,应先写任命,后写免去。

(三) 批转、转发性通知

1. 批转性通知

"批"有"批准"之意,"转"为"转发"。这种通知是对下级机关的公文作出批示,或加上按语转发给所辖单位、部门,要求贯彻执行或参照执行的通知。文件行文的目的和重点在被批转的那个文件,"通知"主要起批准、表态的中转作用。下级机关的公文,一旦被上级机关批转,就与上级机关的公文具有同样的执行效力,如《湖南省人民政府批转省国家税务局、省地方税务局关于加强个体私营经济税收征管强化查账工作意见的通知》。

标题写法:发文机关+批转+被批转公文的标题("三要素"齐全)+文种(通知)正文一般包括发文语+按语两部分。发文语一般采用"×××同意××××《关于……》,现转发给你们,请……执行"或"现将××××《关于……》转发给你们,请……执行"的惯用模式。"请……执行"称为执行要求。"执行"一词前的修饰语,常见的有"遵照""贯彻""照此""研究""斟酌""参照"等。这些语义和色彩不同的词语,反映了发文机关对执行要求的差异。上述六个修饰语前三个词语的执行要求、强调程度高;后三个词语执行要求、强调程度不太高,在执行中有根据实际情况变通的余地。公文中表示执行要求的词语,在实际写作中可斟酌采用。

公文中的按语由"编者按"引申发展而来,原指编者对原文所写的评论、考证或说明的文字。公文中的按语是对被批转或转发的公文所作的说明和评论等。批转性通知的按语就是写一段或几段说明和指示性的意见。对被批转的公文作出评述,阐明其意义,就执行上讲措施、谈要求、提希望等,既要写得高屋建瓴,又要简明扼要。

2. 转发性通知

将上级或不相隶属机关的公文转发给所辖单位、部门的通知,如《中国人寿××市分公司转发省公司关于进一步拓展水路道路客运站点兼代理业务的通知的通知》《中国人寿××省分公司转发省旅游局关于对旅行社办理旅游意外伤害保险情况进行专项检查的通知的通知》。

标题写法:发文机关+转发+被转发文件的标题("三要素"齐全)+文种(通知)如果被转发公文本身也是通知,且被转发两次以上,最后一次标题就会形成"关于转发……通知的通知的通知",既冗长又拗口,这种情况下可采用"自拟摘要"的方法变通处理,如"关于转发××《关于转发〈××关于做好学校卫生保健工作的通知〉的通知》的通知",可改为《××关于转发有关做好卫生保健工作文件的通知》。

正文通常也由发文语+按语组成。发文语形成"现将××××《关于……》转发给你们,请……执行"的惯用模式。"请……执行"的执行要求的写法,请参见前文关于批转性通知执行要求的论述。按语是写一段或几段说明和指示性意见,说明转发的缘由,分析被转发文件的意义、作用,提出执行要求等。

(四)发布性通知

政府制定的各种法规,单位上制定的各种规章、制度,且单独成文的,如《……条例》《……规定》《……办法》《……制度》等,不能直接以红头文件下发,应该以"通知"为载体来发布实施,而把法规、规章作为其附件,这就形成了此类发布性通知,如《党政机关公文处理工作条例》就是通过《中共中央办公厅、国务院办公厅关于印发〈党政机关公文处理工作条例〉的通知》而印发施行的。

这类通知标题写法常为"关于发布(印发、颁发、颁布、下发)××××的通知",其中的发布用词要酌情选用。

正文部分写法很近似于批转、转发性通知。

在格式上,发布性通知和批转、转发性通知因为是专就发布或批转、转发某一公文而写,其附件名称从标题到正文都很明确,所以正文后无须再注明附件名称。

三、通知的写作要求

通知缘由要写得充分,行文要简洁。"充分"指理由充足,不要理解为理由多,文字繁。"意惟求多,字则求少",应尽可能用少量的文字包含丰富的内容,使受文单位很快把握主旨,领会发文的必要性,增强贯彻执行的自觉性。

通知事项要写得明确具体,眉目清楚,措施办法应具体可行,不是抽象笼统的条款。通知的具体事项应重点突出,对实现通知目的的重要事项,应放在突出的地位,适当写得详细一点,反之应略写。事项的条目要清晰,内容划分要恰当;既不宜在一个事项中包括无紧密关联的几个内容,又不宜分得过细,从而显得支离破碎,影响结构的匀称。各事项之间应有内在的逻辑联系，不能互相割裂、互相交叉、互相矛盾。每一事项应有概括性的段首句，让读者一目就能了然每一事项的主要意思。

语言文字要准确、简明，防止重复拖沓、东拉西扯、篇幅冗长的毛病。例如，发布性通知的正文能用一句话解决问题就用一句话行文，不要追求篇幅而作文字的堆砌；批转转发性通知中的按语要有针对性，分析评价要恰如其分，不要作空洞散漫的分析，对领导指示精神的表述要简要准确，执行要求要正确合理。

🌐📚 例文欣赏

【例文1】

中国银行保险监督管理委员会办公厅
关于组织开展人身保险产品专项核查清理工作的通知

各人身保险公司：

为深入贯彻落实党的十九大、中央经济工作会议和全国金融工作会议精神，持续规范人身保险公司产品开发管理行为，防范人身保险产品风险，中国银行保险监督管理委员会决定开展人身保险产品专项核查清理工作。现将有关要求通知如下：

一、工作目标

以全面规范人身保险产品开发设计行为，不断优化人身保险负债结构，提高行业产品供给质量，切实防控负债风险为总体目标，通过全面梳理核查各人身保险公司在售存量产品，摸清底数，集中清理整顿一批历史遗留问题产品，严厉打击严重违法违规行为。以夯实人身保险公司产品管理主体责任，强化合规经营意识为根本，加快转变行业发展方式，不断满足消费者多样化保险产品需求，努力形成长、中、短期限结构合理，风险保障功能、长期储蓄功能协同高质量发展的人身保险负债结构新局面。

二、工作原则

（一）依法合规、明确标准。严格依照《中华人民共和国保险法》等法律法规和监管规定要求，对照人身保险产品开发设计负面清单（详见附件1），切实查摆行业在售存量产品问题。

（二）全面彻底、不留死角。对行业所有在售存量产品的合法合规情况进行全面核查清理，并将各公司已备案但不使用的"储备"产品和已停售但计划重新销售的产品列入核查清理范围，确保核查清理无遗漏。

（三）务实高效、标本兼治。各公司要将本次产品专项核查清理工作作为全面校准产品经营理念、全面落实各项监管要求、全面提升产品供给质量的重要契机，实事求是、注重实效，对发现的产品问题立查立改，既要整改查找出来的产品设计问题，也要深入查改产品经营理念、制度机制等方面的问题不足。

三、工作重点

（一）严查违规开发产品、挑战监管底线的行为。重点核查清理各公司产品开发设计违反法律法规和监管制度,在产品定名、设计分类、保额设定、万能账户实际结算利率确定、分红险利益演示、投资连结保险单位价格确定等方面不符合监管要求,通过变相提供生存金快速返还、减少基本保额等方式规避监管规定等。

（二）严查偏离保险本源、产品设计异化的行为。重点核查清理各公司产品开发设计违背保险基本原理,异化产品设计形态,通过责任设定、精算假设、现金价值计算等方式将产品"长险短做""名实不符",扰乱市场秩序等。

（三）严查罔顾公平合理、损害消费者利益的行为。重点核查清理各公司产品开发设计不公平、不合理,通过延长等待期、降低保额等手段代替核保,变相削弱保障责任,通过设定不合理的理赔条件惜赔、拒赔,侵害保险消费者合法权益,破坏行业形象等。

（四）严查以营销为噱头、开发"奇葩"产品的行为。重点核查清理各公司产品开发设计严重缺乏经验数据基础,随意约定保险责任、保险金额,追求营销效果,炒噱头、蹭热点,定价假设随意调整,数据造假,严重偏离经营实际等。

四、工作安排

（一）自查整改。自本通知印发之日起,各公司应当按照通知要求,认真对照核查重点和负面清单,对公司所有在售存量产品的合法合规情况进行全面自查,对发现的问题要及时有效整改。各公司应当就产品专项核查清理和整改落实情况形成专项工作报告,并填写《人身保险公司产品自查情况表》(详见附件2)作为报告附件,于××××年×月×日前报送我会。

（二）监管核查。我会将结合各公司自查整改情况,采取重点核查和监管抽查形式,对各公司在售存量产品从严核查,绝不放过一个问题产品。同时,我会将重点选取自查发现问题少、整改力度弱的公司和保费占比高、日常监管反馈问题多,以及社会关注度高、易引发炒作的产品进行全面核查。

（三）监管处理。我会将结合公司自查整改和监管核查情况,对产品专项核查清理情况向行业进行通报,主动接受社会监督。对公司自查认真、整改彻底且未导致严重后果的,可以依法减轻或免予处理;对监管核查发现的自查不力、整改不到位的公司,依法严肃从重处理。对检查发现的问题产品,严格依法责令停止使用,限期修改;情节严重的,在一定期限内禁止公司申报新的产品。

五、工作要求

（一）高度重视,切实做好专项清理工作。各公司应当充分认识本次产品核查清理工作的重要性,高度重视并切实做好产品专项核查清理工作,由公司总经理牵头负总责,安排专人负责具体工作开展,层层抓落实,确保按时保质完成。

（二）强化责任,切实把整改工作做细做实。各公司向我会报送的产品专项核查清理和整改落实情况专项工作报告应当如实、准确、全面反映公司自查发现的产品问题和整改情况,整改内容要具体有效,杜绝假话、空话,做到产品个个有核查,问题条条有整改。

（三）久久为功,切实提高产品管理能力。各公司应当充分认识优化产品结构、提高产品质量是做好产品管理乃至人身保险经营的根本源动力,充分利用本次专项核查清理工作成果,认真总结以往产品管理的经验教训,深入剖析深层次原因,加强产品研究分析,不断完善产品管理的长效机制,提升产品管理水平。

　　附件:1. 人身保险产品开发设计负面清单

　　　　　2. 人身保险公司产品自查情况表

××××年×月×日（印章）

【例文2】

关于举办全国保险公司企业内训师提升专题研修班的通知

各会员单位:

　　为认真贯彻党的十九大精神、中央金融工作会议精神,帮助保险公司回归本源、服务实体、严控风险、深化改革,突出主业、做精专业,从各个维度加强与主营业务相关的核心能力建设与人才队伍建设,积极助力保险业经营转型,帮助保险公司确立和完善企业内训体系,做好人才培养工作和专业提升工作,提高训练绩效,完善造血能力,中国保险学会将于北京举办《全国保险公司企业内训师提升专题研修班》。具体事宜通知如下:

一、培训时间、地点

时间:略

地点:略

二、培训内容

模块一:基于绩效导向的企业培训规划(略)

模块二:企业内训训练需求诊断(略)

模块三:企业内训的课程设计(略)

模块四:企业内训的训练组织(略)

模块五:企业内训的项目管理和效果评估(略)

三、培训师资

拟邀请行业顶级训练专家和咨询公司资深咨询顾问、著名训练管理专家等为学员授课(模块内容会因讲师时间安排做个别调整)。

四、培训对象

（一）相关金融保险机构高管、战略规划、各销售渠道、人力资源、培训、运营等高级管理人员和从事内外勤培训的企业训练师。

（二）教育科研单位专家、学者。

（三）监管机构和行业组织相关业务负责人。

五、培训费用

（一）培训费（略）

（二）住宿费（略）

（三）费用缴纳（略）

六、培训证书

培训结束，统一颁发中国保险学会高级管理培训证书。

（一）本次活动报名截止时间为××××年×月×日，以报名时间先后排序，报满截止。

相关信息和报名表格请见中国保险学会官网教育培训专栏。

（二）请各单位组织报名，填写回执，加盖公章，务于×月×日前将回执发至邮箱×××××××@163.com。

（三）中国保险学会联系人（略）。

附件：全国保险公司企业内训师提升专题研修班报名回执

中国保险学会

××××年×月×日

【例文3】

<h2 style="text-align:center">中国人民保险公司××分公司
关于转发省公司《运工险业务质量管理暂行规定》的通知</h2>

各支公司、三个中心及消贷中心：

现将省公司《运工险业务质量管理暂行规定》转发给你们，并结合我市运工险业务质量管理实际，对各支公司核保权限作如下补充规定。

一、车辆损失险：单车保险金额人民币××万元以下。

二、第三者责任险：单车责任限额，营业性车辆××万元，非营运车辆××万元（不含）以下。

三、盗抢险、火爆自燃险按投保车辆实际价值确定保额，单车保额××万元（不含）以下。

超过以上权限，报市公司审批。同时，营业用车辆不允许承保不计免赔特约险；暂不开办停驶损失险、车身划痕损失险。

特此通知，请遵照执行。

××公司

××××年×月×日

第四节 通 报

一、通报的概念

通报是适用于表彰先进、批评错误、传达重要精神和告知重要情况的一种公文。通报和通知同属告知性公文。通知重在告知人们在工作上要做什么和怎样做,而通报的主要目的是提高人们的思想认识,规范人们的行为。

二、通报的特点

(一)告晓性

通报常是把社会生活中一些正反面典型或者某些带有倾向性的问题告诉人们,使人们知晓、了解。

(二)教育性

通报的主要目的是让人们知晓内容之后,能从中接受先进思想,或警戒错误、吸取教训。这就是通报的教育性。通报的这一目的,不是仅靠强制性的命令方式或指示来达到,而是靠正反面典型的教育,使人真正从思想上认识到该这样做,而不该那样做。

(三)交流性

传达重要精神或情况的通报,使各机关、单位之间能互通情报、交流信息,立足本部、面向全局、步调一致地实现整体目标。

三、通报的种类

按照内容,可分为表彰性通报、批评性通报和情况通报三大类。

(一)表彰性通报

表彰性通报指表彰先进集体和先进个人的典型事迹,宣传先进思想,树立学习榜样,号召人们学习等。

(二)批评性通报

批评性通报指批评严重违法违纪事件,揭露问题,处分错误,总结事故教训,要求人们吸取教训等。

(三)情况性通报

情况性通报指向下级机关传达重要指示精神、重要会议精神,传达下级机关需要知晓的情况。

四、通报的结构和写法

（一）标题

表彰性通报的标题一般为：发文机关＋关于表扬（彰）＋被表彰单位或个人名称＋主要事迹＋通报，如《广州市交通局关于表扬刘明涛同志挺身而出勇斗歹徒事迹的通报》。批评性通报标题的一般形式为：发文机关＋关于＋被批评单位或个人名称＋主要错误事实＋通报，如《中国人民保险公司××市公司关于××支公司在"95518"调度代勘时无人接线的情况通报》。传达重要精神或情况的通报的标题形式一般为：发文机关＋关于×××的情况（问题）＋通报，如《中国人民保险公司××省公司关于省工作组赴各地督导调研情况的通报》。

（二）主送机关

主送机关可以是一个或多个，也可以是下属所有单位。

（三）正文

1. 表彰性通报

（1）介绍先进事迹

通报正文要写清时间、地点、人物、基本事件过程。表达时使用概括叙述的方式，只要将事实讲清楚即可。

（2）分析先进事迹的性质和意义

简要分析原因，指出其典型意义，或概括主要经验。这部分主要采用议论的写法。

（3）表彰决定

依据什么会议或什么机构决定，给予表彰、奖励的决定。

（4）提出希望和号召

这是对各单位提出希望，或者发出学习的号召。这部分是全文的思想落脚点，要写得完整、得体、富有逻辑性。

2. 批评性通报

（1）叙述错误事实或现象

如果是对个人的错误进行处理的通报，这部分要写明犯错误人的基本情况，如姓名、所在单位、职务等，然后是对错误事实的叙述，要写得简明扼要，完整清晰。

如果是对单位、部门的不良现象或普遍存在的某一问题进行通报，这部分内容将占较大的篇幅，可以综合叙述，也可以列举数字，把错误事实的经过情况、时间、后果等交代清晰。

（2）分析错误性质及其危害

对事故进行分析评议，重在分析事故发生原因，一般写得比较简短，分析得要全面而深刻。

（3）惩罚决定或治理措施

写明根据什么规定，经什么会议讨论决定，给予什么处分，治理、纠正的方法措施等。

（4）提出希望和要求

发文机关要对受文单位提出希望要求，以便受文单位能够高度重视、认清性质、吸取教训、采取措施。

3. 情况性通报

（1）交代通报缘由和目的

开头要首先叙述基本事实，阐明发布通报的根据、目的、原因等。

（2）分析评价情况

这部分对通报的情况进行分析，如果内容较多时，注意梳理归类，合理安排结构。

（3）提出希望和要求

在明确情况的基础上，对受文单位提出一些希望和要求。这部分是全文思想的归结之处，写法因文而异，总的原则是抓住要点，切实可行，简练明白。

（四）落款

落款包括发文机关署名和成文日期，在正文后右下方标注。

五、通报的写作要求

（一）材料要真实

通报的有关情况和处理决定与当事人息息相关，因此，在写作过程中必须深入调查，尽量掌握第一手材料，同时要对材料反复查对、核实，直到每一个数字都准确无误。

（二）事实要典型

不论写哪一类通报，既是为了处理、解决点上的问题，更是为了指导面上的工作。因而，所写的事实必须典型，具有同类事物的代表性。

（三）评述要有据

通报要对叙述的事实分析评论，主要依据就是国家法律和党的方针政策，必须言之中肯，绝不能妄加评论，言过其实。

例文欣赏

【例文1】

中国人民保险公司××市分公司
关于××支公司在"95518"调度代勘时无人接线情况的通报

各支公司、机关各部室（中心）：

2018年3月12日晚10时，A省B县一台XC70043号解放王大货车，在308线43公里处××县长寿境内倾覆。3月13日早6时53分，车主李××向我司95518报案。我司 95518 室 3 号接线员刘×接报案后,即与××支公司联系,但××支公司理赔科电话(×××××××)无人值班接听,5 名查勘人员手机无一开机。8 时 30 分,95518 室再次打××理赔科电话,一黄姓女同志接电话回复专线要专线人员打该公司理赔人员手机,但理赔人员手机仍无一开机,直到 9 时许客户服务中心主任室只得与××支公司经理室联系,9 时 30 分该支公司查勘人员才出动。从 95518 接到报案到××支公司查勘人员去现场开始查勘,前后近 3 小时,期间,A 省 B 县人保 95518 和客户曾多次催促我司 95518 派人查勘。

在本次事件中,××支公司不仅理赔值班人员未坚守岗位,更无一查勘理赔人员遵守查勘定损岗工作守则,未保持全天 24 小时通讯畅通,导致代勘案件不能及时处理,在兄弟单位及客户中造成不良影响,公司的形象和信誉受到损害。因此,市分公司总经理室研究决定,对××支公司查勘理赔人员进行通报批评。希望全市系统,特别是各基层支公司在抓好业务发展的同时,一定要从人保全局出发,严格按照上级公司要求,认真做好每一项工作,特别是关系到公司声誉和形象的服务工作,坚决做到有令必行,有禁必止,共同为提高公司形象,营造良好的内外环境而努力奋斗!

××××年×月×日(印章)

【例文 2】

中国银保监会
关于 2018 年保险法人机构公司治理现场评估结果的通报

为进一步加强保险法人机构公司治理监管,提升保险机构公司治理有效性,2018 年,中国银保监会组织对 50 家中资保险法人机构开展了公司治理现场评估工作。现将评估结果通报如下:

一、基本情况

(一)评估范围及方式

2018 年,银保监会抽取 50 家保险法人机构开展公司治理现场评估,其中:保险集团公司 1 家,财产险及再保险公司 28 家,人身险公司 20 家,保险资产管理公司 1 家。

(二)评估依据及标准

本次评估以《保险法人机构公司治理评价办法(试行)》(以下简称《办法》)为依据。按照《办法》规定,保险法人机构公司治理评价综合得分由机构自评分和监管评分加权得出,机构自评分权重为 40%,监管评分权重为 60%。

机构自评分由各保险机构对本机构公司治理的职责边界、胜任能力、运行控制、考核激励、监督问责五个方面进行自我评价。

监管评分指标分为"三会一层"运作、内部管控机制、集团公司及股东股权治理四大类别,从公司治理架构、公司治理制度建设、公司治理机制运作等方面,全面评估公司治理的完备性和有效性。

二、评估发现的主要问题

(一)股东股权行为不合规。(略)

(二)"三会一层"运作不规范。(略)

(三)关联交易管理不严格。(略)

(四)内部审计不达标。(略)

(五)薪酬管理制度不完善。(略)

(六)信息披露不充分。(略)

(七)自我评价不客观。(略)

三、下一步工作措施

(一)分类采取监管措施。(略)

(二)"一对一"反馈评估结果。(略)

(三)加强评估结果应用。(略)

四、相关工作要求

(一)抓紧完成整改。(略)

(二)有效提高公司治理水平。(略)

附件:2018年保险法人机构公司治理现场评估得分统计表

×××× 年 × 月 × 日(印章)

第五节　报　　告

一、报告的概念

报告是适用于向上级机关汇报工作,反映情况,回复上级机关的询问的一种陈述性的公文。报告属于上行文。

二、报告的特点

(一)汇报性

所有报告都是下级机关向上级机关汇报工作,反映情况,为上级机关处理问题,布置工作,或做出某一决策提供依据,因此"下情上达"就是制发报告的目的。

(二)陈述性

因为报告是向上级如实反映开展工作的基本情况,取得的经验、体会或出现的问题,得到的教训以及今后的打算等,因此,写作时要以事实材料为主要内容,以概括叙述为主要表达方式,不要过多地进行议论和说明。

（三）单向性

报告是为上级机关进行宏观领导提供依据,一般不需要受文机关的批复,属于单向行文。

三、报告的种类

（一）工作报告

工作报告是下级机关向上级机关(或×级政府向人代会、×级行政领导向单位职代会)汇报工作成绩、主要经验、存在问题和采取的对策时用的报告。根据内容和使用情况,工作报告又可分为综合报告和专题报告两类。

1. 综合报告

综合报告是综合反映某一时间内各方面的工作情况、主要成绩、经验教训和努力方向等的报告,如各级政府、部门的年度工作报告。

2. 专题报告

专题报告是就某一项工作所作的专题性报告。例如,上级机关布置一项工作时,要求下级做完该项工作后向上级汇报,下级将工作过程、具体做法、主要成效和认识等形成文字向上级报告,便是这种"专题工作报告"。此外,工作中出现重大失误需要向上级机关汇报对工作失误的认识,将基本事实、造成失误的直接或间接原因、失误后所采取的补救措施和今后的打算等向上级汇报,也是用这种专题工作报告。

（二）情况报告

情况报告是着重反映新情况、新动态、新问题的报告。它不局限于某项具体工作,只以陈述情况为主。

（三）答复报告

答复上级机关询问有关事项的报告属答复报告。这是一种被动行文的报告,须针对上级来文(电)询问内容行文。

（四）报送性报告

下级机关为向上级机关报送重要材料(实物)而写的报告。所报送材料(实物)随文附上。

四、报告的结构和写法

（一）标题

采取"发文机关＋事由＋文种",如《中国人民保险公司××省分公司关于报送国内公路货物运输定额保险条款备案的报告》。

采取"事由＋文种",如《关于我省公司营业部查处数宗国内货运险假保单案的报告》。

（二）主送机关

视情况写一个或多个主送机关。

（三）正文

1. 开头

开头的写法视具体内容和行文目的而定，或写发文依据及缘由，或写全文提要等。然后，用"现将有关情况报告如下"等惯用语过渡。

2. 主体

如果主体部分内容较多，可采用分条列项式或小标题式的方法进行阐述。如果是汇报工作，就要侧重写明做了哪些工作，进展到什么程度，采取了哪些措施和方法，收到了什么样的效果。如果是反映有关情况和问题，就要分析产生问题的原因、问题的危害性以及解决问题的方法等。如果是答复上级询问，就要侧重写明调查、处理的结果，或表明态度和意见。

3. 结尾

大多数报告的结尾用习惯性结尾语。其结尾语一般有"特此报告""专此报告""以上报告，请审阅"等。

（四）落款

落款要注明发文机关和发文日期。

五、报告的写作要求

（一）要重点突出

写报告应抓住重点，突出中心，切忌面面俱到。一般来说，报告的重点应是发文机关在一定时期内的中心工作，也就是对主要矛盾解决的过程和结果。

（二）要点面结合

"点"是指典型材料、重点材料，"面"是指概括性的情况、一般材料。只有"点"，没有"面"，内容显得零碎；只有"面"，没有"点"，内容没有深度。

（三）要有新意

报告应反映新形势下的新事物、新问题、新典型、新经验，回答和解决人们在新形势下提出的各种疑点、难点，使报告的内容具有信息价值。即使是汇报常规性工作，也应力求探索和提炼与往年不同的特点与经验。要力求反映出具有实质性、规律性的信息，切不要把写报告作为例行公事，写得空泛无物。

（四）报告中不能夹带请示事项

在现实生活中，"报告"与"请示"两种文种往往纠缠不清，分辨不明，甚至有"关于××××的请示报告"之类的公文。其实，"报告"与"请示"是两个不同的上行文种，请示事项要专门请示，由上级予以答复。

例文欣赏

【例文1】

中国人民保险公司××分公司
关于我省公司营业部查处数宗国内货运险假保单案的报告

总公司货运险部：

　　我省公司营业部最近在处理国内货物运输保险业务时，发现数宗假保单骗赔案。

　　一、保单0013051号。该号码的保单，我营业部已于××××年签发（见附件一）。但最近发现的同一号码的保单签发于××××年3月7日，承保标的是菜籽油。

　　二、保单0029831号（见附件二）。我营业部承保标的为6件卷钢，而假保单为6 600件饮料。

　　三、保单0029829号（见附件三）。我营业部已取消该保单，而假保单却承保了6 460件饮料。

　　四、上述假保单的假冒特点

　　（一）假保单的业务专用章与我营业部的专用章的规格及字体大小不同（见附件四）。

　　（二）假保单印刷排版与我部印刷排版不同，且错漏字较多（见附件五）。

　　（三）三宗保单均涉及"南港运输公司"，其要么是被保险人，要么是托运人。

　　考虑到可能仍有保险单流转到各地，而各代验公司难辨真伪，以致造成不必要的损失。为此，附上有关单证，请转发全国有关分公司，以引起注意。

　　附件。（略）

中国人民保险公司××省分公司（印章）

××××年×月×日

【例文2】

中国人民保险公司××省分公司
关于报送国内公路货物运输定额保险条款备案的报告

××保监办：

　　中国人民保险公司在充分调研的基础上，开发设计了国内公路货物运输定额保险条款，并已经中国保险监督管理委员会核准备案。根据保监会《财产保险条款费率管理暂行办法》的规定，现将《中国人民保险公司国内公路货物运输定额保险条款》及其有关材料报你处备案。

　　附件：1. 国内公路货物运输定额保险条款备案表(略)

　　　　　2. 国内公路货物运输定额保险条款备案表附件(略)

　　　　　3. 关于印发《中国人民保险公司国内公路货物运输定额保险条款》及其附
件的通知(略)

×××× 年 × 月 × 日(印章)

第六节　请　示

一、请示的概念

　　请示是适用于向上级机关请求指示、批准事项的一种公文。请示的主要特点是"请求性"。不管请示的内容是需上级机关给予阐释或指示的政策性问题，或者是工作中亟待批准解决的问题，都需要上级机关给予明确的指示或答复。请示为了申述理由，也会反映实际情况，汇报正在进行和即将进行的工作，但都是为了说明请求事项的合理性。总之，请示表达的是下级机关的要求，要求上级机关予以答复。它的使用范围相当广泛，凡属本单位无权、无力、无法解决的事项或难以处理的问题，都需用"请示"行文。请示的适用范围如下：

　　(1) 涉及方针、政策界限等方面的重大问题，需请上级给予解释；

　　(2) 工作中出现新情况、新问题、新困难，需请上级给予指示或批准；

　　(3) 本单位意见分歧，无法统一行动，需请上级裁决的问题；

　　(4) 根据规定必须履行审批程序的事项，如机构设置、人员定编、资产购置等；

　　(5) 因本单位情况特殊，难以执行上级的统一规定，需要变通处理的问题等。

二、请示的种类

(一) 请求指示性请示

　　下级机关在执行政策时遇到困难或出现新的情况，需要变通或执行政策时尚有不太清楚的地方，或对上级机关某个决定有看法等，可以向上级机关请求指示。

(二) 请求批准性请示

　　下级机关就某项工作、某个问题请求上级机关给予审定、核准、认可；或在人、财、物方面有困难，需请上级机关予以审核、批拨或调配使用，可用请求批准性请示。

(三) 请求批转性请示

　　下级机关就某项工作作出安排和打算，或对某个问题提出解决的方法和措施，不能直接要求有关机关执行，而必须报请上级机关认定后方能批转有关单位执行，可用批转性请示。

三、请示的结构和写法

(一) 标题

1. 发文机关＋事由＋文种

例如,《中国人民保险公司××支公司关于开办××保险代办站的请示》。

2. 事由＋文种

这种标题写法比较普通,如《关于对开办汽车消费贷款保证保险业务重新授权的请示》。

(二) 主送机关

请示的主送机关一般只写一个。受双重领导的机关向上级请示,应根据请示内容,确定负责答复的上级机关为主送机关,另一个则用抄送的形式。

(三) 正文

1. 请示缘由

开篇说明提出请示的原因、理由所在,即说明为什么要请示,讲清提出请示的背景和依据,说明请示事项解决的必要性和迫切性等。然后,可用"现请示如下"等惯用语过渡到请示内容。

2. 请示事项

这部分是请示上级机关给予指示、批准的具体事项。对需要上级审批的问题,进行具体明确的说明,并提出切实可行的方案供上级抉择,以便上级及时答复。

3. 请示结语

请示常用的结尾语有"当否,请批复"或"以上请示,妥否,请批复"等。结尾语要写得谦和得体,不宜用命令式的结束语。

(四) 落款(可用印章代替)和成文日期

这是请示的结尾部分。

四、请示的写作要求

(一) 不要多头请示

请示一般在正文前只写一个主送机关。受双重领导的单位也只能就请示的内容主送管理该项业务的机关。事关重大的或有必要时才抄送其他机关。多头请示会造成职责不清、互相推诿、迟迟得不到回复的情况。

(二) 不要越级请示

按照组织原则,请示需呈送直接的主管上级,只有在非常情况下,事关重大、事情特急或其他非越级不能解决问题时,才越级请示。同时,应抄送被越过的机关。

(三) 要"一文一事"

请示的内容要单一,切忌"一文数事",使领导看后分不清主次缓急,无法审批。

（四）要充分有据，注意行文语气

在申述请求理由时，既要说得充分有据，又要掌握分寸。要据事说理，貌恭心谨，不能强词夺理而造成事与愿违，选用词语要谦敬。

（五）联合请示，注意会签

把发起单位或请示内容主要涉及的单位放在首位。

五、请示与报告的区别

请示和报告同属上行文，它们在写作要求上有许多共同点，如材料都要求真实确凿，观点都要求客观正确，表达方式都是以概括叙述为主等。请示与报告不能混用。在实际工作中，不少人把"请示"写成"报告"或"请示报告"，给公文处理工作带来不便，容易误时误事。报告与请示的主要区别体现在四个方面。

（一）写作时间不同

请示必须事前行文，请上级批复回答；报告则可以事后行文，也可以事中行文。

（二）写作目的不同

请示的目的在于请求上级机关指示、批准；报告的目的则是向上级机关汇报工作、反映情况、答复询问。

（三）写作内容不同

请示应一文一事；报告则可写一事或数事。

（四）主送机关的多少不同

请示一般只能写一个主送机关；报告则可以写一个或多个主送机关。

例文欣赏

【例文1】

中国人民保险公司××分公司
关于宋××同志赴中国台湾考察的请示

总公司：

为了更好地适应我国加入 WTO 的形势，特别是国际金融、保险市场竞争的需要，学习借鉴先进的保险企业经营管理经验，××省政府和省保险行业协会联合组织省内保险系统高级管理人员赴中国台湾进行考察。经研究，我分公司拟派宋××同志参加。计划考察时间为××××年×月×日至×月×日（境外时间为 12 天），出访费用由我分公司承担（约 25 000 元）。

因该同志系总公司管理干部，特此呈请总公司审定。

当否，请批示。

附件：1. 宋××同志简历

　　　2. 关于省保险行业协会组团访问中国台湾保险业的通知

××××年×月×日（印章）

【例文 2】

保险职业学院关于新建一栋学生公寓的请示

中国人寿保险公司总经理室：

　　根据教育部《关于颁布〈高等职业学院设置标准〉（暂行）的通知》（教发［××××］41 号）和《湖南省人民政府关于建立保险职业学院的批复》（湘政函［××××］21 号）的要求，学院已步入第二次创业时期，为扩大学院办学规模，急需新建一栋学生公寓。我院现有学生公寓三栋，总面积××××平方米，按设计定员，可入住×××名学生（已入住×××名）。为解决××××年 9 月新生入住问题，急需新建学生公寓一栋。经中南大学勘测设计院设计，拟新建一栋定员××××人、建筑面积为××××平方米（建筑标准×××元/平方米）的学生公寓，约需资金××××万元（含 40％报建费、5％不可预见费）；加上与之相配套的设备购置费×××万元（生均××××元，含食堂设备）；设施费××万元（含护坡、操场等），合计共需资金××××万元人民币，请总公司审批解决。

　　当否，请批示。

保险职业学院（印章）

××××年×月×日

第七节　函

一、函的概念

　　函是适用于不相隶属机关之间相互商洽工作、询问和答复问题、请求批准和答复审批事项的一种公文，属于平行文。凡是双方在行政或组织上没有领导与被领导关系、业务上没有指导与被指导关系的，都是不相隶属机关，无须考虑双方的级别大小。

二、函的特点

（一）使用的广泛性

上至国务院，下至基层组织、各级政府机关、各社会团体、各企事业单位都广泛使用函来沟通信息,商洽公务。

（二）行文的多向性

行政公文中具有多个行文方向的只有函和意见。函主要用于不相隶属机关之间,也用于上行与下行。

（三）功能的多用性

函的用途广泛,主要用于不相隶属机关之间商洽工作、询问和答复问题、周知事项,向业务主管部门请求批准事项和业务主管部门答复审批事项,也可用于上下级之间的公务联系。

（四）写法和格式的灵活性

首先,函的篇幅短小,轻捷简便,写法灵活;其次,表现在笔调的多样性,如请求批准事项的函和批准事项的复函,笔调严肃而庄重,商洽事务的函则笔调谦恭有礼;再次,函的制发格式视其具体情况,有一定的灵活性。

三、函的种类

（一）按内容、用途划分

1. 商洽函

商洽函主要用于不相隶属机关之间商量洽谈办理某一事项,如联系参观、学习,商洽干部调动,请求帮助支持等。

2. 问答函

问答函主要用于向对方询问和答复某一事项。

3. 请批函和答复函

请批函用于向有关主管部门请求批准某一事项。请批函与请示都有"请求批准"的意愿,但两者适用对象不同。请批函的对象是有隶属关系的直接上级,属上行文;请批函的对象是无隶属关系的主管部门,属平行文。答复函用于有关主管部门答复来函机关的请批事项。

4. 告知函

告知函将需要知照对方的情况告知对方,一般并不要求对方回复,如某一事项、活动,或让对方知晓即可,或请对方参加(会议、活动)、选购(商品、书籍等)。

（二）函从往来关系划分

函可分为去函与复函。

四、函的结构和写法

（一）去函的结构和写法

1. 标题

去函的标题通常有两种结构形式:一种是"发文机关＋事由＋文种",如《××保险公司关于征订〈国内保险业务条款汇编〉的函》;另一种是"事由＋文种",如《关于商品单货不符请退还多收货款的函》。

2. 正文

（1）缘由

这里写明发函的原因和依据。对于问答函、商洽函和请批函，在一般情况下，总是一方去函，另一方复函。去函的缘由部分因内容不同而有不同写法。

（2）事项

这里写明商洽、请批、询问、告知的具体内容。常见写法有两种：第一种是把缘由和事项融合起来写，一段到底；第二种是把原因和事项分开来写，事项部分依据内容分条列项，条理清楚，语气诚恳，用词朴实无华。

（3）结尾

结尾可有可无，有的用"即请函告""请函复"等惯用语结尾。

3. 落款

落款（可用印章代替）和成文时间。

（二）复函的内容结构与写法

1. 标题

复函的标题有两种结构形式：一种是"复函机关＋事由＋文种"，如《××公安局关于调查王××情况的复函》；另一种是"事由＋文种"，如《关于商调××同志的复函》。

2. 正文

（1）缘由

写明针对的来函，常用写法为"你单位《关于×××的函》（×字［20××］××号）文收悉，经研究，现答复如下"。

（2）事项

针对来函所询问、商洽或请求批准的具体问题，作明确的答复，表明态度、立场和解决问题的办法，或提出疑问，或陈述有关理由、情况。内容较多的，可用序号一一列出。

（3）结尾

常用"特此函复""此复"等语结尾。

3. 落款

落款（可用印章代替）和成文时间。

五、函的写作要求

（一）内容单一，一函一事

一份函只写一件事，不宜把几件事写在一份函里，否则影响事情及时处理。

（二）开门见山，直陈其事

函是公务文书，不是私人信件。请求对方办理、协作或支援什么事，应直截了当，清楚明白地提出来，不需客套、恭维。

（三）措辞朴实，言辞得体

函多用于商洽、询问某一事项，用词应质朴无华、平易通俗，语言应得体。对上要尊敬，但不逢迎；对下要严肃，但不训人；对不相隶属单位，要平和、委婉。

例文欣赏

【例文1】

中国银保监会监管函
监管函〔××××〕69号

××××保险股份有限公司：

日前，我会发现你公司广东分公司存在超出批准的业务范围经营的情况，反映出你公司经营管控方面存在问题和不足。经研究，现对你公司提出以下监管要求：

一、你公司应加强核保管控和业务管理，严格按照法律法规和监管规定开展业务，杜绝类似问题再次发生。

二、你公司应加强产品开发管理工作，严格按照法律法规和监管规定对产品进行管理，及时清理有关违规备案的保险产品。

三、你公司应深刻剖析问题产生的原因，举一反三，完善内部管理制度，健全完善合规经营的长效机制。

你公司应于××××年×月×日前将整改落实情况书面上报我会。我会将视你公司整改情况，采取后续监管措施。

中国银保监会办公厅

××××年×月×日（印章）

【例文2】

中国保监会办公厅关于《再保险业务管理规定》第十一条
适用范围的复函
保监厅函〔××××〕97号

中银保险有限公司：

你公司《关于再保险业务管理规定适用范围界定的请示》（中银保险报〔××××〕34号）收悉。经研究，现函复如下：

一、《再保险业务管理规定》（2015年修订）第十一条仅适用于对直接保险业务办理再保险分出的情形。

二、《再保险业务管理规定》(2015年修订)第十一条第一款中的"财产险",是指以财产及其有关利益为保险标的的保险。

中国保监会办公厅

××××年×月×日(印章)

第八节　纪　　要

一、纪要的概念和特点

纪要是适用于记载会议主要情况和议定事项的一种公文。它的主要特点如下。

(一) 内容的真实性

纪要是对会议情况与议定事项的完整而系统的反映,一般在会议结束之后制发。因此,要客观真实地反映会议的议定事项,不能离开会议实际搞再创作,不能人为拔高和深化。

(二) 表达的要点性和条理性

撰写纪要应围绕会议宗旨及会议主要成果进行整理、提炼和概括。只需记载会议的主要精神和议定事项,并且表达上要条理井然。

(三) 称谓的特殊性

撰写纪要常以"会议"作为表述主体。一般采用"会议认为""会议指出""会议决定""会议号召"等特殊的第三人称称谓表述形式,这对反映与会人员的集体意向起到很好的概括作用。

二、纪要的种类

纪要按会议的性质可分为:办公纪要、工作纪要、座谈纪要、联席纪要等;按纪要的内容性质可分为:决议性纪要、部署性纪要、情况性纪要等。

三、纪要的结构和写法

(一) 标题

纪要的标题有两种形式。一种是单标题式,即会议名称＋纪要,如《中国人民保险公司××分公司第五次办公会议纪要》;另一种是双标题式,即正标题＋副标题,正标题揭示会议主旨,副标题标志会议名称和文种,如《统一认识,开拓前进——中国人民保险公司××分公司非车险业务工作会议纪要》。

(二) 正文

1. 开头

纪要的开头主要概述会议基本情况。其内容一般包括会议的时间、地点、参加人员、会议主持人及会议议程等。常见的形式有两种：一种是平列式，即将会议时间、地点、参加人员等按顺序横式排列，这种写法多用于办公纪要；另一种是鱼贯式，即将会议时间、地点、参加人员等按先后顺序纵向排列，用一段文字表述出来，这种写法多用于工作纪要和座谈纪要等。

2. 主体

这是纪要的核心部分。表述方法主要有四种。一是将会议议定事项逐项表述。二是分为几个部分或概括为几个问题，用小标题或要点句，如《全国民族贸易和民族用品生产工作会议纪要》就概括了三个问题：（1）统一思想认识，明确方针任务；（2）认真执行政策，努力做好工作；（3）需要研究解决的几个问题。三是归纳几方面问题，用序码词分条列项表述。四是按照发言顺序，选择每个发言人的精要记载。

3. 结尾

结尾或酌情对前文进行归纳、呼应；或对召开会议作出贡献的单位、个人致以谢意等。

四、纪要的写作要求

（一）正确真实地反映会议的各项内容

起草纪要就要对与会者的发言与议定事项，根据会议宗旨进行综合归纳、提炼或吸取，应如实记载反映。

（二）要突出会议的中心和要点

会议要重点明确和解决的问题，就是会议的中心和要点。凡是与此有关、联系密切的意见，纪要就应重点叙述，充分反映；反之，则少写或不写。切忌把脱离会议中心和要点的拉杂、琐碎的意见充塞到纪要中来。

（三）观点和意见要条理化、理论化

条理化，就是对会议讨论意见分类别、分层次、分顺序地加以归纳，使人一看问题显明，条理清晰。理论化，就是对会议讨论的意见给予理论上的概括，产生提纲挈领、画龙点睛的效果。当然，这种条理化和理论化绝不能脱离会议讨论的实际情况。

五、纪要与会议记录的区别

纪要和会议记录都是对有关会议情况的反映。记录是纪要的基础，纪要是记录的概括和提炼。它们的主要区别有以下四个方面。

（一）对象不同

记录一般是有会必录；纪要则主要是记述重要会议情况。一般地说，只有当会议需要向上级汇报或向下级传达会议精神时，才有必要将记录整理成纪要。

（二）方法不同

会议记录必须随着会议进程进行，有闻必录，逐项记载，越详细越好，直到会议结束。纪要则必须在会议结束后，根据会议记录加工形成。

（三）写法不同

记录作为客观纪实材料，必须按照会议的自然发展顺序记录，要求详细记载会议的组织情况和与会人员发言的具体内容，具有文秘工作的素材性和档案工作的资料性。纪要则是将会议记录经过加工提炼之后形成的正式文件，它集中反映会议的精神实质，具有高度的概括性和鲜明的政策性。严格地说，记录还不是文章，而是文章的原始材料；纪要才是经过整理加工制作而成的公文。

（四）作用不同

记录不具有指导性文件的指挥功能，一般不向上级报送，也不向下级分发，而只是作为凭证和资料保存，录以备考。纪要经过上级机关审批就可以作为正式文件印发。

例文欣赏

中国人民保险公司××市分公司××××年第二季度车险工作纪要
（××××年×月×日讨论通过）

为解决好车险业务的发展问题，市公司于 2019 年 4 月 19 日在×地召开了全市系统二季度车险工作会议，与会人员有×××、×××、×××，会议由×××主持。会议传达贯彻了省公司 4 月份车险调度会议精神，回顾了全市一季度车险经营情况，听取了××市支公司发展车险的经验汇报，对第二季度如何加快车险业务发展，确保"双过半"，提高车险经营效益，加强依法合规经营等工作进行了部署，现将会议内容纪要如下。

一、坚定任务目标，确保实现"双过半"

全市第二季度车险任务总体目标是保证××××万元保费的到账，使上半年车险保费达到××××万元以上，确保"双过半"，力争达到×××万元，实现省公司调度任务目标。各支公司必须以不低于年计划 50％的要求制定车险发展计划，其中××、××、××三个支公司要力争多超，为全市多作贡献。

二、抓牢续保

全市第二季度车险续保任务××××万元。各支公司必须对续保业务分类造册登记，逐笔落实到人，建立续保责任制。对行政、企事业单位的续保车辆必须予以密切关注，提前介入，鼓励无附加条件的提前续保，确保续保业务不流失一分。

三、抓好承保增量

承保台数增量方面：一是要有效遏止营运车辆下滑的态势；二是要稳固优质客户、大型客户业务阵地，对××、××等集团客户的招标工作必须高度警惕，先入为主；三是要切实加强政府采购车辆的公关工作，抓住机遇，有效突破。保费增量方面：一是要增加附加险，使之达到至少占车辆保费比重×％的要求；二是要严格按省公司要求，不将车上人员责任险"搬家"到意外险上，以有效保障并提高台均保费。

四、稳健发展消贷业务

一是消贷中心要严格按照省公司最近颁发的消贷业务管理规定制定实施细则,尽快付诸实施;二是切实加强消贷业务基础管理工作,做好资信调查,建立一车一档制度,建好业务台账;三是要善于直接抓住客户源,争取主动;四是要认真把好承保签单关,对消贷业务予以注明,保障消贷业务车险损失赔款的正确处理。

五、狠抓营销,大上分散业务

一是要切实做好有效增员工作,保证展业的人员力量;二是要引导城区支公司开展专一车险营销,制定台均保费、附加险标准的奖励措施。

六、狠抓摩托车、拖拉机业务

首先,要借助交警把关,加大宣传力度,争取社会支持;其次,要花工夫把工作做到乡村,发展乡村营销,建立村级代办;再次,要引导营销员发展城区摩托车业务,加大营销刺激力度。

七、坚持依法合规经营

一是要牢固树立依法合规经营意识,提高驾驭市场能力;二是要善于研究市场、分析市场,把握保险市场发展规律,不要依赖行政手段开展保险,同时要研究行业竞争状况,自觉引导和维护市场公平有序竞争,发挥我公司市场主导作用;三是要严格按照车险费改政策办理业务,各项风险调节系数必须充分运用,既不能有所保留,也不能任意扩大优惠范围。

八、认真做好数据管理工作

各支公司必须按照市公司的数据填报要求,每10天向市公司上报一次车险业务数据,并且必须在与内勤核对无误,主管经理签字后方可上报,以确保数据准确无误。各支公司主管运工的负责人为数据填报的第一责任人。

×××年××月×日(印章)

综合训练

一、填空题

1. 党政机关公文是党政机关实施领导、履行职能、处理公务的具有_____和_____的文书。

2.《党政机关公文处理条例》自_____年_____月_____日起施行,该条例规定公文的种类为_____种。

3. 依据行文关系划分,公文可分为_____、_____、_____。

4. 发文字号应当包括_____、_____、_____。

5. 公文标题中除_____、_____名称加书名号外,一般不用标点符号。

6. 向上级机关汇报工作,反映情况,回复上级机关的询问使用＿＿＿＿＿＿＿＿。

7. 请示应当＿＿＿＿＿＿＿＿,一般只写一个＿＿＿＿＿＿＿＿,需要同时送其他机关的应当用＿＿＿＿＿＿＿形式。

8. 函适用于＿＿＿＿＿＿机关之间相互商洽工作、询问和答复问题,＿＿＿＿＿＿和答复审批事项。

二、拟标题

1. ××大学就××系学生×××擅离学校,违反学校纪律,给予警告处分一事发出文件,使全校师生周知。

2. 某省人民政府发文要求所属单位认真贯彻执行国务院关于调整纺织品价格的规定,以便保持市场的稳定。

3. 某省财政厅对某省农业厅申请批准拨款购置办公设备的来文制发复文,批准对方的请求。

4. 国家××××局就当前农村基层土地管理人员队伍的现状和存在的问题,向国务院行文汇报,并对如何进一步加强这一支队伍的建设提出了具体的建议。

5. ××大学为了整顿学校的教学秩序发文作出具体规定,要求全校师生周知并遵守。

三、写作题

1. 首届"桃李杯"马拉松赛将于××××年9月15日上午8时至下午1时在某市举行。为保证赛事的顺利进行,对环城路、江滨路、诗书南路、教育北路、桃园中路实行交通管制,除警备车、救护车、消防车、工程保险车外,禁止其他机动车辆通行。试根据此信息,代某市公安局拟一份通告。

2. 为加强校园交通管理,创造安全有序的教学、生活环境,请拟写一则关于校外机动车辆进出校园管理的通告。

3. 2019年1月,在中国人寿保险(集团)总公司召开的全系统2018年工作总结表彰大会上,参加会议的中国人寿保险股份有限公司湖南省分公司的代表认为会议交流材料《中国人寿保险股份有限公司湖北省分公司2018年工作总结》中的许多经验具有参考价值,值得在本省系统学习、推广。因此,会议结束后回到本公司起草公文。请你选择合适文种,以中国人寿保险股份有限公司湖南省分公司的名义拟写一份向本系统推荐那篇总结的公文。

4. 湖南省教育厅准备于2019年1月11—13日,在长沙市××大学学术交流中心报告厅召开全省高校校(院)长办公室工作会议。1月10日持本通知到学术交流中心接待室报到。参加会议人员有本省各高校校(院)长办公室主任(或副主任),每校1—2人。本次会议的目的是为了进一步加强高校校(院)长办公室工作,促进全省各高校校(院)长办公室工作的协作与交流。联系电话:×××——×××××××,联系人:××大学校长办公室×××老师。传真:×××——×××××××,邮编:

××××××。请所有与会者填写所附《与会表》,加盖单位公章,于1月5日前邮寄给会务组(设在××大学校长办公室),以便统计与会人数,安排住宿,往返路费和住宿费自理,会议伙食标准每天×××元。请以湖南省教育厅名义写一则会议通知。

5. 根据下面给定材料拟写一篇通报。

(1) 昨天中午,东方乐园前开来了一辆编号为××的空调大客车。乘客上车后,乘务员宣布每位票款2元。乘客说:"平常只收1元,为何……?"乘务员说:"不坐可以下车!"于是,十几位乘客下了车。其他乘客见天阴快要下雨,只好忍气吞声买了票。奇怪的是,乘务员一律只收款不给车票。车到市内,一些乘客没要车票,便接连下车走了,有些乘客则非要车票不可,乘务员才每人给了一张1元的车票。票上印着"××市××客车有限公司机动车票"字样。

(2) ××市××客车有限公司今天做出决定:对敲竹杠的司机、乘务员罚款200元,停职检查1周,并在全公司通报批评。

6. ××大学××系18级学生张清于2019年9月6日晚9时经过学校广场时发现有5个男青年在对一位女生拉拉扯扯,立即上前制止。那5个男青年见只有张清一个人,便上前殴打他,张清不但没有退缩,反而与歹徒进行了激烈的搏斗,结果,胸部、腹部先后被歹徒刺了6刀,但仍一直坚持到其他同学闻讯赶来抓住歹徒。学校领导听说并证实这一事件后,决定授予张清"优秀共青团员"称号,并通报全校。请代拟一份公文。

7. 请合理扩充下面提供的材料,以××分公司的名义向总公司起草一份不超过500字的情况报告。

(1) ××××年6月4日凌晨2时40分,××分公司江南百货大楼发生火灾事故。

(2) 事故后果:未造成人员伤亡,但该大楼二楼商品被全部烧毁,直接经济损失350万元。

(3) 事故原因:二楼某个体裁缝经二楼经理同意从总闸自接线路,夜间没断电导致电线起火。

(4) 施救情况:事故发生后,分公司领导马上拨打火警,市消防队出动了8辆消防车,至清晨6点,火灾才被扑灭。

(5) 善后工作:分公司经理、副经理多次到现场调查,并对事故进行了认真处理。

8. ××学院人文系学生会拟成立"剧韵"学生戏剧社团,特向院团委申请批准。请代人文系学生会拟定一篇请示。

9. ××电子信息职业技术学院2019届××专业学生按教学计划要到××公司进行为期一个月的毕业实习。实习内容:知识与技能;实习时间:2019年7月1—30日;实习人数:30人;食宿无须对方安排;实习费用按有关文件规定付给对方。按上述内容,以学院之名给××公司写一份公函,然后再以××公司之名,给该院写一份回函作答。

10. 组织一次全系的学习经验交流会,每一个班级选派1—2名代表发言。你作为秘书要做好会议记录,并收集所有代表的发言稿。请你再根据会议记录写作一篇纪要,把先进的学习经验、科学的学习方法加以宣传推广,帮助同学们提高学习效率。

第三章　保险公司常用事务应用文

事务应用文是党政机关、社会团体、企事业单位在处理日常事务中经常使用的应有文体的总称。与法定的党政机关公文不同，事务应用文一般只在内部使用，其作用主要是交流情况、布置工作、总结经验、推动工作、约束行为和存档备案等。

案 例 导 入

有两个西班牙人，一个叫布兰科，一个叫奥特加。虽然他们同龄，又是邻居，但家境却相差很远。布兰科的父亲是一个富商，住别墅，开豪车。而奥特加的父亲却是一个摆地摊的，住棚屋，靠步行。

从小，布兰科的父亲就这样对儿子说："孩子，长大后你想干什么都行，如果你想当律师，我就让我的私人律师教你当一名好律师，他可是出名的大律师；你如果想当医生，我就让我的私人医生教你医术，他可是我们这里医术最高的医生；如果你想当演员，我就将你送去最好的艺术学校学习，找最好的编剧和导演来给你量身定做角色，永远让你当主角；如果你想当商人，那么我就教你怎样做生意，要知道，你老爸可不是一个小商人，而是一个大商人，只要你肯学，我会将我的经商经验全都传授给你！"

奥特加的父亲则总是这样对儿子说："孩子，由于爸爸的能力有限，家境不好，给不了你太多的帮助，所以我除了能教你怎样摆地摊外，再也教不了你任何东西了。你除了跟我去学摆地摊，其他的就是想也是白想啊！"

两个孩子都牢牢地记住了自己父亲的话。布兰科首先报考了律师，还没学几天，他就觉得律师的工作太单调，根本就不适合他的性格。他想，反正还有其他事情可以干，于是他又转去学习医术。因为每天都要跟那些病人打交道，最需要的就是耐心，还没干多久，他又觉得医生这个职业似乎也不太适合他。于是，他想，当演员肯定最好玩，可是不久后，他才知道，当演员真的是太辛苦了。最后，他只得跟父亲学习经商，可是，这时，他父亲的公司因为遭遇金融危机而破产了。

最终，布兰科一事无成。

奥特加跟父亲摆了几天地摊后，就哭着不肯去了，因为摆地摊日晒雨淋不说，还常遭人白眼。可是，一想到除了摆地摊，再也没别的事可干，他又硬着头皮跟着父亲出发了。可是,还没干几天,他又受不了了,又吵着闹着不肯去了。因为没事可干,不久,他又跟着父亲出发了。

慢慢地,他竟然从摆地摊中发现,要想永远摆脱摆地摊的工作,就得认真地将地摊摆好。结果,几年后,他终于拥有了自己的专卖店。30年后,他拥有了属于自己的服装集团。如今,该集团在世界68个国家中总计拥有3 691家品牌店,一跃成为世界第二大成衣零售商。奥特加(Amancio Ortega)以250亿美元个人资产,位列《福布斯》2010年世界富翁榜第9位。

人并不是选择越多越好,因为多了反而拿不定主意,无法坚持到底。反而是那些没有选择的人,最终获得了成功。

第一节　计　　划

一、计划的概念

进行任何一项工作都必须确立明确的目标,拟定具体、周密的实施方案,清楚"做什么,怎样做,达到什么标准",这种预想性安排的文字材料,就是计划。

具体地说,计划是单位或个人对某一阶段的工作或将要完成的某项任务,根据党和国家的方针政策以及上级的指示精神,结合实际情况,提出预定目标和要求,拟定具体内容和步骤,制定相应措施的一种应用文体。

计划是管理决策的排列组合,是科学管理的重要内容,是实现决策目标的重要保证。

二、计划的种类

根据不同的划分标准,可分为以下三种。

(1) 按内容分:综合计划和单项计划。

(2) 按范围分:国家计划、系统计划、部门计划、科室班组计划。

(3) 按时间分:长远计划、年度计划、季度计划、学期计划、月份计划。

计划是一个统称,由于内容的粗细、范围的大小、时间的长短等方面的差别,往往选用不同的名称。这些名称常见的有规划、方案、设想、安排、打算、工作意见、工作要点等,都属于计划这一类。其区别是,计划所定的任务较单一,时间较具体,并要求限期完成,有强烈的约束性;规划涉及面较广,适应时间较长(通常为 3 年以上)的工作、工程或生产;方案是对某项具体工作从目的、方式、方法到进度都作出全面计划,提出具体要求;设想是为长远的工作或某种利益着想,作个非正式的、粗线条的计划;安排是预定某项或某些任务须在短期内完成、内容较为具体的计划;打算是部署、安排近期要做的事情,而对其中的指标或措施等考虑得还不很周全的计划;工作意见、工作要点是用于上级对下级布置一个阶段的工作或某项主要任务,需要交代政策,提出具体要求或意见的计划。

三、计划的结构和写法

(一) 标题

标题一般包括制订计划的单位、计划期限、计划内容和计划种类(文种词)四要素。如果计划只是征求意见稿或讨论稿,要在标题后面或下方用括号注明,如《××公司×××年货运险工作计划(征求意见稿)》。

(二) 正文

正文包括前言、主体和结尾三方面的内容。

1. 前言

前言阐明制订本计划的根据。前言一般由三方面的内容组成：一是指导思想，即此计划是根据党和国家的何项方针、政策或上级主管部门的何种指示精神制定的等；二是分析前段工作的经验和教训，阐述单位现状，既要看到各种有利条件，又要指出面临的困难；三是本计划所设定的总的奋斗目标。前言部分的形式和结构，是不尽相同的。

一般内容丰富、规模较大的计划，如《××市十三五期间城市建设规划》，都标明前言(或绪论)，但一般单位中较短的计划，前言则可标，可不标。

2. 主体

主体是计划的核心内容，无论哪种计划，都必须体现计划的三要素：目标(做什么)、措施(怎么做)和步骤(分几步做完)。

(1) 目标，也就是任务，回答的是"做什么。"首先，要说明总目标和总任务是什么，要达到什么样的指标；其次，还可以有分目标和分任务，务必具体写明相应的要求。

(2) 措施和步骤。措施是完成目标的保证，说明"怎么做"，应写明完成目标可利用的主、客观条件，详细说明完成任务的具体措施、行动步骤、时间分配、人力物力财力安排等。

3. 结尾

计划的结尾要求简明扼要。用简短的语言提出号召和希望；或表明完成计划的决心和信心；或展望前景，给人们鼓舞。也有的计划不专门写结语。

(三) 落款

在正文结尾的右下方署上制订计划的单位名称，在署名的下行写上制订日期。如标题已有单位，则署名可省略。

四、计划的表达形式

(一) 条文式

条文式计划把计划分为若干条款或部分，通过文字叙述，逐一阐明内容。大型计划要分章，中小型计划常运用序码词和小标题来划分层次。这是目前国家机关、事业单位等普遍采用的一种形式。

(二) 表格式

这是采用表格表达计划内容。表内栏目通常包括任务项目、执行部门、完成时间、执行措施等。它适用于时间较短、内容较单一的具体安排。

(三) 文字、表格兼有式

这是指既有文字叙述，又有一目了然的表格说明，文字、表格相辅相成，使计划明确、具体。

例文欣赏

2019年保险中介市场乱象整治工作方案

近年来,通过一系列保险中介专项检查和乱象治理工作,各保险机构合规意识有所提升,各类风险得到明显遏制,但仍有部分机构存在内控管理不规范、线上线下管控尺度不一致等问题,保险中介市场乱象问题不容忽视。为深入贯彻党的十九大、十九届二中、三中全会精神和中央经济工作会议、全国金融工作会议精神,落实2019年全国银行业和保险业监督管理工作会议相关要求,进一步遏制保险中介市场违法违规乱象,银保监会决定开展2019年保险中介市场乱象整治工作,现制定方案如下:

一、工作目的

对保险中介市场存在的风险防范意识弱、管控责任落实不到位、与第三方网络平台非法合作等乱象进行重点整治,严肃查处相关违法违规行为。通过乱象整治工作倒逼保险机构加强内控管理,妥善处置潜在风险,有效规范市场秩序,促进保险中介市场长期稳健发展。

二、整治内容

本次乱象整治工作主要包含三项重点任务:一是压实保险公司对各类中介渠道的管控责任;二是认真排查保险中介机构业务合规性;三是强化整治与保险机构合作的第三方网络平台的保险业务。整治对象覆盖保险公司、保险专业中介机构、保险兼业代理机构及与保险机构合作的第三方网络平台。具体整治工作要点如下:

(一)各保险公司应切实履行中介渠道管控责任,依法合规开展经营活动,重点整治以下七个方面:

1.是否通过虚构中介业务、虚假列支等套取费用。例如,虚挂应收保险费、虚开税务发票、虚假批改或注销保单、编造退保等套取费用;虚构保险合同、编造未曾发生的保险事故或故意夸大已经发生的保险事故损失程度进行虚假理赔,骗取保险金或者谋取其他不正当利益;编造虚假中介渠道业务、虚构中介渠道从业人员资料、虚假列支中介渠道业务费用或者编制提供虚假的中介渠道业务报告、报表、文件和资料。

2.是否销售未经批准的非保险金融产品、存在非法集资或传销行为。

3.是否唆使、诱导中介渠道业务主体欺骗、误导投保人、被保险人或者受益人。

4.是否利用中介渠道业务为其他机构或个人牟取不正当利益。

5.是否通过中介渠道业务主体给予投保人、被保险人、受益人保险合同约定之外的利益。

6.是否委托未取得合法资格的机构或未进行执业登记、品行不佳、不具有保险销售所需专业知识的个人从事保险销售活动。

7.是否串通中介渠道业务主体挪用、截留和侵占保险费。

(二)各保险中介机构应加强内控管理,防范经营风险,重点整治以下六个方面:

1.保险专业中介机构是否通过虚构中介业务等方式协助保险公司套取费用。

2.保险专业中介机构是否销售未经批准的非保险金融产品。

3.保险专业中介机构是否给予投保人、被保险人、受益人保险合同约定以外的利益。

4.保险专业中介机构是否按规定对销售人员进行执业登记。

5.银行类保险兼业代理机构是否存在将保险产品与储蓄存款、银行理财产品混淆,套用"本金""利息""存入"等概念,将保险产品收益与银行存款收益、国债收益等片面类比,变相夸大保险合同收益、承诺固定分红收益等误导行为。

6.保险兼业代理机构是否向保险公司或者其工作人员收取或索要合作协议约定外的利益。

(三)各保险机构(保险公司、保险中介机构)应按照《互联网保险业务监管暂行办法》(以下简称《暂行办法》)等规定开展互联网保险业务,规范与第三方网络平台业务合作,禁止第三方平台非法从事保险中介业务,重点整治以下七个方面:

1.保险机构合作的第三方网络平台及其从业人员的经营活动是否仅限于保险产品展示说明、网页链接等销售辅助服务,是否非法从事保险销售、承保、理赔、退保等保险业务环节。

2.保险机构是否与从事理财、P2P借贷、融资租赁等互联网金融的第三方网络平台存在合作。

3.保险机构是否按规定履行对合作第三方平台监督管理主体责任。

4.保险机构合作的第三方网络平台是否符合《暂行办法》有关规定。

5.保险机构合作的第三方网络平台的客户投保界面是否由保险机构所有并承担合规责任,第三方平台是否存在代收保险费和转支付现象。

6.保险机构合作的第三方网络平台是否在显著位置披露合作保险机构信息、在显著位置披露第三方网络平台在中国保险行业协会信息披露平台的披露信息,并提示保险业务由保险机构提供。

7.保险机构合作的第三方网络平台是否限制保险机构如实、完整、及时地获取客户相关信息。

三、工作安排

(一)自查整改阶段。2019年4—6月,各银保监局要组织辖内各保险机构(保险公司、保险中介机构)认真开展自查,各机构应按照整治工作要点认真对照自查,在自查基础上积极完成整改。各保险机构应于6月30日前完成自查整改工作,并书面报告辖区银保监局。

(二)监管抽查阶段。2019年7—11月,各银保监局应在自查整改基础上开展监管抽查。抽查对象和抽查数量由各银保监局根据辖区情况自行决定。抽查对象应涵盖保险公司、保险专业中介机构(代理、经纪、公估)、保险兼业代理机构(含银行类兼业代理机构)三类机构,务必做到覆盖广泛且重点突出。

（三）总结汇报阶段。各银保监局应于 2019 年 11 月 30 日前，向银保监会中介部报送保险中介市场乱象整治工作报告，报告内容应包括组织实施、机构自查情况、监管抽查情况、行政处罚情况和工作建议等内容，并填报各项表格（详见附件）。

四、工作要求

（一）统一思想，加强组织。各银保监局要站在落实全国金融工作会议精神、防控金融风险的政治高度重视乱象整治工作，将乱象整治作为规范保险中介市场秩序、防范化解市场风险的重要抓手，与日常监管相结合，常抓不懈。切实加强组织领导，整合监管力量，确保乱象整治工作取得实效。

（二）鼓励自纠，立查立改。要强化保险机构的主体责任。各保险机构要确定乱象整治工作的牵头负责人，确保措施到位，责任到人。自查中对重点问题和薄弱环节边查边改，一旦发现制度不健全、管理不到位、操作不合规、风险隐患较大的情况，应立即整改，果断处理。对公司在自查中积极暴露问题并整改落实到位的，依法免于处理。

（三）分类处置，压实责任。各银保监局要始终保持监管高压态势，依法严肃查处各类违法违规问题。对保险机构在自查中存在瞒报漏报行为或整改不到位的，要依法从严从重处罚，并依法追究高级管理人员及相关人员责任。各银保监局要严格落实属地监管职责，压实监管责任，因工作不力或失职失责导致相关风险集聚、造成严重后果或恶劣影响的，将依法依规严肃追责问责。

（四）有序推动，及时汇总。各银保监局要有序推动整治工作，合理安排工作进度。机构自查阶段要做好辖区各保险机构自查整改情况的督导核查工作，监管抽查阶段要做好现场检查实施及后续处罚工作。对保险中介市场存在的典型问题和突出风险，要及时上报，深入剖析，注重从机制上查找问题产生的原因，提出解决问题和化解风险的根本措施。

第二节　总　　结

一、总结的概念

机关、单位或个人对一定时期的工作（或学习情况）作一个总的回顾、分析、研究和评价，从中找出经验和教训，把这些情况写成书面材料，就叫总结。有人说，"总结就是实践的本质概括""总结就是转化""总结就是提高"，这些话是很有道理的。

二、总结的作用

（一）总结经验教训，以利今后工作

凡属正确的工作实践，总有物质成果和精神成果。经验、教训，就是精神成果，是工作实践的理性认识，有着重要的指导作用，它比物质成果更宝贵，是总结的重点。通过总结，可以发扬成绩，推广经验，吸取教训，克服缺点，使今后的工作不犯类似的错

误,取得更高的工作效率。总结是一面镜子,使总结者看清自身的优点和不足。

(二)总结能为领导提供情况

一份好的工作总结是一个单位或个人的缩影。领导可以从总结中了解下面的情况,并根据总结中提出的问题及时给予指导和帮助,对某些先进典型和新鲜经验进行推广介绍,以促进全局工作。

(三)总结能促进调查研究之风的形成

要写好总结,必须做大量深入的调查研究,了解事物的全过程,通过认真分析,总结出经验和教训。因此,写总结能促进调查研究之风的形成。

三、总结的种类

综合性总结,又称全面总结,是对一个单位、一个部门、某个个人一定时期的全面工作加以综合归纳和分析研究而写出来的总结。它的内容较多,涉及面较宽,一般包括情况介绍、成绩和经验、问题和教训、下一步工作意见等基本内容。它要求反映工作的全貌,但又不是浮光掠影、面面俱到,而是有所选择和提炼,突出主要工作方面。人们平常所见到的带有全面汇报性的单位总结、部门总结、班组总结、科室总结、个人总结或者年度总结、阶段总结、季度总结、月份总结等,均属这一类。这种总结一般用于向上级汇报工作和领导干部在全体员工大会上对前一阶段工作做回顾、分析和总结。

专题性总结是指对一定时期某一方面的工作或某个重大活动进行专门的、集中而深入的总结。其内容比较单纯,针对性强,一般偏重于总结经验,比综合性总结更为具体、深透,更有理论深度,指导性更强。这类总结有的在报刊上公开发表;有的由上级转发有关单位,用以推广经验、指导全面工作;更多的则用于在总结、表彰会议上作为发言、交流的材料。

四、总结的写作

(一)标题

标题要力求准确、简洁、醒目。

常用的拟题方法有下面两种。

1. 单标题

(1)公文式:单位名称+时限+摘由+文种,如《人保××市分公司××××年货运险工作总结》。

(2)议论式:一般是公文主旨的高度概括,标题下方署上写作单位名称,如《齐心协力抗洪灾积极减损保效益——中保财产保险××县支公司》。

(3)设问式:根据全文的主线和范围,设置一个问题统贯和总领全文,标题下方署名,如《我们是如何降低车险赔付率的?——人保××市支公司》。

2. 双标题

正题揭示主旨(议论式);副题注明单位、总结的内容范围及文种词(公文式),如《树立全新思想观念保持业务快速发展——人保××县支公司××××年业务工作总结》。

（二）前言

写法是对全文的内容作个概述，其作用是让读者看了开头后对总结的内容有初步的、大致的了解；或者引起读者对总结中涉及的主要问题的注意，以开启下文。

（三）主体部分

总结正文主体部分的结构方式有下面三种。

1. 横式结构，即分部分叙述的方法

这种方法在综合性总结和专题性经验总结中都用得较多，如《××学院××××年上学期工作总结》，就可从思想政治工作、教学工作、后勤管理等几个方面进行全面总结。

2. 纵式结构，即以时间为序，分阶段叙述的方法

这种写法使人们便于了解事物发展的整个过程，如《齐心协力抗洪灾积极减损保效益——中保财产保险××县支司》，就是分成洪灾前、洪灾中、洪灾后三个发展阶段来叙述总结的。

这两种结构方式，在一份总结中常常可以同时出现。例如，整篇总结是横式结构，但在某一部分里可以采用纵式结构把某一情况的来龙去脉叙述清楚。

3. 传统程序式结构

此种结构也属一种横式结构，只是有其特殊性，它是依次将综合性工作总结的基本内容一项项去写。

例如，工作情况归纳（做了哪些工作，进程怎样，成绩怎样）——经验、体会（对前段成绩取得进行因果分析，探讨规律性东西）——存在的不足、问题及其原因——今后的意见。

每一项基本内容通常分为若干点展开叙述。

这种结构是写综合性工作总结长期沿用的一种方法，同时有一种既定程序、模式，因而称传统程序式。

（四）结尾

总结结尾的写法根据具体情况而定。

如果主体部分内容较多而庞杂，撒得较宽，结尾可简要收拢、总括一下，以使读者有一总的印象；如需要对读者展望美好前景，鼓舞人心、士气，可适当写几句鼓舞、号召性的话收尾。总之，总结的结尾应当自然、简洁、有力，是主旨表达所必须，是瓜熟蒂落式的收束，切忌画蛇添足式的收尾。

五、总结的写作要求

（一）要有正确的指导思想

写总结，要以党和国家的路线、方针、政策为依据，用辩证唯物主义和历史唯物主义的观点和方法分析材料，总结经验和教训。

（二）要实事求是

总结就是以客观事实为依据，发掘事物的本质，找出规律性的东西。因而，一定要如

实反映工作情况,不夸大、不缩小,否则就不能反映单位的真实面貌,失去总结的意义。

(三)要选取典型事例,揭示本质规律

在全面了解事物、详细占有材料的基础上,要选取能揭示本质规律的典型材料,总结经验教训,指导今后的工作。

(四)要根据总结的目的,确定中心内容,突出主要问题

要根据写总结的目的及工作情况,确定中心内容,突出主要问题。即使是综合性总结,也不要事无巨细,样样都写,公布流水账,要显示本单位或个人的特色。

六、总结及某些文种的关系

(一)总结与计划的关系

总结与计划有密切的关系,总结是对计划完成情况的检查分析和评价,又是制订以后计划的依据。计划的内容是解决"做什么、怎么做"的问题,总结的内容是解决"做了什么、做得怎么样,今后努力的方向"的问题。

(二)总结与调查报告的关系

总结与调查报告在写作要求上基本一致。特别是专题性经验总结与典型经验的调查报告有很多相似之处:都要求迅速反映新事物,通过典型材料表达观点,具有较广泛的指导性。

总结与调查报告的区别:工作总结是就本部门、本单位或个人在一定时期内的实践活动所写出的书面材料,一般都用第一人称。调查报告的写作范围则不受时间和空间的限制,它往往由上级机关或有关部门派人采写,常以调查组或个人的名义发表,一般都用第三人称。调查报告常常是用"点"上的经验推动"面"上的工作,具有更大的指导性。

(三)总结与公文报告的关系

总结与公文报告相同之处:它们的内容都是对一段情况进行回顾、分析,总结成绩,提出问题,以利再战;都采用第一人称表达。

总结与公文报告相异之处:公文报告属于行政公文,格式要求严格、规范;总结属于一般公文。公文报告对工作的时间没有什么要求,边工作边报告或工作任务完成后报告情况都可以;总结一般指工作告一段落的回顾。

例文欣赏

【例文 1】

中国人民保险公司××分公司××××年工作总结

根据总公司保发[××××]319 号文件精神,现将××××年工作总结如下。

一、基本情况

今年以来,在上级公司和地方党政的领导下,市公司认真学习中央2号、4号文件,深入贯彻落实全国保险工作会议和分公司总经理工作会议精神,在年初既定的×亿元目标的基础上,又提出了保一、争二、奔三的奋斗目标,即确保××亿元,争取××亿元,奔向××亿元。为实现这一目标,市公司上下一心,奋力拼搏,使业务收入实现了大幅度增长。

截至11月末,保险业务总收入达××万元,完成总公司下达计划××万元的125.4%,比上年同期增加××万元,增长了55.28%。其中,国内财产保险业务收入××万元,增长49.5%;人身险业务收入××万元,增长了66.11%;涉外业务收入××万美元,折合人民币××万元,增长26.26%。

预计到12月末,保险业务收入可达到××亿元,比××××年增加××亿元,增长59%。

1—11月,共处理国内财产险赔案××起,赔付支出××万元,综合赔付率为34.2%,人身险给付××人次,给付支出××万元,其中,参加统筹的退休职工××人,支付养老金××万元,涉外业务赔案140件,赔款支出××万美元,折合人民币××万元,赔付率为30.38%。

一年来,我们突出了以业务发展为中心的指导思想,业务经营出现了两个比较显著的特点。一是长短并进,均衡发展。1—11月,长险保费收入为××万元,占总收入的48.98%,基本实现了长险保费收入占总收入一半的目标要求。二是狠抓新险开发,在巩固老险种的同时,注重新险种的开发和拓展工作。由于各附加险种的大面积推进,使企财险业务收入比上年同期增长了28.69%,运输工具险比上年同期增长了37.55%。长效还本家财险比上年同期增长131.22%;新开办的农村综合险收费××万元。

二、主要做法和体会

(一)抓目标,搞调整,保证业务适度增长(略)

(二)抓认识早发动,夯实思想基础(略)

(三)抓改革,定措施,建立保证体系(略)

(四)抓宣传,搞公关,创造良好外部环境(略)

(五)抓防灾,重理赔,发挥补偿职能(略)

(六)抓班子带队伍,增强凝聚力(略)

一年来,我们的工作取得了一定成绩,也存在很多问题。一是思想上的畏难情绪,面对保险市场竞争不断加剧,感到困难重重。二是业务发展不够平稳,在业务收入大幅度增加的同时,货运险,特别是铁路货运险、一般家财险、公路旅客险仍呈下降趋势,尽管几经努力,铁路货运险下降55%的局面仍没有扭转。三是应收保费额度较大,达××万元,占保费收入的15.62%,催收工作任务相当艰巨。针对这些问题,我们将尽快采取措施,认真加以解决。

中国人民保险公司××分公司

××××年×月×日

【例文2】

<h2 style="text-align:center">齐心协力抗洪灾积极减损保效益</h2>
——中保财产保险××县支公司

今年7月中下旬,一场历史罕见的洪水席卷了地处南洞庭湖滨的××县,仅三天时间,水位由33.58米升到36.2米,境内超过历史最高水位1.4米,超过警戒水位3.36米。洪水造成全县33个巴垸漫溃,12个区乡镇被洪水围困,参加保险的61家工商企业和近万户居民的2.6亿元保险财产岌岌可危。面对洪魔,公司员工全力投入,通过组织灾前转移、虎口施救、快速查勘、严格定损,有效转移保险财产2 700余万元,从洪水里夺回了保险财产3 000多万元,挤干赔款水分1 300余万元,累计有效为国家减少保险财产损失近7 000万元。此次灾情,全县损失近30亿元,保险赔款仅400万元,如果今年不再发生其他大的灾害,年底,公司仍可望略有利润,创造了大灾之年社会效益与自身效益都有好的收益的成绩。公司的抗洪救灾工作得到了上级公司和××县委、县政府领导的高度评价,公司被评为全县"抗洪救灾先进单位",公司正副经理被县委、县政府授予"抗洪抢险先进个人",市分公司先后两次在我司召开现场办公会。最近,在全县抗洪救灾总结表彰会上,副县长×××特别讲到"如果说××今年抗洪救灾是创造了奇迹的话,那么,××财产保险公司的全体同志便是这些创造奇迹的人们"。回顾近几个月来的工作,我们的主要做法如下。

一、防患未然,争分抢秒抓转移(略)

二、不畏艰险,连续奋战救财产(略)

三、早查勘严定损,围绕效益把好关(略)

这次抗洪的实践证明:只要我们把国家和人民的利益放在心上,为他保险、为他抗灾、为他解难,企业和群众就会满意,我们保险公司的社会效益和经济效益也就能同步增长。

第三节　调查报告

一、调查报告的概念

调查报告是对某项工作、某个问题、某些情况、某方面的经验有目的地进行调查,占有丰富的材料,做出科学的分析,得出正确的结论,然后将情况、分析和结论整理成文的一种应用文体。简言之,调查报告就是根据调查研究的写成的书面报告,它又称考察报告、调查、调查汇报等。

二、调查报告的作用

(一) 调查报告为领导机关制定方针政策提供重要依据

调查报告是反映情况、提供信息的重要渠道。领导机关可以从调查报告中了解到各方面的情况,并以此作为制定方针政策的依据,如各种保险费率就是通过调查研究得到的大量数据而确定的。我们党一贯注重实事求是,重视调查研究,调查报告因此广泛被人们掌握和运用,发挥它巨大的作用。

(二)调查报告是传播经验、揭露弊端、推动工作的重要工具

在全面建设社会主义小康社会的征途中,必然有不少单位或个人取得一些成绩,积累了一些经验,为了促进整个社会的发展,有必要把他们的先进经验推广传播。同时,也必然会出现一些弊端,要揭露这些弊端,使建设社会主义小康社会事业顺利地向前发展。各种类型的调查报告正是实现这一目的的重要手段。

(三)调查报告能帮助人们澄清是非,明辨真假

每当社会上出现重大事件后,有关组织都责成与其相关的单位组成联合调查团进行调查,再将调查情况公布于众,帮助人们澄清是非,明辨真假。

三、调查报告的种类

根据调查范围可分为综合性调查报告和专题性调查报告两种。

综合性的调查报告涉及面广事多,如《人口普查报告》《××省保险事业发展情况调查报告》等,都属于综合性的调查报告。

专题性的调查报告是就一件事、一个人或一个问题进行深入的调查后写出的书面材料,如《目前国内货运险存在问题的调查报告》。

根据调查的目的,调查报告一般可分为六类。

(一)介绍经验的调查报告

这类调查报告旨在推荐和介绍调查对象的成功经验,号召人们向他们学习。撰写时要注意报告他们的具体做法和效果,让事实说话,使读者觉得确实可信。

(二)揭露问题的调查报告

这类调查报告意在揭露问题,目的在于解决问题,它以确凿的事实引起社会的关注,敦促有关部门切实行动,解决矛盾。

(三)反映新事物的调查报告

这类调查报告同消息、通讯一样具有新闻性的特点。要求及时报告调查对象的新情况,介绍事物发展的全过程,并进行分析、评价,揭示事物的本质,概括基本经验,如实反映利弊得失,给人以启迪,促人效仿。

(四)考察政策实施情况的调查报告

这类调查报告是对某项政策(或规定、条例等)在实施过程中出现的种种情况进行调查,经过归纳整理后而写出的书面材料。它与工作总结有些相近。这类调查报告所反映的范围比工作总结广泛,可以涉及现状、历史、经验、问题等多方面的情况,反映政策实施前后的变化,并据以分析推断,提出撰写者的看法,对于领导机关正确指挥全局工作有一定参考价值。

（五）考察历史事实的调查报告

由于需要重新判定过去的某一问题，因而对某些历史事实需重新调查写出报告，以便做出正确的结论。

（六）反映市场情况的调查报告

这类调查报告是调查研究市场这只"无形的手"，反映和研究市场的需求、规律、走向、对政府和企事业单位的反馈、启示、要求等，以使人们更好地按市场规律进行决策和经营。

四、调查报告的结构和写法

调查报告由标题、导语、主体、结语四个部分组成。

（一）标题

调查报告标题一般有两种写法。一种是近似公文式标题的写法，如《中国人寿××省分公司关于母婴保险情况的调查报告》。另一种是新闻报道式的写法。这种写法又分为单标题和双标题两种。单标题如《青岛矿泉水在国内外市场的调查》，双标题如《亟待"补虚"的主渠道——上海国营批发商业调查》。

（二）导语（引言、前言等）

导语在文字上必须高度概括，简明扼要。一般简介被调查者的情况、调查的目的、时间、方法、报告的主要内容和中心观点等，即围绕回答三个问题去写：为什么调查？（背景、目的、意义。）怎样调查的？（时间、地点、对象、范围、方法等，以示结论的可靠性。）调查的总结论是什么？（全文核心内容的总提，为主体的展开开辟言路。）

（三）主体

主体的结构要根据材料和观点的特点酌情安排：有时需要按照事物的不同性质、不同类型、不同方面，把主体划分成并列的几个部分一一去写，即采用通常所说的横式结构；有时按事物发生、发展的时间过程，从前到后地一步步去写；有时按调查的过程，即调查者对事物的认识过程，由浅入深、循序渐进地写；有时先列事物的种种现象，然后对其分析，如原因、实质等，最后提出改进意见、建议等。后三种属于通常所说的纵式结构。

纵横两种结构可在一篇调查报告中交错运用，有时纵中有横，有时横中有纵。

为了使报告条理清楚、脉络分明，撰写者常常采用分列小标题或分块标项的写法，有时还附以简单的表格。

（四）结语

要求总结全文，呼应开头。如果主体部分已讲完实质性内容，调查报告不必非写结语不可，在主体部分言尽即止，自然收束。

五、调查报告的成文过程及写作要求

写好调查报告的关键是深入细致地做好调查，详细地占有材料。一般来说，调查要经历下面四个阶段。

（一）准备阶段

首先，要明确这次调查的目的意义、要解决的主要问题，学习有关问题的方针、政策、条款、条例等。

其次，要考虑好调查的方法、步骤及可能出现的问题，列出调查提纲，安排好调查各阶段所需的时间及从事各项调查工作所需的人员等。

再次，要根据需要精心设计出各种调查表。在设计调查表时，要多替被调查者考虑，要既省时，又易填，这样就会取得事半功倍的效果。另外，表中栏目的概念要明确，被调查者才能准确填出，所得材料才真实可靠。

（二）调查阶段

这一阶段要做许多深入细致的工作，掌握有关的材料。

下面介绍五种调查方法。

1. 开调查会

可根据调查的需要，召集有关的人员介绍情况。最好是利用某单位开某次与调查内容有关的会议时进行调查，这样得到的材料更真实、更可靠，且省时省力，如保险公司须了解有关学生平安险的情况，就可利用教委组织的有学生、家长、教师等人参加的会议进行调查。

2. 个别访问

找当事者个别询问调查，了解情况。

3. 现场察访

通过现场察访，调查者可以获得直接的现场感受，了解某些容易被一般人忽视的细节，为调查报告的写作提供第一手资料，有些情景还要拍摄照片取证。现场查访还包括查阅有关的文献资料。

4. 填写调查表

这种方法可以与上面几种方法同时进行，也可独立进行。调查者将预先设计、准备的调查表请调查对象逐项填写，然后收集统计。

5. 抽样调查

按随机抽样原则和一定方法、规律抽取一定样本进行调查，并根据所得调查数据运用数理统计原理，推算调查总体，研究其一般状况和特点，其理论依据是数学中的概率论和大数法则。

（三）研究阶段

这一阶段是把调查到的材料进行分析、研究，上升到理性认识阶段，并作出判断。

（四）写作成文

写作者将调查得出来的大量材料，围绕主题进行严格的筛选，再合理安排文章结构，写出观点明确、有理有据的调查报告。

有人把调查研究比作"十月怀胎"，写作成文比作"一朝分娩"，这是很形象生动的比喻。调查研究虽然要花费很多时间和精力,而一旦掌握了材料,提笔写作起来,就会得心应手,左右逢源。

例文欣赏

××市城区支公司专业化经营情况的调查报告

我市从××××年起城区支公司实行车险、非车险专业化经营,设立车险专业支公司1个、非车险专业支公司2个,至××××年有5个年头。随着公司业务流程再造和考核体制的变化,车险专业经营公司职工基本稳定,非车险专业经营公司职工情绪低落,人心涣散,强烈要求改专业经营为综合经营。为此,我市分公司总经理室组织安排四次专题调查,现将调查情况报告如下。

一、充分肯定在当时历史环境下,分业经营的正确性

在××××年,××市城区市场主体只有人保财险和平安财险两家公司,而且人保由于×××区多年洪灾赔付,在当地社会影响相当大,信誉度极高,平安财险无力与我公司竞争,因而城区人保有绝对的主导市场的地位,同时营销队伍不大,主要依靠直销,展业、理赔、核保都在基层支公司。因此,分业经营对于统一承保标准、理赔定损标准、代理手续费标准是非常适合的:既强化了管理,发展了业务,减少了内耗,又提高了台平保费,提高了经营效益。从城区5年来的分业经营状况可以看出,城区车险从××××年的××××万元发展到××××年的××××万元,净增保费××××万元,增长136.6%,年均增长27.3%;非车险从××××年的×××万元发展到×××年×××万元,净增×××万元,增长77.2%,年均增长15.4%。车险年均赔付率为58.5%,非车险年均赔付率为44.6%。

二、高度重视目前仍实行分业经营存在的弊端

随着经济的发展,汽车走入家庭,国有企业全面改制,非车险团险严重滑坡,我市市场主体增至5家,营销队伍不断扩大,经纪、代理公司频频挂牌;兼业代理要价提高、难度加大,《交安法》实施,车险展业难度减小,车险、非车险捆绑式销售模式出现。"三个中心"成立,保赔分离,展业、核保分离,管理加强,上级对一线员工考核,实施客户经理制,业绩论英雄。由于这些内、外体制和市场的变化,导致目前仍实行分业经营,存在如下弊端。

(一)非车险专业公司职工人心涣散,认为考核不公平

原有非车险团险客户频频改制,成本意识增强,资产重估后,资产相对减少,展业难度加大,保费规模减小。分散业务靠发展营销,而不经营车险,营销队伍组建、稳定相当困难,导致部分职工一天无所事事,或是劳而无获,拿不到工资,天天埋怨公司,埋怨经营模式,人均保费逐年得不到提高,与车险专业公司的差距越来越大,到××××年,人均保费非车险专业公司只有××万元,不到车险专业公司的一半,员工的积极性

无法调动起来,无法按新的一线员工考核办法考核到位。

(二)客户资源不能共享,渠道建设不畅,重复公关,增加成本

人保财险公司目前在市场上的优势,对展业一线人员来说主要是经营多年,有了一定的客户群,而车险与非车险的客户资源不能共享,并且车险客户群大于非车险客户群,对公司业务结构调整,加快非车险发展极为不利;我市城区驾意险、乘意险,虽多次公关联系,收效甚微;聘请兼业代理单位,车险要谈一个协议,非车险要谈一个协议,一个单位要去多个人联系公关;同车险公司驻交警队窗口联系代办驾意险,由于怕影响其摩托车三责险的推广而拒绝;这样非车险业务发展乏力,车险占比越来越高。

(三)不利于属地公司加强与社会各界的联系,品牌优势不能充分发挥

我市城区××区、××区均为非车险专业公司,不能做车险业务,而任何单位的车辆是必保的,特别是政府的各个职能部门,我公司的分支机构不能提供车险服务,与社会各界接触和联系的机会不多,单搞家财险、团意险很难提高属地公司的知名度和美誉度,品牌优势很难发挥,客户不能就近投保也不方便。

(四)不利于"三个中心"作用的发挥

人保财险公司上市后,业务流程再造,城区基层支公司主要是以产品销售为主,承保质量、理赔质量、综合成本主要通过"三个中心"来控制,公平、有序的内部竞争环境已初步形成。我司目前的分业经营体制不利于"三个中心"作用的充分发挥,不利于形成内部充分竞争。只有竞争,才能充分激活所有员工的积极性,提高员工的综合素质,迎战市场主体增加后日益激烈的外部竞争,加速业务的健康稳步发展,充分发挥"三个中心"的作用。

三、实行混业经营的有利因素

根据城区各专业公司座谈反映的情况,我们认为实行混业经营,有八个方面的需要:一是适应保险市场发展的需要;二是整合内部资源的需要;三是降低经营成本的需要;四是适应新的考核机制的需要;五是加快业务发展的需要;六是保证直销队伍、兼业代理和个人代理队伍稳定的需要;七是提高展业人员综合素质的需要;八是准确反映基层公司综合经营能力的需要。

四、充分估计城区支公司综合经营的困难

目前从分到合,也不是一件很容易的事,矛盾和困难也不少,主要体现在四个方面。一是业务划分难到位。由于现在人均保费相差过大,要搞综合经营,业务再划分困难较大,客户也有一个适应的过程。二是数据管理难,特别是车险的未决赔款和未到期责任准备金核算难,对基层公司效益考核难到位。特别是分散性业务续保的难度加大。三是人员调整太多,不利于思想的稳定、业务的稳定。四是市分公司的管理水平和能力是否适应经营模式的变化还是一个问号。特别是大力发展分散型业务如农村家财、摩托车险等,售后服务可能难以保证。

根据以上调研情况,我公司认为××××年城区支公司应该采取在人员、单位续保业务原则上不动的前提下,实行混业经营。

第四节　简　报

一、简报的概念

简报就是用书面语言写的简单情况的报告。它是党政机关、企事业单位、人民团体通报情况、交流经验的一种最常见、使用范围最广泛的文体,也称××简讯、××信息、××动态、情况交流等。

二、简报的作用

简报的应用范围广泛,形式简便灵活,在公务活动中显示出重要的作用。

(1)简报能使领导机关及时了解下级单位各方面的情况,以便给予及时正确的指导。

(2)简报能使平行机关之间互通情况,交流经验,加强协作。

(3)上级机关所办的简报能对下级单位起到传达指示和要求,交流信息,介绍先进经验,通报重要情况,推动工作进程的作用。

(4)会议简报除具有上述作用外,由于它对会议的进程、议题、代表的发言、决议事项等有较完整的记叙,因而它也是一份重要资料,具有考查凭证的作用。当然,其他简报如果存档也有资料凭证作用。

三、简报的特点

简报的特点可用四个字概括:简、快、精、准。

简,指文字要简洁,篇幅要简短,形式要简明。

快,指反映情况要及时,这是对简报时间的要求。比如,在问题刚刚发生的时候,就把简报送给有关领导,才有可能及时防止事态的扩大和蔓延。如果是新事物、新经验,领导机关通过简报及时推广,就可促进某项事业的更快发展。否则,错过了时机,作用就不大,甚至毫无用处。

精,指简报所选的材料要精、要典型、要有意义。采写简报的同志要选择那些与党的方针政策密切相关的,或涉及本部门中心工作的重要情况、典型经验上简报。既要选成功的经验、正面的材料,也要反映一些反面的情况、失败的教训。从一定意义上说,反映一些反面情况比单纯反映正面情况更有助于领导同志和上级机关指导工作。

准,指材料要准确。简报上的材料一定要客观,没有核准的材料就不要反映,这样简报反映的材料才有价值。会议简报若是反映发言人的材料应送交发言人核实,以保证正确无误。

简报的编写者还有一个很重要的工作,就是写编者按,以期引起读者的注意。按语要做到提纲挈领,要言不烦。

四、简报的种类

根据简报的内容,可分为三种类型。

(一) 工作简报

这是一种定期或不定期编发的长期性简报,如《保险信息》《学院简报》等,主要反映本系统、本单位工作中的重要情况、新生事物、典型经验及值得注意的问题和现象等。

(二) 会议简报

这类简报是会议主持者组织和引导会议,并向上级领导报告会议情况的,主要反映会议概况、进程,会上研究和争论的问题,与会者的重要发言摘要等。

(三) 动态简报

动态简报又称信息简报,是传播信息、反映动态、交流情况的一种简报,它以反映某些事物的运动、发展为主要对象,以反映新趋向、新问题、新变化为主要内容,为有关部门领导制定决策提供重要的参考依据。

五、简报的格式

简报由报头、报核、报尾三部分组成。

(一) 报头

报头约占简报第一页 1/3 的位置,下面用横线与正文隔开,一般有下述六个方面的内容。

简报名称位于报头中央,一般用红色大号黑体字。

期数位于简报名称的正下方,可以只有年度期数,也可是年度期数加总期数组成。

编发单位位于报头左下侧,横隔线的下方,编发单位须写全称。

印发日期位于报头右下侧,横隔线的上方,须写明编发日期的年、月、日。

简报如有保密等级,须在报头的左侧上方表明密级,如"绝密""秘密""内部刊物,注意保存"等字样。

编号位于报头左侧上方位置。

(二) 报核

报头和报核之间,用一条间隔横线隔开。报核在横隔线以下,一般包括以下四个部分。

1. 目录

如果一期简报包括了多篇文章,或者单篇简报内容较多,为了使简报的内容一目了然,便于阅读,则在简报下面编排目录或要目。

2. 按语

按语的位置一般在报头之下、标题之上,是根据简报内容缩写的提示语,以帮助读者加深理解和认识,一般会注明"编者按""按语"等字样。按语的写作,主要从三方面着眼。一是说明性按语。说明所刊载材料(文章)的来源,刊载的依据和目的。二是评点性按语。对所刊载材料(文章)的观点、主要内容做提纲挈领的介绍,着重表明支持什么,提倡什么,注意什么,反对什么。三是指示性按语。从刊载的材料(文章)出发,对下级机关的工作提出具体要求,对需要推广的经验、做法、需解决的问题等,提出对策和指示。在编写过程中,这三方面内容可单独成篇,也可根据需要将两项或三项内容一并写出。

3. 标题

每篇简报都必须有标题,类似于新闻标题,要求简明概括正文内容或主题,表明作者的观点,精炼恰当。标题可以是单行标题,也可以是双行标题。

4. 正文

正文写法类似于新闻写法,一般包括前言、主体、结尾。前言相当于简报的导语。主体是简报的主干部分,是对前言的展开,使其具体化。结尾比较简单,也可不写。

(三) 报尾

报尾位于简报正文之下,与正文部分也用一条横线隔开,包括发送对象、范围及印发份数。发送对象、范围位于报尾的左边,接受文单位的级别,顶格由上而下依次写明"报:××""送:××""发:××"。印发份数位于报尾右侧,注明本期的总印数。

例文欣赏

牵手中国人寿　共建和谐生活
客户服务活动简报

(第 1 期)

中国人寿保险股份有限公司客户服务部编　　　　　　××××年×月×日

编者按:

总部于 12 月 15 日正式启动了"牵手中国人寿,共建和谐生活"客户服务活动,各家分公司随后陆续召开了启动大会,进入了客户服务活动的启动阶段,并正积极为××××年客户服务活动的实施做准备。为了配合本次活动的举办,总部专门设计了活动宣传海报和宣传折页,制定了活动话术及短信发送宣传方案,并在 12 月 18 日至 20 日的客服经理培训班上,对本次客户服务系列活动工作的开展进行了宣导和布置。

为了及时掌握客户服务活动动态,加强经验交流,提高活动质量,总部特编辑了《客户服务活动简报》,供公司全体人员参考。希望借此简报,能为大家提供一个互通有无、相互学习的交流平台,同时,诚望得到大家的帮助,对客户服务活动、本简报多提宝贵意见和建议,让客户服务活动开展得更加有声有色,让本简报更好地为大家服务。

目　录

本期综述

【客户服务系列活动精彩启动】

本次客户服务系列活动是公司首届全国性的客户服务活动，是公司客户服务工作的又一个重大举措，活动意义重大、影响深远。

在总公司策划本次客户活动期间，各家分公司都积极响应，提出了诸多建设性的意见和建议，为总公司策划方案的出台提供了非常宝贵的参考。在启动大会筹备期间，各家分公司都表现出了极大的工作热情，积极而充分地做了大量的准备。随着总公司 12 月 15 日的启动新闻发布会及启动视频会的召开，各家分公司都先后召开了启动大会，隆重地拉开了客户服务系列活动的序幕。

目前，有多家分公司结合本次客户服务活动启动大会，举行了丰富多彩的庆祝活动。例如，厦门分公司于 12 月 18 日在厦门市艺术剧院举办了营销十周年庆典暨客户服务主题活动启动大会；云南分公司于 12 月 15 日下午在绿洲大酒店邀请云南省主流新闻媒体及社会质量监督员召开了"庆祝中国人寿上市三周年系列活动新闻发布会"，于 12 月 16 日晚在云南大剧院成功举办了"中国人寿·香格里拉交响之夜"音乐会。在各分公司的周密策划和积极组织下，启动大会产生了非常好的社会效应，为本次客户服务活动的举办开了个好头，为宣传造势添上了极其精彩的一笔。

为了更好地配合客户服务活动工作的开展，多家分公司采取了形式多样的举措。如重庆分公司正在开展"喜结名缘""致农民朋友的一封信""1＋1"新年贺卡传递等一系列活动，于 12 月 25 日成功举办了"中国人寿之夜"新年音乐会；贵州分公司制作了《客户服务节周报》，定期公布《贵州国寿客户大拜访活动战报》。另外，省会城市贵阳分公司与移动通信贵阳分公司联合推出了"新春送话费,移动送平安"的活动;宁夏分公司于12月16日、17日举办了全区柜面客户服务技能大赛;四川分公司围绕本次活动正在制作"牵手"主题歌、座机和手机彩铃;北京分公司、广西分公司、青岛分公司、天津分公司、四川分公司等,就客户服务活动的举办情况,特制作了《客户服务活动周报》《客户服务活动时讯》。

日前,多家分公司正在对客户服务活动的实施方案做细化、完善,至本期简报截稿日止,有多家分公司,如深圳分公司、广西分公司等,制定的方案及配套措施非常详尽、周全。

相信通过大家共同的努力,接下来的客户服务活动必将举办得更加有声有色,同时也希望各家分公司继续投入百倍的信心和热情,一起为提高公司服务品质,提升公司品牌形象贡献出自己的一份力量。

活动动态

【厦门分公司客户服务活动启动大会】

12月18日,中国人寿厦门市分公司在厦门市艺术剧院隆重举办了营销十周年庆典暨客户服务主题活动启动大会。来自厦门保监局的领导、新闻媒体、客户服务质量监督员、商家联盟代表、VIP客户、业务员等共1 000余人参加了此次启动大会。公司陈耀光总经理在会上作了重要讲话,要求各单位利用即将开展的全国性客户服务主题系列活动,强化客户服务,树立国寿服务精品。朱俊副总经理在大会上宣布厦门市分公司客户服务主题活动正式启动。这标志着厦门分公司拉开了"牵手中国人寿,共建和谐生活"为主题的客户服务系列活动的序幕,"国寿1+N"客户服务全新品牌理念将在厦门得以推广,广大客户将享受到我司提供的更多的附加值服务。

分公司还邀请了厦门知名演出公司在大会上表演各类精彩节目:红红火火的开门红歌舞、嘹亮而动情的女声独唱、动感十足的踢踏舞、紧张刺激的杂技表演、热情火辣的双人拉丁舞等,整场演出可谓精彩纷呈,华彩绚丽。其中,由我公司20位美丽的女孩表演的手语舞《感恩的心》将整场晚会推向了高潮。

......

媒体信息

网易财经:中国人寿启动首届全国性客户服务系列活动

12月15日,中国人寿保险股份有限公司在北京启动了"牵手中国人寿,共建和谐生活"为主题的首届全国性客户服务系列活动,同时,"国寿1+N"客户服务全新品牌理念明年将在全国推广。

中国人寿保险股份有限公司副总裁刘英齐介绍,启动首届全国性客户服务活动是中国人寿保险股份有限公司借在香港、纽约成功上市三周年之际，作为目前国内市值最大的寿险公司，回馈广大客户的一项重要举措。活动由总部统一策划、统一部署，并由其所辖的4 000多家分公司机构具体实施，既全国联动，又富有地方特色。

据悉，首届全国性客户服务活动的主题是"牵手中国人寿，共建和谐生活"，时间跨度为2006年12月15日至2007年6月30日。

首届客户服务活动分别围绕"牵手—和谐"和"牵手—关爱"两个子主题开展，以客户、家庭为对象，以健康、和谐为活动主题，进一步巩固与客户的关系。计划开展的活动主要有：保单积分奖励计划、保险进社区、进农村的宣传活动、新春歌舞会、主题春节团拜、时尚讲座、专家健康讲座、针对不同类别客户组织系列服务活动，等等。

其中，2007年的6月16日是中国人寿的首届客户节。在客户节当天，还以"牵手国寿"为主题，在全国范围内开展各种活动。

值得关注的是，中国人寿借助首届全国性客户服务活动，首次面向全国客户推出国寿"1＋N"服务品牌。"1"表示一个客户或一张保单，"N"代表客户不仅可享受到多种的保单服务还可以享受多种附加值服务，"N"根据客户需求不断变化，明天的"N"可能大于今天的"N"，服务无止境，中国人寿为之做出的努力也将是无止境的。部分分公司已经在服务项目的不断增加、服务模式的不断创新中取得了一定成效。中国人寿客户服务部总经理杨红说，分公司长年摸索、总结并得到客户认可的服务模式在全国推广将是今后中国人寿提升服务、创新服务的一项重要工作，相信国寿"1＋N"在全国的推广将会为中国人寿的客户带来全新的服务和享受。

……

交流学习

【北京分公司《客户服务活动周报》——第1期】

公司领导高度重视客户服务活动

2006年12月15日，总公司召开客户服务活动启动大会。会议结束后，徐海峰总经理立即召集与会人员再次学习总公司《关于举办首次全国性客户服务活动的通知》文件及活动方案，成立了活动领导小组和工作小组，并提出了相关要求：这次客户服务活动是全国性的首次活动，正处在业务发展和两鸿转保的重要阶段，各单位和部门要高度重视、通力配合，坚持业务发展与客户服务的"两手抓""两手硬"和"两不误"，积极营造"大拜访、大营销、大服务、大发展"的良好氛围；要紧密结合自身业务发展节奏、保险"三进入"要求和当地风土人情习俗等，制定切实可行的细化方案，力争取得好成绩。

……

客户服务中心紧锣密鼓策划活动方案

作为本次客户服务活动主要负责部门，在公司各部门的积极参与建议下，客户服务中心围绕总公司活动要求及方案，结合我公司情况，初步拟定了我公司活动方案，有关细节正在积极落实中。同时,在部门中对本次客户服务活动的重要意义及内容进行了宣导,95519 一线人员已做好服务本次客户服务活动的准备。

报:××××

送:××××

发:××××

共印××份

综合训练

一、问答题

1. 计划和总结有什么关系?

2. 总结和调查报告有什么区别?

二、写作题

1. 写作一份计划,参考题:

(1) ××学期个人学习计划。

(2) ××寝室创建文明寝室计划。

2. 写作一篇总结,参考题:

(1) 关于组织××活动的工作总结。

(2) 上学期学习总结。

3. 写作一篇调查报告,参考题:

(1) 关于××学院大学生消费状况的调查报告。

(2) 关于××市场经营户保险意识和投保状况的调查报告。

4. ××系或××社团举办了一次很有意义的集体活动(活动内容自定),请你根据简报文章的写作要求,为学院的《学生工作简报》就此次活动写一篇简报文章。

第四章　保险专用应用文

随着保险业的发展壮大,保险的内涵与形式不断丰富,与经济行业的关系也越来越紧密。保险应用文作为一门新兴的文体,写作内容和形式也伴随着行业的发展而不断丰富完善,服务对象也更加广泛。学习保险专用应用文,能够丰富职业技能,为今后从事保险行业练就一项基本功。

案 例 导 入

2018 年 6 月 13 日下午,保险公司接到投保人张青山的报案,称其女儿张小芳(被保险人)于 6 月 1 日上午在水库玩耍时不慎溺水死亡,并申请身故保险金 5 万元。此案本应理赔,但调查人员到事故地点及事故者的家里例行性调查,经过周密细致的调查,发现多个重大疑点。

1. 张青山在 5 天时间内主动在平安、中保、太保三家保险公司投保,事故发生后,其向三家公司所报事故过程大不一致。

2. 经调查张青山为一屠夫,平日游手好闲,经济情况差,女儿在岳父家长大,感情不深。

3. 保单生效日期与出事日期只相距 5 天。

4. 事故地点可疑,水库周边方圆 300 米内无人居住,在水库边的房子里有两条狗,6 岁女孩一个人在那里玩的可能性很小。

5. 张青山近来因赌博输了许多钱,且两年前因出国劳务被人骗了一笔巨款,目前欠款很多。

理赔人员撰写了详尽的理赔调查报告,并上报给公司。公司审核后认为此案有重大道德风险的可能性,遂向公安机关报案,公安机关成立专案组,并于 6 月 15 日下午拘留了张青山,经连夜审讯,嫌疑人张青山招供其"杀子骗赔"的行径。

此案的破获,得益于公司调查人员娴熟的调查技能、机智灵活的调查技巧、锲而不舍的调查精神。然而,一份完整并合理的保险文书在其中所起的作用也是相当重要的。

第一节　保险计划书

一、保险计划书的概念

保险计划书是指保险从业人员根据客户自身财务状况和理财要求,为客户推荐合适的保险产品,设计最佳的投保方案,为客户谋求最大保险利益,同时又有助于客户理解和接受保险产品的一种文字材料,是保险行业的专用文书之一。

二、保险计划书的特点

(一)保险计划书和一般工作计划既有联系又有区别

一般工作计划除了通常运用"计划"这一文体名称外,还包括规划、方案、设想、安排、打算、工作意见、工作要点等带有计划性质的文体,它们属于计划的一些别称。一般工作计划同保险计划书既有联系,又有区别。

保险计划书同属计划类文体,具有计划类文体的基本属性,譬如具有前瞻性、科学性和表达上的条理性、明了性等特点,必须紧扣"目标、措施、步骤"这些制订计划的三要素来做文章。

不同的是,保险计划书和一般工作计划的出发点、着眼点与看问题的角度不同。一般工作计划大多是作者为自己所写,表述的角度是第一人称,保险计划书则是作者为对方(客户)而写,是站在对方的立场换位思考,替对方量体裁衣,表述时而用第二人称,时而用第一人称。

保险计划书虽然也离不了围绕"目标、措施、步骤"这些要素去做文章,但在这些要素的具体含义上,与一般工作计划所涉及的内容是大相径庭的,保险计划书所涉及的目标、措施、步骤具有鲜明的专业特征,是不能按照写作一般工作计划时所理解的"目标、措施、步骤"的含义去生搬硬套的。

(二)保险计划书具有产品说明书和投标书的某些功能

作为对保险了解不多的客户,接触有关的保险系列产品时,通常会觉得烦琐、复杂,难得要领,保险计划书能针对客户的保险需求,将保险产品的要髓简而化之,起到去枝叶留主干、化复杂为简单的作用,从而使客户易于理解和接受。从这个意义看,保险计划书具有一定的产品说明书的功能。当然,保险计划书不可完全取代产品说明书和险种条款,就像学生用的复习指导书不能取代教材一样,所以保险从业人员除了运用保险计划书向客户提示要髓和框架,也一定要求客户进一步地通过相关的产品说明书、险种条款来了解具体细则,了解相关的权利、义务等规定,避免客户的误解。

由于保险市场竞争的存在,客户可以对多家公司提供的不同保险方案进行选择,甚至面临同一公司不同业务员推介的不同方案的选择,这些不同方案之间的竞争,就带有某种程度上的竞标性质,最终谁能获选取决于谁的方案最科学、最完备、最优惠、最有利于客户等,可见保险计划书还具有投标书的功能。

三、保险计划书的基本内容和一般结构

保险计划书通常包括以下基本内容,并按以下步骤去撰写。

(一) 客户的保险需求评估

制订任何计划都离不了特定的实施目标,这一要素在保险计划书中体现为对客户保险需求的评估。

保险计划能否做到量体裁衣,关键在于是否度好其身,把好其脉。所以,这一部分必须是在业务员对客户进行充分的调查分析的基础上进行的。

作为财产保险,面临的客户需求可能专业性、技术性很强,这不仅要求业务员努力掌握相关的专业知识,有时还需聘请有关专家、学者来进行分析、评估。

作为人寿保险,不仅需了解客户的家庭结构、年龄情况、身体状态、收入水平等,还需把握其文化心理背景(知识程度、职业特征、风俗习惯等)。

在所有的保险需求中,最首要的当然是客户转嫁风险的保障需求。从表述方式上看,财险方案可直接指出标的的潜在风险(包括潜在的风险频率与损失程度),科学分析,切中要点,从而激发起客户的投保欲望;寿险方案要顾及中国人普遍的避讳心态,在分析客户的潜在风险时,表述上宜委婉些、模糊些、间接些、笼统些。

保险需求还有一个重要方面是客户的投资理财需求,业务员要根据保险产品的投资功能,激发起客户的投资欲望。

既要确定保险需求,还要合理确定标的的金额,即保险金额。作为财险方案,保额定得偏高,会造成客户不必要的保费开支,定得过低,又会形成保障不足,还需考虑客户的自负能力等因素,把保额确定在最适当的尺度内。作为寿险方案,并不是保额定得越高且回报越高,就越有诱惑力,必须考虑客户的经济能力,使客户的保费开支处在家庭理财的适当比例内,同时又能得到最大限度地化解风险、投资回报的保险服务。

(二) 保险产品推介

这一部分是针对客户的保险服务目标(即保险需求的满足)而制定的措施。写作时应注意以下三方面。

1. 保险产品选择的合理性

合理性体现为所推介的产品相对客户的具体情况来讲是最适合的,只有这样,才能体现客户至上的保险服务的宗旨,同时也才能打动、说服客户,使此计划具有竞争力。必须指出的是,要防止业务员站在自己的角度,只向客户推介那些佣金高的险种,蒙骗客户的不良倾向。

2. 保险产品组合的最佳性

在保险展业中,业务员通常体现为事实上的客户投保顾问或者家庭理财顾问的身份,必须站在客户的立场,设身处地地考虑客户全方位的保险服务需求。因此,保险方

案的制订一般都是对数种保险产品的推介,对客户来讲,不管是服务功能还是产品价格,都应该是最佳状态的组合,是一种科学、严谨、优惠、合算的系统构成。

3. 保险产品说明的准确性

虽然保险计划书不是具体的险种条款或者产品说明书,只是它们的浓缩和概括,但写作时,必须明示客户应该进一步参照和了解的具体条款和说明书,同时还应明示产品的功能优势、相关的免赔额(率)、费率(价格)的优惠性等,应做到产品说明的准确性。

(三)购买方式

这一部分既是实现目标的措施,也是实现目标的步骤。

在财险方案中,由于通常是采用趸缴方式,即一次性付款,所以常常在推荐产品或估算保额时就附上费率,无需将此项内容单列。

在寿险方案中,一般采用期缴的方式,即分期付款,所以必须明示客户各个险种每期保费的数额、交费的时间,并且用公式简单明了地标示出各险种组合起来后客户应交保费的总额,使客户明确自己应当履行的义务。

(四)服务承诺

对客户最大的承诺当然是客户保障需求的满足,所以这一部分通常包括公司实力、信誉、经营理念、经营历史和经验等方面的简介,以体现公司守约信诺的必然性,消除客户的疑虑,增加方案的竞争力。在现实中,也有将此项内容放在文章开头部分的,使方案一开始就展示公司的实力、信誉等,从而具有吸引力、劝服力和竞争力。

除了公司简介外,承诺部分还可包括指导防灾防损、理赔的效率性、公正性等公司的具体举措。

对于投资类的产品,应向客户说明投资风险的客观存在,不能片面强调投资的收益性而误导客户。

必须指出的是,承诺不仅是公司行为,也是业务员的个人行为。优秀的业务员要敢于向客户承诺本人在日后为客户的服务中可以提供哪些优质服务,而不是收到保费就拉倒,这样的计划书无疑对客户是具备诱惑力的。目前相当数量的寿险营销员在向客户提供的计划书中,个人优质服务的承诺往往被有意无意地忽略了,这一点有待大大改进。这恐怕不仅是写作上注意不够的问题,更多的还是营销员爱岗敬业、长期观念等素质方面提高的问题。

以上只是保险计划书的几点基本内容。由于展业时面临的客户千差万别,需求有所不同,所以除了这些基本内容外,有的计划书还需适当安排一些客户需要了解的保险知识,投保、理赔的具体程序等方面的内容。

四、写作时应注意的几个方面

一份优质的保险计划书的产生,是公司综合优势和业务员个人优秀素质的结晶。从业务员本人来讲,应注意以下六个方面:

(1)努力熟悉保险理论知识和各种保险产品;

（2）充分做好市场调研和市场细分，准确把握客户的保险需求；

（3）掌握必要的营销学知识和技巧，并将之灵活巧妙运用于计划书的写作之中；

（4）熟悉保险计划书的文体知识；

（5）善于运用图表说明；

（6）具有良好的职业道德，坚持客户至上、真诚服务，不能做虚假误导和承诺。

除了以上所介绍的之外，还要注意文风与语言、制作形式这两个方面。

在文风、语言上：第一，语言的平实性。要朴素、实在，以理喻人，以真情实意动人，切忌矫揉造作，花里胡哨，华而不实。第二，语言的周严、准确。反映事理要科学、合乎情理，每个词、每句话都必须真实确切地反映客观事物，关键、要害处必须有肯定的属性、明确的含义和质的规定性，不能产生歧义或出现漏洞。第三，要深入浅出。善于把复杂的保险理论和术语，用客户易于理解的语言和方式来表述。第四，语言要得体。注意根据不同的对象运用合适的语言，譬如面向城市的客户和面向农村的客户在用语上就必须有所区别。

在制作形式上要精致、美观，一方面体现公司的实力、业务员精心的服务态度和对客户的尊重，同时，精美的外观形式也有助于内容的提升，增加客户的好感。

例文欣赏

【例文1】

保 险 计 划 书

目　　录

一、前言

随着社会的进步，经济的发展，人们的保险意识有了很大的提高。保险就是累计千万人的财力，结成一个抵御化解风险的大集体，在这个集体中每个人都是付出者，同时也是受益者，通过自己的付出，对人生未来历程中万一发生的风险（如天灾人祸、疾病、失业、退休、通货膨胀、创业失败、经营倒闭等）所造成的损失进行最大限度的补偿，以保证个人、家庭的生活品质不致于因风险的发生而下降；其次，对未来一定要开支的费用有所规划,确保专项基金的储备。保险就像飞机上的降落伞,虽然未必有用,但这一份保障却是实实在在的。

二、客户基本情况

谢先生和郑女士有一个 2 岁的女儿,期望大学毕业后能出国深造。谢先生在一家国有企业做技术工作,年收入约 9 万元,工作很稳定,有社保"五险一金"。他上学时,父母给买过一份养老险,60 岁时每月可领取 1 000 元。妻子郑女士在一家幼儿园工作,年收入 7 万元,除了单位的社保,上过一份保额 10 万元的大病险。房子是谢先生父母的住房,住房问题需要解决,另有 25 万元存款,家庭资产若干。为了能给女儿更好的未来,想考虑保险,并解决自己以后的养老问题。

姓名	性别	年龄	有无社保	商业保险情况	预计退休年龄	住院或疾病史
丈夫	男	31	有	养老 60 岁,1 000 元/月	60 岁	无
妻子	女	31	有	大病,10 万元	55 岁	无
宝宝	女	2	有	无		无

资产状况——资产负债

家庭资产总额	32 万元	家庭负债总额	0
现金类资产(现金、活期、货币基金)	2 万元	短期消费信贷	/
固定收益金融资产(定期存款、债券)	25 万元	购车贷款	/
非固定收益金融资产(投连、基金、股票)	/	住房贷款	/
自用实物资产(住宅、车、首饰等)	5 万元	其他负债	/
投资性实物资产(房产投资)	/		
其他投资(项目、实业投资)	/		

资产状况——收入支出

家庭年度收入总额	16 万元	家庭年度支出总额	5.6 万元
谢先生年收入	9 万元	日常生活基本开支	3.6 万元
郑女士年收入	7 万元	医疗费用	/
其他经常性收入	/	子女教育费用	/
其他非经常性收入	/	商业保险费	1 万元
		非必要性开支(社交娱乐)	1 万元
		其他支出(还贷)	/

通过以上情况可知该家庭:

1. 节余比例偏高为 65%(参考值 10%),有增加家庭净资产及投资的能力。

2. 收入基本来自工薪收入,且资产 78% 都为银行定期存款或债券,收益较低,可适当提高投资性资产比例。

3. 可减少现金类资产，以每月日常支出的3—6倍为宜。

三、保险需求分析

1. 宝宝2岁，未来20年责任重大，需规避生活中的一些风险。

2. 谢先生收入略多，且工作压力及对家庭、妻子、孩子应尽的责任更重。

3. 平时很少出差或旅游，出行乘坐一般交通工具。

4. 双方单位有社保，有基本医疗保障。

5. 年纪较轻，应提早考虑养老及子女教育规划，以降低投入成本，获取更大收益。

结论：风险与保障方面，妻子和丈夫都应着重考虑健康险与人寿保险，孩子主要考虑健康险和意外险。另外，因为意外无处不在，夫妻两人应适当增加意外险及意外医疗额度，以抵御不可预料的风险。子女教育规划的时间弹性小，且学费的额度比较固定，所以要选用收益稳定的产品。养老规划的时间弹性略大，且年纪轻，有承受一定金融风险的能力，但退休后花费最低应保持在工作时的80%才不会降低生活质量。投资规划方面，前提应是收益的长期稳定性，而不是追求较高的收益（风险较大）。而且，在工作期间很难有时间和精力去把握投资的最佳时机，在安排好前面几项规划后，多余的资金可以依自己的能力进行投资。若对自己的投资能力有把握，投资规划可自行安排；如果没有多余的时间和精力，则建议交给机构去做投资，如选择股票型基金、配置型基金、债券型基金，或者采取长、短期投资组合及投连险等。

四、保障额度和保费的测算

（一）保障额度的测算

丈夫：

1. 重疾险额度计算公式：大病平均花费＋本人年收入×平均恢复年限－社保报销额度－已有商业保险额度。（平均恢复年限是一般大病从得病到可以继续参加工作、恢复劳动能力的年限，起码需要2年时间。）

得出：重疾险保障额度＝现阶段大病平均花费（300 000—500 000元）＋本人年收入（90 000元）×平均恢复年限（2年）－社保报销额度（90 000元）＝390 000—590 000元。

2. 一般疾病的医疗险额度：当地一般疾病的平均花费－社会保险报销比例×（理想额度－社保住院起付线）。（注：理想额度指一般疾病的平均花费减去社保住院的起付线额度。）

得出：一般疾病的医疗基金＝一般疾病的平均花费（13 399元）－社保报销比例（0.87）×[理想额度（13 399元）－1 500元]＝3 046.87元。

3. 住院津贴：本人年收入（90 000元）/365天＝247元/天。

4. 人身寿险额度：本人年收入占比（本人收入/家庭年收入）×家庭年度支出总额×max（家庭期望保障年限，子女成人所需年限）＋家庭总负债－已有寿险赔付额度。

得出：人身寿险保障额度＝本人年收入占比（90 000元/160 000元）×家庭基本生活年度支出总额（56 000元）×子女成人所需年限（20年）＋家庭总负债（0元）＝630 000元。

丈夫应解决的保障额度为重疾险 40 万元,一般疾病医疗补充 3 000 元左右,住院津贴 250 元/天,人身寿险 60 万元。

妻子:

1. 重疾险保障额度:现阶段大病平均花费(300 000—500 000 元)＋本人年收入(70 000 元)×平均恢复年限(2 年)－社保报销额度(70 000 元)－已有商保额度(100 000 元)＝270 000—470 000 元。

2. 一般疾病的医疗基金:一般疾病的平均花费(13 399 元)－社保保险比例(0.87)×[理想额度(13 399 元)－1 500 元]＝3 046.87 元。

3. 住院津贴:本人年收入(70 000 元)/365 天＝192 元/天。

4. 人身寿险保障额度:本人年收入占比(70 000 元/160 000 元)×家庭基本生活年度支出总额(56 000 元)×子女成人所需年限(20 年)＋家庭总负债(0 元)＝490 000 元。

妻子应解决的保障额度为重疾险 30 万元,一般疾病医疗补充 3 000 元左右,住院津贴 150 元/天—200 元/天,人身寿险 45 万元。

宝宝:

1. 住院津贴:两人年收入中的最小值(70 000 元)/365 天＝192 元/天(孩子患病后需有人看护)。

宝宝应解决的保障为住院津贴 200 元/天。

2. 子女教育金:所需解决费用:大学(18—21 岁)1 万元/年,共 4 万元,研究生出国深造(2 年)20 万元/年,共 40 万元。预计教育费用增长率 5%,则大学时需要 87 315 元,平均每年 2.2 万元左右;出国需要 1 061 319 元(未计入汇率影响),即约 110 万元。

夫妻养老规划:

现基本生活支出 3 000 元/月,通货膨胀率假设为 5%,两人都退休时为 12 348 元/月;退休后支出假设为退休前的 80%,即 9 878 元/月;按现在情况社保中养老金约能提供预测 60 岁退休开支 12 348 元的 50%,即 6 174 元/月;另外,谢先生已有商业养老险 1 000 元/月,所以,还需至少 2 704 元/月,领取 15 年。

(二) 保险费用测算

1. 合理的保障性费用占年总收入的 10%—15% 为宜;

2. 子女教育金和养老规划利用保险作为投资方式的支出,以不超过年收入的 20% 为宜,即不超过 32 000 元/年。

五、产品分析

选择具体保险产品时应注意的事项如下。

1. 基本保障险种:重疾险产品选择保障期长的返还型险种与短期消费型险种进行组合,建议把男性、女性特有重疾考虑进去。待子女成年后,自身的责任会减轻,因此,人身寿险建议用定期 20—30 年的消费型险种,保费便宜,责任重时拥有高保障。意外险可尽量用卡单,保费便宜、保障全面,每年可按当时需求更换品种更好的产品,较为方便。为此推荐××公司的××险种。

2. 子女教育金：教育基金保险强调了对未成年子女的保障，如可附加保费豁免，在投保人发生风险时，豁免以后的所有保费，使孩子依旧享有教育费用，但收益不高，有强制储蓄的作用。万能险有保底收益，且根据国家政策、银行利率等因素按月调整利率、按月结息，可以抵制通货膨胀，存取也比较灵活，但前期收取费用较高，且只有被保险人身故、全残等保障。若选择教育金，最好夫妻两人之一做被保险人，因为时间弹性小，缴费方式选择每年按期缴和额外追加相结合。另外，出国深造费用考虑投连险，在账户选择上，选择激进型的账户，搭配平衡和稳定型账户。在公司的选择上，要注重公司实力和以往业绩，最好选择专业做投连险的公司。为此推荐××公司的××险种。

3. 养老储蓄：用期缴万能险和不同收益的基金定投做组合，或用投连险每年或每月定投的方式，现在提早做准备不会占用过多资金。

六、结束语

保险，可以说是两千年来人类最伟大的发明，期间充分体现了人类的互助、文明和智慧；保险，其实是一种能力，是一种我们解决未来问题的能力；保险，是一种新的生活方式，是我们生活的必需品，是决定我们未来是生活在自在、安心之中还是恐惧、担忧之中的平衡器。

【例文2】

保险计划书

目 录

一、前言（略）

二、客户基本情况

52岁的张先生在一家科研单位做办公室主任，月收入8000元，单位有社保及大额门诊、大额住院。2008年单位体检查出有轻度脂肪肝，有10万元保额的重大疾病保险，意外医疗每年1万元。太太杨女士在一所中学当老师，月收入7000元，身体状况良好，工作稳定，保障比较充足，除了社保，医疗费学校每年最多还能报8万元；商业保险买过一份10万元保额的意外险，其中意外医疗1万元。孩子小张在一家外企工作，经济已独立。夫妻两人有20万元的积蓄想做养老保障。客户家庭及经济状况如下：

姓名	性别	年龄	有无社保	商业保险情况	预计退休年龄	住院或疾病史
丈夫	男	52	有社保、大额门诊、大额住院医疗	大病 10 万元意外医疗 1 万元	60 岁	轻度脂肪肝
妻子	女	49	有社保、补充医疗 8 万元	人身意外 10 万元意外医疗 1 万元	55 岁	无

资产状况——资产负债

家庭资产总额	111.5 万元	家庭负债总额	0
现金类资产(现金、活期、货币基金)	1.5 万元	短期消费信贷	/
固定收益金融资产(定期存款、债券)	20 万元	购车贷款	/
非固定收益金融资产(投连、基金、股票)	10 万元	住房贷款	/
自用实物资产(住宅、车、首饰等)	80 万元	其他负债	/
投资性实物资产(房产投资)	/		
其他投资(项目、实业投资)	/		

资产状况——收入支出

家庭年度收入总额	18 万元	家庭年度支出总额	4.6 万元
张先生年收入	9.6 万元	日常生活基本开支	3.6 万元
杨女士年收入	8.4 万元	医疗费用	0.5 万元
其他经常性收入	/	子女教育费用	/
其他非经常性收入	/	商业保险费	0.4 万元
		非必要性开支(社交娱乐)	0.1 万元
		其他支出(还贷)	/

三、保险需求分析

1. 子女已独立,夫妻两人又未退休,此时无经济负担,家庭责任较轻。

2. 经济状况良好,有一定资产,但定期存款比例较高,夫妻双方也有意愿用此购买养老产品。

3. 双方单位有社保及其他保险,基本医疗保障缺口不大,根据张先生年龄和身体状况,健康险可购买范围很小,但因为今后医疗费用的开支会逐步增大,可再增加一些健康险产品;如果不成,就买些有投资功能的保障类产品。

4. 离养老险领取的时间较近,建议趸缴保费。

5. 因年近半百,意外风险不容忽视,再适当增加一些这方面的保障。

结论:张先生应考虑意外险、健康险、投资险;杨女士考虑养老险、重疾险、意外险。

四、保障额度和保费的测算

（一）保障额度测算

张先生：

1. 意外险保障额度：本人年收入（96 000 元）×期望保障年限（10 年）×舒适度指数（1）＝960 000 元。

2. 意外伤害的医疗基金：一般疾病的平均花费（13 399 元）×风险程度系数（2.0）＝26 798 元。

3. 重疾险保障额度：现阶段大病平均花费（300 000—500 000 元）＋本人年收入（96 000 元）×平均恢复年限（2 年）－社保报销额度（190 000 元）－企业补充医疗额度（50 000 元）＝252 000—452 000 元。（注：单位若给员工上了大额门诊和大额住院，在社保原有报销额度的基础上，还能再报 10 万元，但企业补充医疗情况各单位有所不同，要具体了解。）

4. 住院津贴：本人年收入（96 000 元）/365 天＝263 元/天。

杨女士：

1. 重疾险保障额度：现阶段大病平均花费（300 000—500 000 元）＋本人年收入（84 000 元）×平均恢复年限（2 年）－社保报销额度（90 000 元）－已有企业补充医疗额度（80 000 元）＝298 000—498 000 元。

2. 住院津贴：本人年收入（84 000 元）/365 天＝230 元/天。

3. 意外险保障额度：本人年收入（84 000 元）×期望保障年限（10 年）×舒适度指数（1）＝840 000 元。

4. 意外伤害的医疗基金：一般疾病的平均花费（13 399 元）×风险程度系数（2.0）＝26 798 元。

5. 养老金额度：现在生活基本支出 3 000 元/月，通货膨胀率假设为 5%，6 年后到 55 岁退休时为 4 020 元/月；退休后支出假设为退休前的 80%，即 3 216 元/月；按现在情况社保中养老金约能提供预测 60 岁退休开支 4 020 元的 60%，即 2 412 元/月，所以，最低只需解决 804 元/月，保证领取 20 年。

（二）保险费测算

1. 合理的保障性费用占年总收入的 10%—15% 为宜，尽量不超过 20%。

2. 用保险作为养老和投资方式的年缴保险，不要超过年收入的 20% 为宜，趸缴不计入内。

五、产品分析

在选择具体保险产品时，主要选择以下三种类型。

1. 重疾险方面：建议夫妻两人选择返还保费的产品（这个年龄返还保额的产品可能会倒挂，即所缴保费会多于保额）和消费型险种组合，并选最长缴费期间，这样，在有限的保费范围内可以得到更多的保障。为此，推荐××公司的××险种。

2. 意外险方面：张先生可选主险方式与卡单结合；杨女士的意外险可以尽量用

卡单,保费便宜、保障全面。为此,推荐××公司的××险种。

3. 养老储蓄:因有 20 万元做养老保障的启动资金,可以拿出一部分买趸缴型的养老产品。另外,可买国债和配置型基金,风险不会过大,还可提升老年生活的品质。为此,推荐××公司的××险种。

六、结束语

保险代表着人类的生存智慧,在风险和风暴即将来临时,帮助我们尽可能地做好"防备工作",抵制因不可抗拒的风险导致个人生活质量下降,减少人们因不幸而承受的痛苦,在社会生活中以其独特的作用促进经济的繁荣稳定。

第二节　保险理赔报告

一、保险理赔报告的概念

理赔是指保险人在保险标的发生风险事故导致损失后,对被保险人提出的索赔请求进行赔偿处理的行为,包括损失通知、审核保险责任、进行损失调查、赔偿给付保险金等程序。

保险理赔报告是保险公司理赔人员及保险公估公司的理赔人员进行现场勘查、责任审核、赔款计算,并且在同受损保户充分协商,力求同保户取得一致意见的基础上,对相关情况整理、表述,向有关部门详细汇报案情,并提出初步的理赔意见,请有关部门审核批准的一种专用文书。

由于案件繁简、理赔权限等不同,并不是所有理赔案件都要求撰写保险理赔报告,很多是设计成专门表格由理赔人员填写,以简化程序,办事快捷,如《出险案件查勘记录表》或《出险调查报告》《赔款计算书》等。当面对案情较复杂、需要较多文字表述,且需要呈报有关部门审批的赔案时,则应当撰写文章式的保险理赔报告。写好保险理赔报告,是保险公司理赔工作人员必须具备的一项基本功。

二、保险理赔报告的作用

(一) 保险理赔报告是有关部门审批经办单位理赔意见的依据

保险理赔报告囊括了一桩受损案件所应体现出来的各个基本要素和经办人员对案件的分析与结论性意见,以使有关部门对案情有清晰、完整、准确的了解,从而对是否批准经办单位意见、履行保险补偿职能,提供重要决策性依据。

(二) 保险理赔报告是保险公司规范业务流程的必要步骤

在理赔案件办理过程中,保险理赔报告使业务情况有明确的文字记载,有据可依可查,从而减少工作中的盲目性、随意性和简单化。在案件终结后,保险理赔报告的使命并未随之终结,它一般用于存档,是公司重大业务活动的记载,可用以检查公司的业务质量和资金流向,同时作为重大案例的留存,亦可帮助公司分析灾害发生的规律,作为加强防灾防损、风险管理的鲜活教材。可见,保险理赔报告对于规范公司业务流程的意义和作用十分重大。

三、保险理赔报告的写法

应用文写作都是随事立体,即根据办理这一类事项的目的(要想得到的结果)和意图(希望达到某种目的的打算)等需要,决定这类文体的构成要素、结构安排、功能作用、用语特征、格式要求等。因此,一份保险理赔报告应主要包括以下基本内容。

(一) 标题

1. 标题的要素

理赔报告的标题,从其构成要素而言,与公文式标题写法相近,即由发文机关、事由(即案件)和文种三部分组成;或由事由(即案件)和文种两部分组成。例如,《中国人民保险公司××市分公司关于人民商场火灾受损案的理赔报告》,读者可以通过标题了解理赔报告的撰文单位是人保××市分公司,保户名称是人民商场,受损的事由是火灾。

2. 标题的要求

(1) 应准确简要。例如,《关于×××年5月10日午夜11点45分××市中外合资优特美维纳斯服装公司由于受灾撬门撬锁遭到财产损失一案的理赔报告》,这则标题中"受灾撬门撬锁"表达不准确,时间表述过于繁复。

(2) 不可马虎苟省。例如,《理赔报告》或《关于火灾的理赔报告》,这些均不能清楚表述必要的内容,意思不完整。

(二) 主送机关

主送机关即接受理赔报告的单位,也即负责审核和批示的单位,凡理赔报告均不可少,若无收文单位,则没有审核批示的具体单位,行文方向不明白,必然影响理赔的落实。

(三) 引语(导语、前言)

该处文字的作用在于简要交代事由,自然导入正文,如"我支公司企财险保户××工厂因雷击造成电线走火,焚烧主要厂房两栋和其他大量物资设施,损失严重,现将该保户的保险标的损失情况、我们赔付的初步意见报告如下"。写好引语(导语、前言)的关键在于既要交代清楚事情的起因,又应简明扼要、导入自然。

(四) 保户投保情况

这段文字在于明确受损保户同保险公司的合约性质和关系,是双方权利和义务赖以存在的前提,包括被保险人名称、保险单号码、险种名称、保险标的、保险金额、保险期限等。如系固定资产投保,须写明是按原值投保还是按重置价或是原值加几成投保;如系流动资产投保,须写明系按×××年×月的账面余额投保。

(五) 出险情况

这段文字在于说明案件的有关过程和基本情况,使审核部门对案情有完整、清晰、基本的了解,同时为下文的保险责任分析提供事实前提和基础。其基本要素有出险时间、出险地点、出险原因、险情经过、施救过程、险情后果以及保户在出险前的防范措施等。

其要点在于事故原因分析,须深入调查,科学分析和把握;其写作要求在于概括叙述,简要说明,该交代清楚的均应一一交代清楚、详尽,不能疏漏,要言不烦,逻辑性和条理性清晰严整。总之,以说清问题为原则,以事实准确无误、过程清楚完整为要。

(六) 保险责任分析

保险责任分析应从以上出险原因的介绍和出险经过的叙述中自然过渡、归结而得出。同时,为了让保户口服心服,维护公司形象和信誉,必须严格遵从保险条款以及《保险法》等法律、法规、政策,明确说明哪些属保险责任范围,哪些不属于责任范围,为之后的行文作铺垫。

(七) 核计损失

如为人身保险,直接按合同约定给付相应金额保险金即可。若为财产保险,则会涉及核计损失。核计损失就是检验保险标的在保险责任内的损失。它是核定赔款数额的第一手材料,要准确无误,合理合法。

核计损失应当分项计算清楚,可采用分条列项的方法,也可采用表格说明的方法,按保险标的,逐项将其数量、价格、金额、损失程度、剩余残值等一一列出,表达清楚。要求材料齐全,证据充足,计算有据有理且正确无误,总额数字须大写。如项目过多,也可只在正文部分写出计算公式和总额数字,而将各具体项目作为附件。

(八) 调查结论及处理意见

调查结论及处理意见这段文字是前文的水到渠成和瓜熟蒂落式的归结。作者要简要归纳和分析案情事实,正确引用相关保险责任条款等,在前文核计损失的基础上,将结论加以明确表述,以供有关部门审核批准。必要时,还应写明此意见是同受损保户协商后的结果。

(九)结尾

理赔报告的结尾近似请示性公文的习惯用语。如"以上意见(报告),妥否,请批复(请批准)"或"以上报告,请予核批"等,这样既照应了开头部分,又清楚地向有关部门提出了请求,合乎规范。

(十) 落款与成文时间

签署经办单位、经办人姓名,以示负责,并写明报告时间。

(十一) 附件

理赔报告的附件即整个案件的旁证材料等,包括保单、出险证明、损失证明、所有权证明、商业单据、运输单据、账册、有关人员或部门单位的其他旁证材料等,有时还应附上一定数量的照片、绘图、录音录像资料等。总之,附件不可短少,应一一注明份(件)数、页数,按先后次序写在落款处的左下方,附件的排列应与注明处的排列对应一致,不可混乱。

四、保险理赔报告写作时应注意的问题

（一）充分认识保险理赔工作的重要性

保险理赔工作是保险公司履行保险合同，实现保险产品功能、价值的实际步骤，是保户购买保险产品的根本动因，是保险公司赖以生存的市场基础，不管是对于客户还是对于公司其意义都十分重大，保险理赔人员一定要认识到工作的重大责任，本着保险理赔工作"主动、迅速、准确、合理"和"既不滥赔，也不惜赔"等原则，以对客户、对公司都高度负责任的态度来对待和做好这一重大工作。

（二）充分认识保险理赔工作的艰巨性和复杂性

保险理赔工作涉及各种各样的保户和各种各样的险、灾情，这就要求理赔工作人员坚持不懈地学习，努力掌握相关的专业技术知识，掌握相关的市场产品价格信息，掌握相关的保险条款和法律、法规、政策，将自己打造成理赔工作的行家里手。

保险理赔容易引起受损保户同承保公司发生分歧、纠纷，这就要求理赔工作人员不仅需是相关业务上的行家里手，还需有良好的心理素质、高超的谈判技巧和优质的服务态度，尽量同保户协商沟通，使其口服心服。

保险理赔工作要求工作人员在第一时间赶赴现场，掌握第一手的情况和证据，不管出险现场环境多么艰苦险恶，工作人员都应该迎难而上，而且工作时往往打破常规的作息时间，加班加点，尽量求快、求全、求准，所以需要理赔工作人员具有不怕牺牲、不怕疲劳、连续奋战的精神。

（三）充分认识保险理赔报告撰写的务实性和严谨性

保险理赔报告的撰写在规范公司业务流程，优化公司业务质量，促使理赔工作优质、高效地进行，以及加强公司防灾防损、风险管理工作方面，其意义和作用都不可低估。理赔工作人员必须以高度负责任的态度，严肃认真地对待保险理赔报告的撰写，同时应充分认识理赔报告的务实性和严谨性的特点，力求使报告内容翔实、证据齐备，分析有理有据，计算一丝不苟，行文条理清晰、逻辑严密、合乎规范，体现出优秀的理赔工作人员所应具备的业务素质和写作水平。

例文欣赏

关于巴达仍贵粮库火灾案的理赔报告

分公司：

××××年4月30日上午我公司接到前旗粮食局电话报案：该局所辖巴达仍贵粮库发生重大火灾事故。我公司立即派×××、×××、×××等同志前往现场查勘。盟公司领导及分公司一处×处长亲临现场进行部署指导，经过调查核实，此案情况已

全部清楚,现将此案情况及我公司的处理意见汇报如下。

一、出险时间和地点

××××年4月30日零时40分左右,在科右前旗巴达仍贵粮库院内。

二、承保情况

××—061号保单所见保险期限:××.8.4—××.8.3,固定资产系原值加三成投保,保额为335 660.00元;流动资产系按××××年×月账面金额投保,保额为2 185 301.00元。

三、出险原因

火灾:(1)该器材垛距明火点(即院外居民住户)40米,且有2米高院墙相隔,发现起火时已是凌晨以后,居民都已停止用火。(2)器材垛距院内高压线路12米以上,距库内电源线路30余米,且高压线路铺设完好,当晚无风,无法产生线路火花。(3)4月29日至5月1日该库全体职工放假三天,院内无闲杂人员,不存在吸烟、弄火现象,而且起火点是南北两个器材垛同时起火。因此,该起火灾事故原因应为"纵火",所遭受损失属于保险责任范围。

四、受损标的

流动资产(即存货)科目下的物料用品(席子、芡子、苫子、竹莲片)共计9个大垛[每个垛规格20米×4米×(3.5—5)米]的物料用品全部烧毁。

五、有关账目情况

(一)出险前账上各种物料用品库存情况

1.竹莲片3 967片,账面余额为825 651.71元,单价208.13元/片,扣除14%进项税后,单价为178.99元/片。

2.席子29 400领,账面余额为301 056.00元,单价为10.24元/领,扣除14%进项税后单价为8.80元/领。

3.芡子10 708片,账面余额为175 611.20元,单价为16.40元/片,扣除14%进项税后单价为14.10元/片。

4.苫子3 700片,账面余额为25 641.00元(价税分离后),单价为6.93元/片。

(二)火灾后的物料用品占用情况

1.竹莲片:5片/囤×33囤=165片

2.席子:40领/囤×33囤=1 320领

3.芡子:20片/囤×33囤=660片

4.苫子:60片/囤×33囤=1 980片

(三)未用物料用品

1.竹莲片:23片

2.席子:50领

3.芡子:50片

经查账核实,固定资产承保无差异;流动资产保额按××××年×月账面金额为4 605 309.60元。属未足额投保,投保比例为:2 185 301.00/4 605 309.60×100%=47.45%。

六、核定损失情况

实际损失各类物料用品数量金额如下。

1. 竹莲片 178.99 元/片×3 779 片＝676 403.21 元。

2. 席子 8.80 元/领×28 030 领＝246 664.00 元。

3. 芡子 14.10 元/片×9 998 片＝140 971.80 元。

4. 苫子 6.93 元/片×1 720 片＝11 919.60 元。

合计损失金额为 1 075 958.61 元,其中竹莲片烧毁后每片竹莲片铁线残值 5 千克,经调查残值 0.78 元/千克,残值金额为:0.78 元/千克×5 千克×3 779 片＝14 738.10 元,实际净损失金额为:1 075 958.61－14 738.10＝1 061 220.51(元)。

七、处理意见

本着保险理赔原则,并经保险双方当事人共同协商后,拟按承保比例计算赔偿,即赔款金额＝损失金额×赔付比例＝1 061 220.51×47.45％＝503 549.13(元),赔付人民币伍拾万零叁仟伍佰肆拾玖元壹角叁分。

今连同与本案有关的所有材料一并报呈,如无不妥,望审核批复为盼。

附件:《出险调查报告》一份

×××× 年×月×日(印章)

附件(略)

第三节　保险专项调查报告

一、保险专项调查报告的概念

保险方面的各类专项调查报告有很多,其中主要包括新契约调查报告和理赔调查报告。契约调查是指在契约成立前,由调查人员收集被保险人各项资料,为决定契约的成立提供依据的活动。理赔调查是指案件处理人员结合保险条款及事故发生经过,在案件处理过程中,为进一步理清事实、确定保险责任,而进行的调查走访、搜集证据资料等理赔工作。将相关情况整理成文字,用于向上级或有关部门详尽汇报情况,这就形成了新契约调查报告和理赔调查报告。

二、保险专项调查报告的基本内容与写作步骤

一份合格的保险专项调查报告,无论是新契约调查报告或是理赔调查报告,内容都有共同之处,主要包括以下七个部分。

(1)标题:如《关于××的契约调查报告》或是《关于××的理赔调查报告》。

（2）单件的基本情况(投保单号,投保人、被保险人、行业、工作单位、职业类型等)。

（3）调查项目及重点要求(即该单调查的主要原因,如果是理赔调查报告,则需说明出险过程)。

（4）具体调查过程(本部分是全报告的重点,一般包括:前往调查的人员、时间、地点;调查的一般事项及投保经历;个人和家庭财务情况;身体健康情况;家庭及嗜好习惯情况;同业排查等。如果是理赔调查,则还需详细描述责任认定情况、鉴定机构的鉴定结论等方面)。

（5）调查综合意见。

（6）落款与成文时间,签署经办单位、经办人姓名,以示负责,并写明报告时间。

（7）附件。

例文欣赏

【例文1】

关于××的契约调查报告

投保单号:

投保人:陈国坚

客户陈国坚为本人、妻子付雨婷、女儿陈雯琼、女儿陈钧茹、弟弟陈志涛、弟媳吴丽阳、侄儿陈忆坤、侄女陈飞云投保Ａ公司重大疾病保险、两全保险(分红型)、附加住院定额给付医疗保险、附加住院定额给付医疗保险、附加意外伤害、附加豁免保费定期寿险等,合计年交保费80 425.28元。当地营销服务部调查人员按照总公司核保部要求对该客户进行契约调查。

契约调查项目:一般事项、保险经历、健康状况、个人/家庭财务状况、职业状况、企业经营状况、保险利益、嗜好习惯。

重点说明:投保动机、财务状况。

调查人员于2018年9月29日与客户在某县工业区信捷汽车销售服务有限公司进行面谈,现将调查情况报告如下:

调查时间:2018年9月29日。

调查地点:某县工业区信捷汽车销售服务有限公司。

参与人员:陈国坚(投、被保人)、林常斌(调查人员)、蔡安邦(当地机构个险负责人)。

客户42周岁,男性,福建人,已婚,学历大专,身高173厘米,体重68公斤,外表体形健康,精神面貌良好,言谈举止正常,比较健谈且对调查工作较为配合。否认吸烟、喝酒、危险运动嗜好,否认住院病史,否认家族病史。

被保人有较好的保险意识,在其他公司也有投保经历,在平安人寿保险公司有投保重疾型保险产品,保额 30 万元。被保人有较强的保险意识,对医疗保障型产品较为认可。此次投保我公司产品是为了获得重疾保障、家庭身价、意外保障。对于为何要为其弟弟一家投保,投保人陈国坚解释说,其弟弟陈志涛受雇于一家汽车修理厂,收入不是很稳定,且平时吃喝玩乐花销较大,花钱比较没有节制,投保人陈国坚为了给其弟陈志涛全家提供家庭医疗保障,并且保证能持续交费 20 年,怕保费存入其弟账户被花光,所以才要以陈国坚为投保人。以陈国坚的身份及财务状况,应该不存在陈国坚为其弟及家人投保的道德、财务风险。客户陈国坚称在平安也有为其弟投保终身寿险,附件为其保单及变更投保人批单复印件。

客户陈国坚为信捷汽车销售服务有限公司的董事,持有该公司 50% 的股份。该公司成立于 2002 年,注册资本 1 500 万元,雇员 130 人,近三年平均营业额 15 000 万元,近三年平均税后利润 5 000 万元。该公司主营汽车销售、售后维修服务、二手车交易、汽车租赁、汽车美容及精品销售等,是当地唯一一家有规模的 4S 店,主营品牌有大众、广本、别克、起亚、日产、雪佛兰、北京现代、长安、江淮货车及长丰扬子汽车(三菱、猎豹、扬子系列)等,在当地拥有多个销售网点。

客户陈国坚有一套在繁华地段面积 144 平方米的套房,现价值约 120 万元;有土地 70 亩,价值不详;有一个其妻付雨婷名下的店面面积 65 平方米,现价值约 90 万元;其妻付雨婷名下的套房面积 146.80 平方米,现价值约 120 万元。另有 2013 年购置的日产风度、大众小车各一辆,购买价值约 60 万元。

调查综合意见:客户投保动机明确,有一定的保险需求,家庭经营收入良好、稳定,保险计划成立,从本次调查来看未发现存在明显道德风险和财务风险。

×××× 年 × 月 × 日(印章)

附件 1 陈国坚、付雨婷房产证、发票 8 张
附件 2 陈国坚、付雨婷结婚证 1 张
附件 3 陈国坚公司营业执照 1 张
附件 4 陈国坚行驶证 2 张
附件 5 陈国坚保单及变更投保人批单复印件 2 张

【例文 2】

关于康伟桥植物人案件的理赔调查报告

2019 年 2 月 18 日上午我公司接到电话报案,被保险人康伟桥于当天在国道 319 线 240 km+600 m(龙岩市某路段)发生交通事故致伤。为了核实被保险人是否处于植物人状态,核实被保险人司法鉴定中心司法鉴定意见书的真实性,我公司派林某、韦某、况某等同志前往现场进行调查。经核实,此案情况已全部清楚,现将此案情况及我

公司的处理意见汇报如下。

(一) 被保险人身份信息及投保、理赔信息

被保险人康伟桥,男,30岁,身份证号35062219××××××××××,投保告知职业为工厂负责人、私营企业主(不亲自作业)。2015年5月29日在我公司投保百万护身福保额10万元;2015年7月27日在我公司投保真心关爱定额10份、豁免重疾;2017年1月20日在我公司投保健康满分重疾,保额10万元;2017年8月30日在我公司投保健康满分重疾保险,保额10万元。

投保及理赔记录:无异常投保告知及既往理赔记录。

(二) 出险情况及调查经过

1. 根据福建省龙岩市新罗区人民法院民事判决书记载,法院调查确认的案件事实简要说明如下(具体详见法院判决书):

(1) 交通事故发生概况和责任认定情况:

2018年2月12日19时03分许,在国道319线240 km+600 m(龙岩市某路段),被保险人康伟桥步行通过人行横道时被由乔大军驾驶的闽FSL×××号小型普通客车撞到,造成被保险人康伟桥受伤。被保险人被乔大军驾驶的闽FSL×××号小型普通客车撞伤躺卧在道路中间,在当日19时07分许,又被林进翔驾驶闽F8E×××号轻型普通货车碾压,造成被保险人康伟桥伤势加重。

(2) 被保险人伤情诊治情况:

事故发生后,被保险人被送往龙岩市第二医院住院治疗,共住院31天,经诊断,被保险人伤情主要为急性重型开放性颅脑损伤、寰椎右侧块骨折、左侧第4—6肋骨骨折、双肺挫伤、左血气胸、全身多处软组织挫擦伤、肺部感染。后被保险人被转送往龙岩市第一医院、福建医科大学附属协和医院、中国人民解放军第一七五医院住院治疗,共住院184天。

(3) 鉴定机构的鉴定情况:

2018年9月26日,福建鼎力司法鉴定中心对被保险人的伤残等级、护理期、护理人数、护理依赖程度作出鉴定意见,评定被保险人伤残等级为一级、护理期限为终身护理、护理人数为2人、护理依赖程度为完全护理依赖。

2. 鉴定报告核实情况:经与福建鼎力司法鉴定中心核实(电话:05918381×××),被保险人家属提供的鉴定报告为该鉴定中心出具的,真实有效。

3. 根据福建鼎力司法鉴定中心司法鉴定意见书记载:

被保险人遗留睁眼昏迷,呼之不应,问之不答,可见眼球无目的转动,无思维能力、无表情、认识功能完全丧失,无意识活动,不能执行指令动作,双侧瞳孔等大等圆,对光反射迟钝,四肢肌肉明显萎缩,四肢肌张力增高等症状,其表现符合植物人生存状态的相关诊断标准,且持续6个月以上。被保险人日常生活自理能力10项评分值为:进食0分,床上活动0分,穿衣0分,修饰0分,洗澡0分,床椅转移0分,行走0分,小便始末0分,大便始末0分,用厕0分,累计总分值为0分。鉴定意见为被保险人伤残等级为一级、护理期限为终身护理、护理人数为2人、护理依赖程度为完全护理依赖。

4. 经对被保险人伤情进行复勘,具体情况如下:

被保险人处于睁眼昏迷,呼之不应,问之不答,可见眼球无目的转动,无思维能力、无表情、认识功能完全丧失,无意识活动,不能执行指令动作,通过鼻饲流质进食,四肢肌肉明显萎缩,四肢肌张力增高等症状,处于植物人生存状态,与司法鉴定记载情况一致。

同时,被保险人母亲康美雯确认同意由被保险人父亲蒋志平(被保险人为入赘女婿,被保险人随母亲姓康)作为被保险人监护人。

5. 根据被保险人颅脑CT检查示:被保险人处于颅脑外伤术后,右侧额颞顶颅骨缺损。

(三)调查结论

1. 被保险人因交通事故致颅脑外伤,经医院治疗后,目前处于植物人生存状态,完全护理依赖,终身不能从事任何工作,为维持生命必要的日常活动全需他人帮助。

2. 被保险人福建鼎力司法鉴定中心司法鉴定意见书真实有效。

×××ׇ年×月×日(印章)

附件:1. 福建省龙岩市新罗区人民法院民事判决书一份
　　　2. 影像检查片一份
　　　3. 复勘照片3张

第四节　保险投标书

一、保险投标书的概念

保险投标书是在保险招、投标活动中,投标人(即保险服务提供方、保险人)根据招标人(即保险服务需求方、被保险人)在招标公告、投标邀请书、招标书等中对保险服务提出的标准和要求,所撰写的说明本身符合招标条件,能够提供优质保险服务,力求一举中标的文字材料。

在现实中许多应用文写作方面的教材或书籍将投标书视作一种狭义上的应用文文体,按照一般狭义上理解的文章概念去阐述投标书的结构和写法。如果一次投标中需要表述的实质性文字内容相对单纯,能够囊括进一篇狭义上的文章框架内作结构布局,从写作学的角度看,这样做当然效果理想。但是,由于保险投标活动往往涉及的内容要件很宽泛、复杂,很难在一篇狭义上的文章框架内囊括其内容,所以对于保险投标书的理解,不能拘泥于一般狭义上理解的文章概念,应理解为一类广义上的应用文文体(文书)。事实上,在《中华人民共和国招标投标法》(1999年8月30日发布,2000年

1月1日起施行,以下简称《招投标法》)中,并未出现过投标书这一术语。在《招投标法》中可以作文体名称理解的只有"招标公告"和"投标邀请书"(见《招投标法》第十六条、第十七条等),而涉及招、投标活动中详尽文字材料的术语,《招投标法》中用的是"招标文件"和"投标文件"(见《招投标法》第十九条、第二十条等)。所以,投标书只是现实中一种习惯用语,它并未成为法律上的一种规定文体。对于投标文书,可称之为投标书,也可称为投标文件或别的名称。对投标书的文体概念,是从狭义上定义还是从广义上宽泛理解,可视情况而定。因此,何谓保险投标书? 这可以理解为只是一项保险投标中的文件汇编,不必限于一篇狭义上的文章概念,它可以只是对一本册子的习惯性用语。解决了这个问题,保险投标书的撰写者就不必囿于通常狭义上理解的文章概念去进行全文的布局谋篇了。

二、保险投标书的一般结构和写法

综上所述,编者认为一份保险投标书的一般结构和写法宜如下。

(一) 封面

主要印制标题。标题写法有三种。

(1) 投标项目＋文种词,如《××市自来水公司财产保险附加水管爆裂险投标书》,投标人名称出现在封面下方。

(2) 投标人名称＋投标项目＋文种词,如《中国人民保险公司××分公司××市第二发电有限责任公司财产保险投标书》。

(3) 只写《保险投标书》,呈送方名称和投标人名称在封面下部分行注明。

除了标题处在突出醒目位置外,封面还可以印上投标人公司的图徽、广告语等。

(二) 扉页

安排卷首语(亦可称前言)。其写作目的和内容主要属向招标人致函性质。对招标人邀请投标表达诚挚谢意,表示对此次投标的重视程度、准备情况,声明愿承担招标文件规定的义务和责任,声明此保险投标书提供的内容真实、合法等。

(三) 目录

目录主要列出各部分的内容提要给阅读方以总体把握。

(四) 正文部分

1. 公司简介

按照《招投标法》规定和招、投标活动的惯例,投标人应向招标人出示自己的资质、业绩等情况,在保险投标书中,这部分主要起这方面作用。公司简介包括总公司简介和具体经办的分(支)公司简介。撰写这部分不能泛泛而谈,要紧扣招标项目的保险业务做文章,突出本公司在该业务领域的实力、经验、业绩、经营理念等。

2. 针对这次保险招标项目的机构和人员设、配置情况进行介绍

由于一般保险招标项目的业务量都较大,对于参与竞标的各家保险公司来说,其意义和工作量都较大,设置专门机构、配备专门人员是有必要的;从招标人角度看,这

样做才更符合其招标要求和条件。值得指出的是，对机构、人员的授职、授权书，资历证明等，不能安排在这一部分，以免冲淡了主干，应以附件的形式附后。

3. 投标方案

这是一份保险投标书的最实质、最核心部分，应花大力气写好。

（1）实质（核心）方案。内容包括：标的介绍，对各标的的风险分析、评估；针对各标的的风险拟推出的保险产品（险种）组合；各标的的保险金额、费率（价格）、价格计算、免赔额、施救费的解决方式等；提供优质承保服务的方式、手续和流程等。

影响到保险竞标成功与否的因素很多，但其中两个主要因素都在这一部分：一是投标方案所推出的保险产品组合能否最大限度地满足招标人的风险保障需求，达到招标文件中规定的各项综合评价标准，提供最优质的保险服务；二是保险产品价格是否对招标人最优惠，这往往是保险投标竞争的核心问题，是现实中各家保险公司激烈拼杀的主要战场。从写作学角度看，如何将这一部分清晰、准确、严谨地加以表述，不让招标、评标人费解或误解，且文字上要具有感染力，甚为重要。

（2）延伸方案。

① 理赔服务方案。

《招投标法》规定：投标价格不能低于投标人参与招标项目的经营成本，因此打价格战并非保险竞标的唯一途径，提供主动、及时、公平、合理的优质理赔服务也是增加竞争力的重要途径。所以，现实中各家保险公司纷纷根据自己的实力、经验等在这方面使出浑身解数，力求获得招标人的青睐。保险投标书这一章节就是将投标人在提供优质理赔服务方面的运作机制和举措加以明确、完整表述，其重要性显而易见。应紧扣招标、评标人的阅读心理，尽量把这一部分写好、写透，不仅易于理解和把握，文字上也须具有感染力。

② 特色服务方案。

这部分是列述除了以上实质性、主要保险服务举措外，投标人为招标人提供的其他特别服务举措，如代查勘网络服务（异地出险）、急难救助服务、指导或协助安全管理（防灾防损）服务、回访服务、受理投诉服务、提供保险和相关法律知识咨询服务、代办有关手续服务等。

4. 对招标人的要求和重要保险告知

如何写好这一部分，确实需要撰写者颇费斟酌。因为保险服务说到底是一种契约服务，即保险人和被保险人之间建立的是一种契约关系。被保险人（招标人）除了须按时、足额交纳保险费，还须承担相关的其他义务，如诚信投保、履行必需的安全防护和管理职能、了解相关的保险知识和工作流程等，保险投标人既要在保险投标书中展现优势，发挥劝服力，力争夺标，又要对招标人（被保险人）做出必要告知、警示，这是一对矛盾。撰写者如何处理这一矛盾，编者认为：（1）要相信招标人的保险业务知识和投保诚意，不能把对方当保险盲，事无巨细，面面俱到。（2）要删繁就简，突出要点。如果在前文可安排的内容（譬如投保、理赔的手续、程序、免赔额说明等，可安排在投标方案部分），或是可用附件注明的内容(如各险种的除外责任等),在这部分就只需提示要点,引起注意,并注明:详见×章×节×点,而不需在此章重复一次。还可以采用图表的方式将具有同质性的内容进行归纳表述,以便简明、醒目。(3)语言上尽量和缓、委婉,不能生硬、唐突。

(五)附件部分

这部分包括投标人的营业执照、经营保险业务许可证、经办人的资历材料等相关证件复印件;拟推出的保险险种条款;拟推荐的公估机构介绍;与投标方案有关的公司内部管理制度……

出示有关内部管理制度不必竹筒倒豆子,应精心挑选对增加保险投标方案劝服力起较大作用的文件、资料。

三、保险投标书的写作要求

撰写保险投标书首先应严格遵循《招投标法》《保险法》等法律、法规,合法守信,真实科学,不弄虚作假,不违背保险经营活动的科学原理与规律。其次,应认真研究招标人的招标要求和条件,紧扣招标方的需求去行文。只有遵循这一点,才能把握住保险投标书正确的行文目的和思路,做到有的放矢,行文有所规范,有所依据。

同时,不仅在技术上、经济上研究招标人的心理,还应尽量从写作学角度把握招标人的阅读心理,增强保险投标书的可读性和劝服力。

(一)突出实质和要点,处理好枝蔓关系

尽管保险投标书可视为一册投标文件的汇编,但如把它视为一种广义上的文体(文书)类型,讲究布局谋篇、章法技巧等,其给人的阅读效果和劝服作用,显然是不一样的。

一份好的保险投标书的表达效果是很明显的。首先,它体现了投标人高度重视招标工作,并认真做了专门的研究和设计;其次,撰写人在全篇总体所作的精心设计、布局,能给人紧扣实质、主次分明、布局紧凑的感觉,对于增加招标中的竞争力,具有加分效果。

(二)适当追求语言的文采,增强感染力

保险投标书的语言应该以平实、严谨为主体风格,但并不意味其只尚质不尚文。在现实中一些保险投标书语言刻板、单调,千文一面,文笔缺少灵气、生动,读之味同嚼蜡。所以,适当追求文采,增强语言的感染力,还是很有必要的。当然,涉及实质性、技术性问题之处,应尚质,注意客观、准确、真实、科学,不能华而不实、天花乱坠。但是,涉及介绍投标人的经营理念、企业文化,与招标人联络感情等方面,不妨写出文采。譬如,适当穿插精心提炼的广告用语、服务用语,适当采用排比、比喻、对仗等修辞手法。从全文总体看,该质则质,宜文则文,"文质彬彬,然后君子"(孔子语)。

(三)不能丑话在前,先从心理上拒人千里之外

保险经营涉及保险人和被保险人之间复杂的权利、义务关系,保险投标书由于其要约性、技术性等法律特点,对招标人进行重要的保险告知还是必要的。问题是这些内容该放在什么位置。一些对招标人的重要告知、要求,结构上应置后,在承保方案、服务质量等能打动、劝服招标人的前提下,再婉言提出,这样才妥当。

例文欣赏

【例文1】

××市自来水公司
机动车辆保险
投　标　书

中国太平洋财产保险股份有限公司××分公司

电话：2248438、9550

传真：4430947

时间：××××年×月×日

服　务　承　诺　书

××市自来水公司：

承蒙关爱，我公司十分荣幸地获取贵公司××××年度机动车辆保险招标书函件，在此对贵司厚爱深表谢意。

我司领导非常重视这次招标活动，表示务必参与投标，并将以最合理的价格，最细致、周到的服务参加这次招标活动，力争中标。

针对贵司投标要求和机动车的特征，我司特提供如下机动车辆保险服务承诺书。

一、提交下述服务承诺内容

（一）公司简介

（二）服务人员及营业网点

（三）承保服务方案

（四）理赔服务方案

（五）特色服务

二、据此服务承诺书，签字代表宣布如下

（一）本投标人将严格遵守国家有关的法律法规，履行相应的责任和义务。

（二）本投标人对提交的所有投标文件的真实性承担全部的法律和经济责任。

（三）本投标人认为贵司的评标方法是公正的。

投标人地址：××市解放中路239号

公司法人代表签名：赵××

授权委托人签名：范××

联系电话：2248411、138××××2227

传真电话：4430947

公司名称：中国太平洋财产保险股份有限公司××分公司

第一部分　公司简介

要点：第一家全国性股份制商业保险公司,资本金 20.06 亿元。

世界保险公司排名第四十五位(标准普尔)。

保险业务量全国第二,××××年保费收入 228.85 亿元人民币,完善的服务网络,全国 877 家保险分支机构,3 个海外机构,优质的资产质量,充足的偿付能力,高素质的员工队伍。

中国太平洋保险集团公司简介(略)

中国太平洋财产保险公司××分公司简介(略)

中国太平洋财产保险公司××分公司今后将秉承"平时注入一滴水,难时拥有太平洋"的宗旨,发扬"创新、稳健"的风格,积极为客户提供周到保障,创造最大的价值,与客户携手并育,共创美好未来。

第二部分　服务人员及营业网点

要点：合理的分工合作,无微不至的服务;专门的部门、专业的人员、专业化的经营和管理;专业的服务工作小组和理赔小组,财务部负责资金调度;总经理室现场督促,服务精益求精。

为及时沟通信息,真诚交换彼此意见或需求,切实保证我司承诺的履行,保障贵司单位享有优先服务的权利,为贵司做好各项承保、理赔及各项特色服务,我司根据具体情况,成立车辆保险服务专项工作小组。

一、我司车险服务专项工作小组成员：(略)

二、承保服务专项小组：(略)

三、理赔服务专项小组：(略)

四、受理投诉人员：(略)

第三部分　承保服务方案

要点：完善的服务组织,强有力的保险现场服务力量,总经理室直接参与,实行集团承保优惠。

为了减少贵司的费用支出,增强保障程度,达到贵司保险车辆防范风险的目的,根据行业经验及近期我司保险车辆的出险特点,向贵司提出如下承保服务方案。

一、车险种推介及咨询服务

(一)机动车辆保险条款分基本险和附加险两类,具体各险种见附件。各险种均依据不同的保险责任范围,提供相应的风险保障。

(二)我司业务员可以为贵司提供有关车险条款、费率规章的详尽介绍及各类咨询服务,使贵司做到心中有数。

二、上门承保服务

我司将根据贵司的要求,指派专人上门逐月逐车办理承保;或当贵司的车辆保险即将到期时,电话通知我司承保服务专项小组任何成员上门服务,我司将及时把新的保险单证在保险生效前交给贵司。

对贵司提供清单所列的车辆,在保险年度内由于我司人员未能及时提醒贵司办理投保手续或未能按事先约定的条件承保,而造成脱保、漏保、误保,使贵司遭受的经济损失,均由我司承担。

三、投保方案设计

根据贵司的投标邀请内容,我司特设计如下险种。(略)

四、车辆检验服务

在贵司要求投保后,我司将有专业的验车师上门,为贵司下列车辆提供验车服务:

(1) 投保车辆损失险,未及时办理续保手续,脱保一段时间的;

(2) 要求加保全车盗抢险的;

(3) 新购车,首次投保;

(4) 高档、豪华车辆(排气量3.0 L或以上)等。

五、经济优惠

贵司在我司投保可以享受的优惠如下。(略)

六、保费的缴交

我司同意贵司在保单生效后10日内交付保险费,并承担在此期间的保险责任;大额保险费的支付可由双方书面约定进行分期付款,同样承担此期间的保险责任。贵司保险费的支付可通过银行转账,也可由我司"承保服务专项小组"人员上门领取支票。

七、保险单证的配置(略)

第四部分　理赔服务方案

要点:主动、迅速、准确、合理的原则,专项理赔程序,24小时报案电话、及时的现场查勘,配合施救工作,提供索赔帮助,通报赔案处理情况,提供预付赔款,及时快速赔付。

贵司为我司重要客户,为保证快速、准确、合理地处理贵司保险车辆的理赔工作,确保贵司安全、高效地使用车辆,提出下列理赔服务承诺。

一、24小时接案服务

全天候24小时为贵司提供接受报案服务,贵司车辆无论何时、何地出险,只需拨打2248438、95500,即可及时报案,我司将有专人负责。

二、诚信快速理赔服务

(一) 现场查勘事故处理限时服务(略)

(二) 理赔限时服务

我司在处理赔案时,具有快速理赔的四个通道服务如下。

理赔程序类型	适 用 情 况	需客户提供的主要索赔单证	赔 付 时 限
快捷程序	1. 风挡玻璃单独破碎; 2. 损失5 000元以内的单方事故。	1. 保险单正本; 2. 出险通知书; 3. 驾驶证和行驶证复印件; 4. 事故车辆定损和修理单证。	1. 对于风挡玻璃单独破碎情况,报案后可在指定玻璃店免费安装玻璃; 2. 对于5 000元以内的单方事故,在单证齐全后1小时之内赔付。
简易程序	仅涉及车辆损失且损失金额在10 000元以内的交通事故。	1. 以上快捷程序所需单证; 2. 道路交通事故责任认定书或事故现场照片; 3. 道路交通事故经济赔偿调解书(或简易程序); 4. 道路交通事故经济赔偿执行凭证。	在单证齐全并达成赔偿协议后1日内赔付。
标准程序	不适用快捷、简易和审慎程序的情况,损失金额在100 000元以下。	1. 以上简易程序所需单证; 2. 医学诊断证明; 3. 医疗费用和其他费用凭证。	在单证齐全并达成赔偿协议后2日内赔付。
审慎程序	1. 损失金额超过100 000元的重大事故; 2. 需经调查取证或进行技术鉴定的交通事故。	1. 以上标准程序所需单证; 2. 保险公司所需的其他材料。	在单证齐全并达成赔偿协议后3日内赔付。

（三）绿色通道服务（略）

三、上门理赔服务（略）

四、提供道路交通事故法律援助服务（略）

五、重大赔案预付赔款服务（略）

六、玻璃单独破碎的便捷修复服务（略）

七、提供保证质量的修理服务（略）

八、特殊赔案通融赔付服务（略）

九、机动车辆承保、理赔服务流程图（略）

第五部分　特色服务方案

要点：完善的网络结构；人情化的服务，亲情般的关切；参与意识较强，宾至如归的温暖感。

我司将提供下列特色服务,作为贵司投保车辆保险的增值。

一、代查勘网络服务（略）

二、急难救助服务（略）

三、提醒、关切服务(略)

四、协助管理安全(防灾防损)服务(略)

五、征询意见服务(略)

六、提供延伸服务(略)

七、提供相应的代办服务(略)

第六部分　结　束　语

我司在政府机动车保险招标中曾有过成功的经历,在××市政府××××—××××两个保险年度中,我司获得了最高分,最后被选择为××市政府机动车辆保险采购定点单位。最近在中国人民银行××中心支行的机动车××××—××××年定点保险招标中又一举中标。一直以来,我司以良好的信誉、优质的服务、快捷的赔付获得了各方的称赞。因此,在和××市政府及人民银行××市中心支行有着同样性质的××市自来水公司的机动车辆保险招标中,我司将继续坚持优质、高效的服务,尽力为贵司的财产和安全保驾护航。

因此,希望贵司选择我司为机动车辆的保险人。

中国太平洋财产保险股份公司××分公司

××××年×月×日

联系人:范××

联系电话:22484××、138××××2227

【例文2】

××化工河南分公司企业补充医疗保险项目
投　标　书

投 标 人:中国人寿保险股份有限公司河南省分公司(公章)

省公司法定负责人或其委托代理人:(签字)

投标日期:××××年×月×日

致　函

××化工河南分公司:

衷心感谢贵公司长期以来对中国人寿保险股份有限公司河南省分公司的信任,同时感谢贵公司邀请我公司参加"××化工河南分公司企业补充医疗保险项目"的投标。

中国人寿保险股份有限公司是国内最大的寿险公司,也是全球最大的寿险公司之一,总部位于北京。

作为《财富》世界 500 强和世界品牌 500 强企业——中国人寿保险(集团)公司的核心成员,公司以悠久的历史、雄厚的实力、专业领先的竞争优势及世界知名的品牌,赢得了社会最广泛客户的信赖,始终占据国内保险市场领导者的地位,被誉为中国保险业的"中流砥柱"。公司坚持"创新驱动发展战略",抢抓新"国十条"带来的战略机遇,实现了稳中有进、稳中增效、稳中有为,取得了营业收入、合并资产、《财富》世界 500 强行业内排名、品牌价值、旗下寿险公司市值五个行业第一,95519 呼叫中心更是荣获"××年度 ICMI 全球最佳呼叫中心"。

在本次投标服务方案中,我们针对贵公司提出的保障需求,积极借助我公司的资源优势,力求为该项目打造具有个性且全面符合保障需求的服务计划。

我们真诚希望,能够通过专业的服务为贵公司员工福利计划的实施尽一份绵薄之力! 再次感谢贵公司邀请中国人寿参与该项目的服务!

中国人寿保险股份有限公司

河南省分公司

××××年×月×日

一、投 标 声 明

××化工河南分公司:

中国人寿保险股份有限公司河南省分公司授权单远良(团体业务部总经理、经济师)为全权代表,参加贵方组织的 HBCT-1××××、××化工河南分公司企业补充医疗保险项目招标的有关活动,并对××化工河南分公司企业补充医疗保险项目进行投标。为此:提交下述文件正本一份,副本三份;电子文档一份(U 盘)。

在此,签字代表宣布同意如下:

1. 所附投标一览表中标明的报价即为我方承保本项目的保险费;投标报价完全符合《招标文件》投标人须知有关规定。

2. 投标人将按《招标文件》的规定履行责任和义务。

3. 投标人已详细审查全部《招标文件》并完全理解,我方同意放弃对《招标文件》保留异议的权利。

4. 本投标有效期为自投标截止日起 90 个日历日。

5. 我方同意提供按照贵方要求的与投标有关的一切数据或资料,完全理解贵方不一定接受最低投标报价的投标或收到的任何投标。

6. 与本投标有关的一切正式往来信函请寄:

地　　址:××市××路××

电　　话:××××-××××××

传　　真:××××-××××××

授权邮箱：××

二、投标一览表

投标人名称：中国人寿保险股份有限公司河南省分公司

投标一览表：保险报价	
保费(元/人·年)	275
补充医疗保险基金管理费率(%/年)	0.8
优惠条件	1. 和招标文件意外身故和意外伤残保额共计10万元比较,本投标方案意外身故、意外伤残保额各10万元,在保险金额扩大一倍的同时,价格优惠在70%以上。费率优惠的主要原因为公司历史承保数据中,意外伤害的发生率为万分之三。 2. 依托中国人寿关于门诊医疗和住院医疗的历史经营数据,结合贵单位员工已经参加基本医疗保险、员工数量较大、年龄结构较为年轻、职业风险评定中职业风险类别主要为二类、既往住院医疗费用较低、药店可以限期报销一定额度医疗费用、门诊住院增长率为6%、河南省门诊医疗费用平均支出为××元、住院医疗费用平均支出为××××元、医疗费用上涨率为15%左右等因素,在标准费率的基础上进行价格优惠,费率优惠比例达到60%以上。 3. 赠送健康咨询服务。全球最大及最高品质救援服务机构——"国际SOS"将为员工提供12小时不限次电话医生健康咨询服务。 4. 基金业务选用保值增值产品,保险期限内账户资金余额保证2.5%的年利率收益。
投标有效期	自投标截止之日起90天

注：基金管理必须在保值的前提下进行优惠,基金管理必须符合国家相关法律法规规定。

三、投标人组织机构

(一) 投标人资质证件及网点

1. 省公司营业执照、组织机构代码证、经营保险业务许可证、税务登记证

2. 中国人寿市、县分支机构网络覆盖(略)

(二) 中国人寿河南省分公司概况(略)

(三) 同类项目的承保和服务经验(略)

(四) 公司荣誉及2014年度经会计师事务所审计的财务报告(略)

四、项目组成员情况介绍

(一) 成立项目领导小组

为确保贵单位补充医疗保险项目的顺利开展,切实保障参保职工享受到优质高效、方便快捷的保险服务,中国人寿河南省分公司专门成立"××化工河南分公司企业补充医疗保险项目领导小组",负责该项目的组织、协调与指导工作。

(二)成立项目工作小组

在项目领导小组领导下,负责该项目的实施。

五、竞争力优惠条件的说明

竞争力的报价优惠条件	1. **意外责任更具保障性**。和招标文件意外身故和意外伤残保额共计 10 万元比较,本投标方案意外身故、意外伤残保额各 10 万元,增加了参保人员意外风险的保障水平。 2. **产品价格优惠较大**。依托中国人寿关于意外伤害、门诊医疗和住院医疗的历史经营数据,结合贵单位员工数量、年龄结构、职业类别、医疗管控和职业风险等因素,在标准费率的基础上进行价格优惠,费率优惠比例整体在 60% 以上,最大限度地节约了××化工河南分公司的风险控制成本,以有限的成本支出建立了员工福利保障计划,既增加了员工的保障水平及员工的企业归属感,又实现了企业财务风险控制的目标。 3. **资金具有增值性**。基金业务选用保值增值产品,保险期限内账户资金余额保证 2.5% 的年利率收益,既实现了大病医疗保险资金储备,又实现了账户资金余额的保值增值。 4. **意外门诊定额给付**。如发生意外伤害,乡级新农合定点医院紧急救治医疗费用 200 元可以纳入门诊支付范围。
竞争力的服务优惠条件	1. **赠送"国际 SOS"健康咨询服务** 　全球最大及最高品质救援服务机构——"国际 SOS"将为员工提供 12 小时不限次电话医生健康咨询服务,帮助员工识别风险、预防风险和控制风险,提高生活品质,健康职工生活。 2. **24 小时热线服务** 　我司设立全国统一客户服务电话 95519,全年 365 天,全天 24 小时随时接受被保险人的事故报案、理赔咨询、紧急救助、满意度跟踪、温馨提示、理赔投诉等各项优先服务;同时我司为该项目服务的工作人员的手机将 24 小时保持畅通状态,随时为××化工河南分公司提供承保理赔等各项上门服务。 3. **异地出险案件及时处理** 　中国人寿在全国有近 3 000 家客户服务网点,在全世界 100 多个国家和地区的 170 多个主要港口城市聘请了保险检验、理赔代理人。依托这一服务网络优势,在接到报案后,我司将在第一时间办妥委托代查勘手续,委托事故发生地保险服务机构处理并积极组织施救。使得异地出险同样能够得到本地出险一样快捷、方便、热情周到的理赔服务。 4. **应急预付赔款** 　我司将根据以下条件和突发紧急事故进行赔款预付,以保证善后处理的妥善完成: 　(1)对于突发的、责任明显的重大事故,保险公司启动应急预付赔款机制,在 3 个工作日内按可确定损失的 50% 支付预付赔款; 　(2)对于突发的、在一次意外中造成被保险人人员死亡或受伤程度严重的且责任明显的事故,保险公司可在 3 个工作日内按已确定损失金额的 50% 预付赔款; 　(3)对于属于保险赔偿责任范围内的事故,保险公司可以通过预付赔款方式垫付医疗费用。 5. **定期提供理赔统计报表及案件分析** 　建立风险档案,定期将全省出险理赔情况向××化工河南分公司进行通报,将出险率较高的、赔付金额较多的几种事故的类型、易发年龄段、发生地域等信息进行统计分析、通报,帮助企业和员工识别风险和控制风险。 6. **"1+N"客户服务** 　为参保客户提供"1+N"服务,传递贵公司对员工的关爱,增加员工的归属感。

六、服 务 方 案

(一) 投保追溯期

设立 10 天的投保追溯期,投保人只需在承保日前提交完整的投保资料保单即可生效,保费可在承保日后 10 天内支付。

(二) 培训计划

中国人寿河南省分公司中标后,为贵单位各市、县销售公司提供至少 2 场以上的员工福利说明会,并为员工提供服务手册。

1. 员工福利说明会(略)

2. 制作并下发员工服务手册(略)

(三) 加减保保费计算方法及结算方式

1. 在保险合同有效期间内,同一时间点增减人数相等情况下,只需办理增人和减人保险手续,不涉及增加或减少保费。

2. 加、减保保费计算公式

加保保险费＝加保人数×保险合同期应收保险费×新增被保险人的承保期间天数/保险合同承保期间实际天数。

非基金减保退保金＝减保人数×扣除规定手续费后的保险费×(1－已承担保险责任天数/保险期间天数)。

3. 加、减保的保险追溯期

加保人员生效日可以指定到单位提起加保申请的次日;减保人员退保时间为单位提交减保申请的当日零时起生效;已经发生理赔的人员不能进行减保处理。如有特殊原因需要追溯加(减)保的生效时间的,可与我公司另行协商。

4. 结算方式

我公司提供加减保保费半年结算及年度结算方式,会计年度 12 月 31 日及合同满期日为强制结算日,结算金额最高不得超过保险合同承保时的保费金额。

(四) 报案及投诉(略)

(五) 理赔时效

对于索赔资料齐全、事故责任明确且无须理赔调查的案件,我公司承诺在收到理赔申请之日起 2 个工作日内结案;其中理赔金额在 1 000 元以下的,在柜面可以即时办理,当场结案。对于索赔资料齐全但需要理赔调查的案件,我公司在明确事故责任之日起 3 个工作日内结案。

(六) 拒赔、延迟赔付案件的处理方式(略)

(七) 理赔结果的通知模式(略)

(八) 保险公司服务小组

我公司从承保、保全、理赔等各部门中甄选业务骨干,为××化工河南分公司建立辐射全省的专项服务小组,保持与贵单位相关部门及客户的联系与沟通,使贵单位员工拥有我公司"一公里"全方位的专项服务。

专项服务小组成员如下(略)

（九）上门收单频率及对收单人员的要求(略)

（十）增值服务

1. 搭建健康咨询平台

为××化工河南分公司搭建健康咨询服务平台,全球最大及最高品质救援服务机构——"国际SOS"将为员工提供12小时不限次电话医生健康咨询服务。内容包括居家保健咨询;常见药物使用建议;健康促进:如控制体重、合理运动、健康饮食、戒烟等;常见慢性病防治:高血压、高血脂、糖尿病等;常规体检项目建议;儿童护理常识及常见病处理建议等。

2. 国寿小画家活动

贵单位员工子女可参加国寿小画家评选活动。省级获奖作品将获得由河南省美协、河南国寿颁发的证书,并获得精美奖品一份。全国级获奖作品将获得由中国美协颁发的证书,并公开展出、汇编成册。

3. 国寿大讲堂

我公司将根据贵公司的需求,邀请医学家、经济学家、政治学家、摄影家等国内外知名专家,借助全省视频系统,年度内至少举办一次全省性的如健康、理财、人文社科或书画摄影等方面的权威资讯讲座,丰富广大员工的文化生活。

4. 超值特惠

832家合作商户为贵单位员工提供涵盖"医""食""住""行""玩""用"等各个方面的折扣优惠服务。

七、保密承诺(略)

第五节　保险案例分析

一、保险案例分析的概念

保险案例分析是专业性较强的保险应用文体之一,在保险领域中使用频率较高。保险案例分析就是对一些有意见分歧的赔案进行介绍分析的文书。

在处理赔案的过程中,虽有法律、法规、政策与保险条款作为依据来指导工作实践,然而由于认识水平的高下、情况的变化与新的矛盾的出现等复杂原因,对某一具体的赔案,往往有仁者见仁、智者见智的情况出现,以至于保险人与被保险人(或受益人)之间、保险公司内部、社会的不同社区组织之间、保险人与社会舆论之间,产生严重意见分歧,在当赔或不当赔、赔多或赔少的问题上,常常各执一端,莫衷一是。某些有严重分歧的案件,已经仲裁或诉诸法庭解决多时,结案多年,然而众人看法仍是仁者见仁、智者见智，群众舆论依旧沸沸扬扬，既影响了保险理赔工作的顺利开展，也令理赔人员心有余悸，无所依从。

随着实践经验的丰富，众多理赔人员认真总结，多方探讨，对一些较复杂的案例进行认真的总结与分析，逐渐形成了保险案例分析这种特殊的应用文体。

二、保险案例分析的作用

（一）具有理论指导作用

保险案例分析从理论与实践相结合的角度出发，对复杂的案例进行宏观与微观的审视，进行多方位、多层次、多角度的综合性分析，对提高保险从业人员的理论水平有积极的作用。

（二）具有实践指导作用

保险案例分析可据以作为往后处理类似案件的借鉴与例证。

（三）具有法规指导作用

一些疑难案例，因法律和保险条款一时无明确规定，难以认定理赔责任，则往往以某一类的案例为认定理赔责任的依据。这种现象在国外保险业中是常见的。

三、保险案例分析的特点

（一）有很强的政策性和遵法性

在统一分歧、解决矛盾时，必须严格遵照党和国家的有关方针政策处理问题，在处理保险工作的矛盾时，还必须以保险法律、保险法规、保险条款为依据，认真对具体理赔案例进行分析，防止随意性。

（二）有很强的理论性

保险案例分析，应以保险理论为指导，又能为丰富和发展保险理论提供事实依据，提供经验指导。以高屋建瓴之势，对保险实践活动进行符合客观规律的总结与归纳。

（三）有很强的综合性

由于保险案例本身的复杂性、外在条件的复杂性等原因，在进行案例分析时，必须调动多方面的知识储备，进行综合性的审视与考察，具体运用多种专业知识，深入透彻分析诸种因素，使问题迎刃而解。

（四）有很强的实践性

保险学是在实践中产生，在实践中发展，又反过来指导实践的一门应用性科学。保险案例分析也同样如此，离开了实践则无由产生，不能指导实践，亦无由发展。

四、保险案例分析的结构和写法

保险案例分析无统一模式，在名称上亦有"索赔案例分析""赔偿纠纷案例分析""追偿案例分析""给付纠纷案例分析""按比例赔偿案例分析"和"不赔案例分析"等种种名目。保险案例分析的模式虽不尽相同,但其主要内容与大体模式已基本形成。

（一）保险案例分析的四种主要形式

1. 三部分式

(1) 标题；(2) 案情简介；(3) 分析结论。

2. 四部分式

(1) 标题；(2) 案情简介；(3) 问题；(4) 参考答案。

3. 五部分式

(1) 标题；(2) 案情简介；(3) 本案分歧；(4) 分析；(5) 结论。

4. 六部分式

在五部分式的基础上,加上建议或体会(启迪)。

（二）五部分式介绍

下面以五部分式为例,略加说明,其余各式大同小异,可举一反三,无须赘述。

1. 标题

保险案例分析的标题一般都是直接揭示主旨,使读者一目了然。大都由"案由"与"文种"两部分构成,如《机动车辆第三者责任险惊恐死亡案例分析》《私有汽车哥哥开车压伤弟弟保险责任案例分析》等；有的标题采用疑问式,如《缴纳保险费是人身保险合同成立的必要条件吗》；也有的采用新闻报道式的标题,如《由谁判决更为合理》。

2. 案情简介(案例介绍)

这部分主要介绍案情经过与处理经过。应以极简洁的语言,采用以叙述为主的方法,按时间顺序或按逻辑顺序组织材料。

案情经过应包括投保情况,标的情况,赔案的发生、发展、施救、结果等全过程。处理经过应包括保险公司对此案处理情况等。

3. 案件分歧

此部分交代分歧之所在,即保险人与被保险人(或受益人)之间、保险公司内部、社会的不同社区组织之间、保险人与社会舆论之间,就本案赔付结果的意见分歧。应抓住焦点,突出分歧的尖锐性,不可遮遮掩掩。

4. 分析

此部分是全文核心,精髓所在。应运用保险理论,相关法律、法规及保险的具体条款,针对案例处理结果中的不同意见,进行合情合理的透彻分析,总结成功的经验与失败的教训。此部分应集中笔力,着力写好。运用多方面的理论知识,进行精炼动人的论述,借以宣传保险理论和政策,维护保险公司的社会效益和经济效益,树立保险公司的良好形象。

5. 结论

结论应清楚明白,毫不含糊,语言简洁,态度明朗。整个结论应与分析丝丝相扣。

五部分式是最基本的模式,掌握好此种形式对其余形式的掌握也易如反掌了。

五、保险案例分析的写作要求

（一）真实典型

真实是保险案例分析最基本的要求之一，实事求是，不能以耸人听闻为目的而制造假案分析，其道理不言而喻。

典型即应抓大案、要案、典型案，要以敏锐的眼光对代表性强、可研究性强及可借鉴性强的案例进行透彻的分析，以提高该案例的启迪价值。

（二）重在分析

应将复杂的案件及其现象加以解剖，分解为若干个简单的组成部分并单独进行考察，从而认识每个组成部分的性质和特征。注意分析案件发生的时间、地点、环境、条件，以及此案与其他事物、因素的相互关系。应抓住主要问题的主要因素，作重点分析，不可面面俱到、蜻蜓点水，对案件的分析，既要重视对主观因素的分析，又要重视对客观因素的分析，不能见物不见人，不能以客观因素掩盖主观因素，也不能以主观因素代替客观因素。要做到一案例、一分析、一议论，也就是说，只能围绕一个案例进行分析，发表议论。若是数个案例缠杂不清，头绪繁杂，是无法分析成功的。

（三）抓住关键

要从众多的矛盾中抓住主要矛盾，始终围绕案例中的难点与争论的焦点进行分析，使文章不蔓不枝，脉络清晰，重点突出，说理透彻。

（四）紧扣条款

要依据国家的有关法令、制度和规定，以保险理论为指导，紧扣保险条款的具体内容，中肯分析，以理服人。

（五）文风活泼

保险案例分析应有可读性。文风活泼方可引发兴趣，耐人寻味，吸引读者。

例文欣赏

【例文1】

再保险摊回赔款后，保险人还能行使代位追偿权吗？

案情简介

某市一街区发生火灾，第 20 号至第 36 号一排商店被毁。事后查明，原因是第 28 号修车行二楼堆放的轮胎起火。受灾户中第 24 号和第 36 号两户曾向保险公司投保火灾保险，并得到保险公司赔偿，计赔第 24 号 8 万元、第 36 号 10 万元，合计 18 万元。该保险公司在承保这两户时，除一部分自留外，余额办理了再保险。所以，该公司从再保险人处摊回再保险金，分别为 6.5 万元和 7 万元。此后，保险公司再依《保险法》的规定,代位请求修车行赔偿 18 万元。该修车行抗辩称,保险公司已从再保险人处摊回部分再保险金,因此他实际应支付的赔偿金额分别为第 24 号 1.5 万元(8－6.5＝1.5)及第 36 号 3 万元(10－7＝3),合计仅为 4.5 万元。

案件分歧

对此,法院有两种意见。第一种意见认为依据《保险法》中"保险人……在赔偿金额范围内代位行使被保险人对第三者请求赔偿的权利"的规定,应支持该修车行(第三者)的请求,因为保险人的代位求偿不能超过实际赔偿金额,而其从再保险人处得到的再保险金不能再要求修车行予以赔付。第二种意见认为应考虑再保险人的权利,修车行应赔付保险公司全部保险金额,包括再保险金在内,即总值 18 万元。

分析

首先,在此案例中,保险人依《保险法》第 44 条的规定,向第三者行使代位求偿权赔偿的金额,究竟是保险公司的自留保险金部分还是对被保险人的全部理赔金额。若法院采纳第一种意见,至少存在以下两个问题。

第一,如果保险人的代位求偿权不包括再保险部分,则可能导致如下后果:同样是侵权行为的加害人,但根据受害人的保险是否有再保险,再保险比例的大小不同,其赔偿责任也会不同。例如:在本案中,如果该保险公司没有办理再保险,则第三者修车行就应赔付全部保险给付金额,或者保险公司办理的再保险比例有所不同,也会影响到第三者,即事故加害人有不当得利的后果。

第二,这种观点忽略了再保险人的权利,打击了其接受再保险的积极性,影响保险业的健康运作。

综观整个案件,焦点在于再保险人是否有代位求偿权及其如何行使的问题。再保险的代位求偿权不容置疑。《保险法》第 44 条中,"保险人"应视为广义保险人,即再保险合同中的再保险人也应视为保险人;"被保险人"也应作广义解释,即包括被再保险人,也即分出人或原保险人。原保险人自向被保险人给付保险金之日起,获得代位求偿权,在赔偿金额范围内代位行使被保险人对第三者请求赔偿的权利。此规定同样适用于再保险,即再保险人将再保险金给付于被再保险人(原保险人)后,再保险人也应取得代位求偿权,取得方式可以比照原保险人的代位求偿权的取得方式。保险人代位求偿权的取得方式,从世界各国保险立法看大致有两种:一种是当然代位主义,即保险人的代位求偿权在其理赔后自动取得;另一种是请求代位主义,即保险人向被保险人赔偿后,并不立即取得代位求偿权,还必须有被保险人将其享有的对第三者的损害赔偿请求权让与或转让给保险人的表示。根据我国《保险法》,保险公司按照规定理赔后,被保险人向第三者追偿的权利在法律上就自动转让给保险公司,可见我国采用的是当然代位主义,对于赔偿时间、赔偿金额的确定,保险人的理赔同时要求被保险人签发赔款收据和权益转让书。因此,可以据此推定,再保险人同原保险人和第三者、被保险人之间无任何直接接触,但可根据"同一命运原则"获得与保险人同样的代位求偿权,其求偿金额应等同于赔付金额。

　　其次，《保险法》第44条规定"在赔偿金额范围内代位行使被保险人对第三者请求赔偿的权利"。立法原意在于防止被保险人因行使代位求偿权而获得双重补偿，这有违保险宗旨，但若再保险人的代位求偿权得不到保护，则会造成第三者(保险事故加害人)逃避其责任，反而使其有不当得利。在本案中，加害人修车行因受害人的保险附有再保险，便可减少其赔偿金额，或因再保险比例的不同，修车行的赔偿金额又有不同，这难道不是一种矛盾而又不公平的现象吗？而且，很明显存在有不当得利，有违公序良俗。况且，为防止被保险人获得双重赔偿，而使再保险人的合法权益受到损害，将使整个保险制度的基础受到损害。因此，笔者认为应该采用第二种意见，由保险人行使代位求偿权，其金额为收回再保险金前的全部保险金，并将追偿所得摊回于再保险人。这样既保护了再保险人的利益，又避免了保险人、第三者获得不当得利。

　　也许有人会提出，保险人只能以自己的名义或被保险人的名义行使代位求偿权，而不可能以再保险人的名义来行使，故保险人只能获得其自留部分的求偿权。但再保险有一条重要原则：同一命运原则，意即保险人和再保险人在利益和义务上有着共同命运，凡是有关保险费收取、赔款支付、法律诉讼或申请仲裁等事宜，保险人在维护双方共同利益的前提下，有权单独处理，因此产生的一切费用由双方按比例承担。该原则目的在于使保险人能充分发挥主动作用。但是，我们不能根据该条款只要求再保险人与保险人共同承担义务，而不能与保险人共同分享权利。根据这一原则，原保险人行使的代位求偿权应及于再保险人，再保险人有权依据同一命运原则在向原保险人支付再保险金后，享有代位求偿权。

　　再次，再保险人代位求偿权的行使，应将原保险人置于被保险人的地位看待。因为再保险人分布于全国各地甚至国外，要分别、单独行使代位权，事实上不可能，也不经济。国际上的习惯做法是再保险人代位权皆由保险人行使，并将追偿所得摊回给再保险人。这样，既保护了再保险人的应得利益，又降低了总的保险成本，有利于保险业的健康发展。

结论

　　总之，该案出现两种不同的判决意见，是因为我国《保险法》第44条规定不明确，法院易拘泥于法条的字面解释，有违保险立法宗旨，也有碍于我国保险事业的发展，鉴于我国《保险法》对再保险方面的规定过于粗泛，不利于再保险业的发展，因此笔者建议在今后的保险立法修改时，应澄清《保险法》第44条的含义，明确再保险人的代位求偿权，保护他们的合法权益，促进保险业在我国的发展。

【例文2】

斯彼得轮货运索赔案分析

案情简介

　　××××年10月，南方某市远洋运输公司常德号货轮，在大连港装载我国出口到法国的 756 吨烧镁,中国人民保险公司某市分公司承保了该批货物的运输保险业务,并代承运人签发了全程提单。××××年 1 月 11 日,该轮抵达荷兰鹿特丹港后,将货物转载于塞浦路斯撒尼特立海运有限公司的巴拉圭·斯彼得货轮。××××年 1 月 15 日,斯彼得货轮抵达法国的翁费勒时,发现货物被涌进货轮内的海水浸湿,损失达 6 万英镑。对此,收货人向当地法院申请扣押该货轮,并取得了卢森堡船东互助保赔协会的担保。同年 9 月 6 日,中国人民保险公司某市公司作为货物的承保人向收货人支付了赔偿款并取得了向承运方追偿的权益转让书,要求撒尼特立海运有限公司承担该批货物的损失赔偿责任,但多次交涉均未达成协议。

对本案的争议

我方保险公司与撒尼特立海运有限公司的争议焦点是货物发生水湿的航程及是否属船方责任所致的问题。

(1) 撒尼特立海运有限公司认为,货物水湿在该批货物的第一段航程就发生了,应由我国某市远洋运输公司负责,并以法国法院指定的船舶检验人所作的不利于我方的检验报告为依据,拒绝承担赔偿责任。

(2) 我方保险公司认为,该批货物是由我国某远洋运输公司完好地交给巴拉圭·斯彼得货轮转运的,转载时并未发生货物水湿,有当时的交货转运检验书为证,因此该批货物的受损完全是巴拉圭·斯彼得货轮造成的。现在,保险公司已取得收货人的权益转让书,完全应该向负有承运责任的船方——撒尼特立海运有限公司追偿,并有权取得其对保险赔款的十足补偿。

起诉及结论

由于与责任方达不成协议,根据我国法律规定,于××××年 4 月 10 日正式到大连海事法院起诉,控告撒尼特立海运有限公司不履行赔偿货物损失的责任。大连海事法院受理本案后,做了大量认真细致的调查和取证工作,经审理认定,货物水湿是发生在二程船巴拉圭·斯彼得轮承运货物期间,我国南方某市远洋运输公司不应负赔偿责任,被告应对该批货物的损失承担赔偿责任,从而判决被告赔偿我方保险公司 75% 的损失。到××××年 12 月,我方保险公司收到了撒尼特立海运有限公司的 4.5 万英镑赔款,使这起拖了一年之久的纠纷得以了结。

启迪

(1) 涉外保险纠纷案在国内起诉,有利于依法维护我方权益。根据我国法律规定,涉外经济纠纷案既可以根据司法管辖权向外国法院起诉,又可以向国内法院起诉。以前,我国当事人在外国法院进行诉讼时,有的案件根据事实完全可以胜诉,但由于国外当事人买通关键证人而使案子败诉的例子并不罕见。本案如果向法国法院起诉,我方遭受的经济损失就可能得不到补偿。因此,对我国具有司法管辖权的涉外纠纷案件,应尽可能在国内起诉,以便使我方正当权益得到法律保护。

(2) 海事法院是处理海事纠纷案件的法律机构,它对涉外海事纠纷案件的态度与判决,关系到我国的主权及地位问题。在本案中,大连海事法院积极受理涉外海事纠纷案件,并以事实为根据,以我国有关法律规定及国际公约、条约、惯例为准绳,在不违背法律规定的原则下给国内当事人提供法律帮助,有力地维护了我国的主权和利益。

(3)保险公司在开展涉外保险业务时,应通晓有关国际公约、条约及惯例,以便在发生涉外保险纠纷时能有理有据地进行诉讼。

综合训练

一、问答题

1. 请说明保险计划书的用途,其基本结构包括哪些? 在写作时需要注意哪些方面?

2. 在保险公司,一般什么情况下会使用理赔报告? 其作用有哪些? 常见的结构应如何搭建? 应该注意哪些方面?

3. 保险专项调查报告一般包括哪两大类? 在什么情况下会使用调查报告? 其一般结构包括哪些?

4. 怎么理解保险投标书的概念? 撰写保险投标书应注意哪些方面? 谈谈保险投标书的一般结构和写法。

5. 何谓保险案例分析? 其有何作用和特点? 保险案例分析写作的基本格式怎样?

二、写作题

1. 假设一中等收入的三口之家(一对中年夫妇加一个小孩,大人职业不限),以某寿险公司业务人员的名义,写一段其家庭保险需求分析(风险分析)和向其推介保险理念、本寿险公司保险产品的文字(题目可为“致客户的信”)。另写一段业务员自我介绍和服务承诺的文字。要求写出亲和力、劝服力。

2. 假设某超市仓库发生重大火灾事故,火灾原因是电线漏电走火所致,属于《财产保险基本险条款》或《财产保险综合险条款》所规定的“火灾”责任,烧毁彩电、冰箱、空调、洗衣机等物资一大批,损失达 200 多万元。请以该超市投保的某保险公司理赔人员名义,写一份经过现场查勘、定损、理算后的保险理赔报告。

第五章　保险公司常用策划应用文

　　"策划"一词自古有之,古之策划,指策谋、计划,也指谋略之术,主要运用于战争。当今社会,打开电视有影视策划,走在路边能看到广告策划,翻开报纸又有新闻策划、娱乐策划、体育策划等,可以说无时不策划,无事不策划。一份创意突出又具有良好可操作性的策划案,无论对于企业的知名度,还是对于品牌的美誉度,都发挥着积极重大作用。

案 例 导 入

　　有一家木梳厂快倒闭了,于是雇了四个推销员,硬性分配了推销定额,甚至要他们把梳子卖到寺庙里去。

　　第一个推销员空手而归,他说:"开玩笑! 和尚都是光头,怎么会要梳子呢? 他们以为我嘲讽他们,打了我一顿赶出来了。"

　　第二个推销员厉害,他卖掉了几十把梳子。怎么卖的? 原来他动了脑筋,想和尚虽然没头发,但经常梳头有利于头部的血液循环,有利延年益寿嘛。把道理讲清楚,每个和尚都同意买一把。

　　第三个推销员更厉害,卖掉了几百把梳子。他的脑筋更活,觉得和尚就那么些人,必须不光打和尚的主意。他说服方丈,说香客来烧香,头发常沾满香灰,倘若庙里多备些梳子供香客梳头,她们感受到庙里的关心,香火就会更旺盛。

　　第四个推销员最绝! 他不光打香客的主意,还打游客的主意;不光不要寺庙花钱,还帮寺庙赚钱。他说服方丈把木梳作为纪念品卖给游客,在木梳上刻上寺庙的对联,并命名"积善梳"。一把小小的梳子为寺庙赚了钱,还做了免费的广告宣传。于是,方丈便大批量订购木梳,滞销的梳子一下子卖光了。

　　案例启发我们:市场是可以创造的。世上的事没有做不到,只有想不到。事在人为,办法总比困难多。小办法也不一定就是小收获。

第一节　营销策划书

一、营销策划书的概念

营销是现代经济组织非常重视的一种销售活动。营销策划一词来源于英语的"Marketing Planning"，在我国台湾和香港地区多称作"营销企划"或"行销企划"。人们为了达到某种预期的经济目的，围绕策划对象的生存和发展因素，在调查、分析、研究的基础上，借助有效的方法和创造性思维进行创意、设计，并制定行动方案。

营销策划书就是营销策划者对策划对象进行调查、分析、研究后撰写的策划报告。

二、营销策划书的结构和写法

（一）封面

封面设计的原则是醒目、简洁，一般标示这些内容：委托方、标题、策划者或策划公司全称、制作日期。

（二）前言

前言的文字应简洁，一般不要超过一个页面。陈述的内容通常包括本营销策划的由来，制订本策划的重要性和必要性，本策划过程的简略说明。

（三）目录

简单的营销策划书不需要目录，如果内容比较多，为了方便阅读者使用，应当设置目录。

（四）摘要

摘要是对营销策划项目所作的一个言简意赅的说明。要说明的内容包括为谁做的什么性质的策划、要解决什么问题、结论是什么。阅读者通过摘要提示，可以大致理解策划的要点。

（五）正文

1. 当前营销状况

当前营销状况，即进入正文。主要提供该产品目前营销状况的有关背景材料，包括市场、产品、竞争、分销以及宏观环境状况的分析等。

（1）市场状况：列举目标市场的规模及其成长性的有关数据、顾客的需求状况等。

（2）产品状况：列出企业产品组合中每一个品种近年来的销售价格、市场占有率、成本、费用、利润率等方面的数据。

（3）竞争状况：识别出企业的主要竞争者，并列举竞争者的规模、目标、市场份额、产品质量、价格、营销战略及其他有关特征，以了解竞争者的意图、行为，判断竞争者的变化趋势。

（4）分销状况：描述公司产品所选择分销渠道的类型及其在各种分销渠道上的销售数量。

（5）宏观环境状况：主要对宏观环境的状况及其主要发展趋势作出简要的介绍，包括人口环境、经济环境、技术环境、政治法律环境、社会文化环境，从中判断某种产品的命运。

2. 风险与机会

风险与机会，即对企业的某种产品所面临的主要机会和风险、企业的优势和劣势，及重要问题进行系统分析。

3. 目标

（1）财务目标：确定每一个战略业务单位的财务报酬目标，包括投资报酬率、利润率、利润额等指标。

（2）营销目标：财务目标必须转化为营销目标。营销目标如销售收入、销售增长率、销售量、市场份额、品牌知名度、分销范围等。

4. 营销战略

（1）目标市场的选择和市场定位战略：企业准备服务于哪个或哪几个细分市场，如何进行市场地位，确定何种市场形象。

（2）营销组合战略：企业在其目标市场上拟采取的具体的营销战略，如产品、渠道、定价和促销等方面的战略。

（3）费用战略：说明为执行各种战略所必需的营销费用。

5. 行动方案

阐述以下问题：将做什么？何时开始？何时完成？谁来做？成本是多少？

6. 营销预算

营销预算，即开列一张实质性的预计损益表。

7. 营销控制

营销控制，即将计划规定的营销目标和预算按月或季分别制定，上一级的管理者每期都要审查企业各部门的业务实绩，找出达到或未达到预期目标的部门。凡未完成计划的部门，其主管人员必须说明原因，并提出改进措施，以争取实现预期的目标。

三、营销策划书的写作要求

（一）策划要有依据

策划需要创意，但同时也要避免让决策者、使用者觉得本策划是"拍脑袋"的产物。要让他人对策划内容信服，一要有理论依据，二要有事实依据。理论依据要和策划内容有对应关系，不要为理论而理论，更不要故作高深，用理论来"装门面""吓唬人"。事实依据除了案例等外，各种数据是重要的内容，它往往给人客观、真实、可靠的影响。

（二）文本要讲美观

无论是给本单位做策划，还是承揽外单位的策划任务，策划者的首要目标是让他人接受自己的策划。除了内容以外，文本自身的美观也很重要。字体、字号、页码、格式、打印质量等，均不可马虎。图表直观效果好，有助于阅读者理解策划的内容，是比较分析、概括归纳、辅助说明等常用的工具，但也要注意使用的节奏，不宜将图表放在一起连续使用，也不宜用一种格式处理全部图表。

例文欣赏

国寿鸿运少儿两全保险产品营销策划书

目　录

国寿鸿运少儿两全保险产品营销策划书

一、任务概要

（一）产品基本情况

1. 成人保险金：您的孩子 18 岁成人时将获得等于保险金额的 50％的成人保险金。

2. 创业保险金：22 岁走向社会将获得等于保险金额的 50％的创业保险金。

3. 婚嫁保险金：25 岁将获得等于保险金额的 50％的婚嫁保险金。

4. 保单红利：我们每年根据上一会计年度分红保险业务的实际经营状况确定红利分配方案，轻松享受专业理财。您可以根据个人情况选择现金领取、累积生息。

5. 保单借款：如果您急需流动资金，还可以凭借保单来中国人寿获取借款，解您燃眉之急。

（二）购买提示

投保范围：只要您的孩子出生满 30 日以上、14 周岁以下，身体健康，均可作为被保险人。

缴费方式：保险费的交付方式分为趸交、年交和月交三种，由投保人在投保时选择。分期交付保险费的，保险费的交费期间自本合同生效之日起至被保险人年满 15

周岁的年生效对应日零时止。

保险期间：本合同的保险期间为本合同生效之日起至被保险人生存至25周岁时责任免除。

因下列任何情形之一导致被保险人身故，本公司不负保险责任：投保人或受益人对被保险人的故意杀害或伤害；被保险人故意犯罪或拒捕；被保险人服用、吸食或注射毒品；被保险人在本合同生效(或复效)之日起二年内自杀；被保险人酒后驾车、无有效驾驶执照驾驶或驾驶无有效行驶证的机动交通工具；被保险人感染艾滋病病毒(HIV呈阳性)或患艾滋病(AIDS)期间；被保险人在本合同复效之日起180日内因疾病；战争、军事冲突、暴乱或武装叛乱；核爆炸、核辐射或核污染及由此引起的疾病。

无论上述何种情形发生，导致被保险人身故，本合同终止。本合同生效满二年以上且投保人已交足二年以上保险费的，本公司退还本合同的现金价值；本合同生效未满二年或投保人未交足二年保险费的，本公司在扣除本合同载明的手续费后，退还保险费。

案例分析：赵先生，为他0岁的儿子投保，保额10万元，交费至15周岁止，年交保费8 470元。可获得如下利益：

成人保险金：被保险人生存至年满18周岁的年生效对应日，给付成人保险金5万元。

创业保险金：被保险人生存至年满22周岁的年生效对应日，给付创业保险金5万元。

婚嫁保险金：被保险人生存至年满25周岁的年生效对应日，给付婚嫁保险金5万元，合同终止。

身故保险金：被保险人于18周岁的生效对应日前身故，本公司退还合同的现金价值，合同终止；被保险人于年满18周岁的生效对应日起至合同保险期满前身故，给付身故保险金10万元，合同终止。

（三）策划原因

随着现代社会的不断进步，我们不仅要关注经济的发展，更要关心下一代的健康成长。他们是祖国未来繁荣的基石，是希望的花朵，可是他们现在并不够强大，他们现在处于弱势，所以不管是家庭还是社会都要给予他们更多的关爱，提供一个为他们保驾护航的巨人肩膀，使他们不管面对什么灾难和困难都能茁壮成长，因此，国寿鸿运少儿两全便应运而生。

（四）策划任务

让社会中更多孩子的教育权、生命权拥有保障。

让更多父母了解子女教育险种，从而意识到购买此类险种意义与作用，对保险有一个正确的认识。

（五）预期达到的目标

通过营销方案在长沙试点营销一个月，让长沙60％的人知道该产品，让90％的在校学生把该产品的宣传册带回家。

二、营销现状分析

（一）营销状况及前景

1. 整个产品市场的规模

国寿鸿运少儿两全保险是中国人寿最畅销的少儿险种之一，秉着中国人寿的品牌效应及产品本身的特点，国寿鸿运一直是整个保险市场上一个热销的少儿险，在市场上发挥着主导作用。

2. 我竞争品牌的销售量与销售额的比较分析

保险是一个新兴行业，每年都有新的保险公司成立，新的保险产品投放市场，我公司产品因费率低、投资回报稳定等特点，销售量与销售额市场占有比例较高。

3. 我竞争品牌市场占有率的比较分析

我公司市场占有率相对其他保险公司比较稳定，起伏不大。太平呈小幅上升趋势，而平安由于万能险采取高于同行的万能险结算利率，所以市场占有率一直呈上升趋势。

4. 我竞争品牌产品优缺点的比较分析

我公司产品虽然费率相对较低，投资回报率比较稳定，但市场上有些公司的产品保障比我公司更全面，不仅有生存金，身故保障，还有高残、重疾保障，这是我公司产品需完善的。

5. 我竞争品牌市场区域与产品定位的比较分析

其他保险公司主要在一、二线城市发展，市场主要集中在城市区域，但是我公司不仅在城市占有一定的领域，在农村市场也是占有很大的份额。确定优势产品所针对的行业，找出行业中的有影响力的客户，整合各种资源进行销售攻关。以此作为我公司的样板和市场的宣传者协助我们撕开市场的裂口，然后以点带面系统性地开发行业客户。

6. 我竞争品牌广告费用与广告表现的比较分析

我公司在各项投资费用中独占鳌头，一个发展良好的企业是不能没有一个良好的形象的。作为中国第一家大型国有保险公司，代表的不仅仅是公司自有的形象，更代表着一个国家、民族保险市场的形象，因此在广告代言方面，我们总是会有巨额投资。

7. 我竞争品牌公关活动的比较分析

公关活动是增加公司品牌知名度的重要策略之一，如爱心捐款、修建公共设施、做公益广告等，这是很多保险公司会采取的公关活动。但有些公司公关活动比较新颖，如与照相馆合作，儿童用品专卖店合作等，这是我公司应该学习的。

8. 我竞争品牌销售渠道的比较分析

保险公司的销售方式一般包括直销、电话营销、网络营销等方式。一般的保险公司以直销为主，但有些保险公司，电话营销做得比较好，如中国平安。还有一些保险公司，比较注重网络销售，他们认为，如果客户在网上主动咨询保险，他就已经是公司的准客户了,所以我公司还需完善销售方式。

（二）竞争状况

例如,平安世纪天使险种。交费期 0—18 岁,减少了 14—18 岁小孩投保的可能。年缴保费相对我公司产品较高,中下等收入家庭无法支撑高额保费。

又如,太平状元红险种。其投资收益没有我公司稳定,风险较高;教育给付金相对较低。

（三）营销状况分析

利用一个月的营销方案推销,将我公司的产品在长沙各小学、幼儿园普遍推广,借助学校帮助公司进行长期、有效的宣传和推广,与学校维持良好的合作关系。

通过三个月的时间,把公司产品的营销方案推广到全国各一线城市,结合各地区的有利资源,加强合作、重点管理。

通过半年宣传,把公司的营销方案推广到二线、三线城市,从而让我公司产品如雨后春笋般迅速在全国热销。在大中型城市推广的同时,让我公司产品普及到全国各地。

三、SWOT 分析

SWOT 分析法,即态势分析法,20 世纪 80 年代初由美国旧金山大学的管理学教授韦里克提出,用来确定企业本身的竞争状况,是广告策划中经常用到的分析法则,具体指的是强势(Strenths)、弱势(Weaknesses)、机会(Opportunities)、威胁(Threats)。

强势:营销能力强;上市公司有足够的资金筹备能力;全国营销网点众多;规模产生的成本优势;有良好的政府关系;品牌知名度高。

弱势:营销技巧相对死板;无差异的产品及服务;竞争对手在分销渠道的陈列有优先权;新产品较少;人员不稳定。

机会:媒体传播迅速;互联网发展日益壮大;农村市场发展空白;金融风暴导致人力招聘成本降低;竞争对手虽多,但并不够强大。

威胁:不断有新的保险公司进入市场;新一轮的价格竞争;不断有新的同类产品进入市场;消费者对高消费高性能产品的需求。

四、营销策划目标

（一）财务目标

所谓的企业财务目标是指企业财产活动在一定环境和条件下应该达到的根本目的,是评价企业财务活动是否合理的标准,财务目标是财务决策的准绳、财务行为的依据、理财绩效的标准。通过营销策划推广一个月后,该产品保费收入达到该公司总保费收入的 10%。

（二）销售目标

所谓的销售目标就是指企业在预期销售时间内,通过一定的销售方式达到的销售额。我公司目前销售的核心工作是提高营销水平,为以后更激烈的竞争打好基础。通过营销策划推广一个月后,争取使该产品销售量达到本公司少儿险种总销售量的40%。

（三）市场占有率目标

所谓市场占有率目标是指通过一个阶段的销售，占到市场上的一定份额。我公司通过该阶段的推广，争取使该产品的市场占有率达到市场同类产品15%。

（四）产品知名度目标

所谓的产品知名度是指，通过公司各种销售途径、广告宣传等形式，让广大群众对该产品的了解的程度。品牌建设可以是以公司为单位，建设公司品牌；也可以是产品品牌。

靠保险人及保险中介人长期励精图治，靠市场的口碑方可在顾客中站住脚。通过与目标消费者成功沟通从而开发市场空白。通过一个月的试点推广，让该城市90%的家庭知道我公司该产品，进而让其他一线城市50%的家庭知道我公司产品。

五、营销战略与策略

（一）公司的主要政策（略）

（二）确定目标市场与产品定位（略）

（三）制定价格政策

投保年龄是0岁至15周岁止，随着投保年龄的增加，对应的年缴保费也增加。例如，赵先生为他0岁的儿子投保，保额10万元，交费至15周岁止，年交保费8 470元。给予适当数量折扣，鼓励多购：以成本为基础，以同类产品价格为参考，使该产品的价格更具竞争力。

（四）销售方式

1. 一对一深度营销

"一对一深度营销"的实质是以"顾客份额"为中心（即在同一顾客处更多地实现销售）。与顾客互动以及定制化，即通过与顾客深入的对话交流，更精确、细致地分析、掌握客户的需求，并以此引导保险产品的定制，从而为同一顾客提供更多服务（获取更多利益）。

2. 保险与理财联动营销（略）

3. 依靠保险中介营销（略）

4. 业务流程重组（略）

5. 增强团队合作（略）

六、具体行动方案

（一）活动主题

爱从这里开始

（二）活动时间

2010年7月1—31日

（三）活动内容

1. 公交车上的移动电视宣传，公交站广告栏

2. 互联网广告宣传

3. 与学校合作,通过学校把保险产品制成的宣传册发放给学生

4. 举行公益活动

（四）活动程序

(1) 联系公交公司、移动电视台,协商广告投放适宜,确定每天播放时间、次数。于 2010 年 7 月 5 日把公司制作好的广告宣传送达移动电视台。2010 年 7 月 8 日,我公司广告能正式在公交车上移动电视台播放。

(2) 把公司产品的图文宣传广告交付网络公司,协商广告在互联网上的播放,做成首页滚动模式。

(3) 联系长沙各幼儿园,加大学校的宣传力度,把产品做成小宣传册,在开家长会时,发给学生家长,使其了解该产品的意义和功能。

(4) "情系玉树大型捐款活动"为背景,呼吁人们爱惜生命,珍惜生命,从而如何合理规避风险,进行风险管理。

（五）广告宣传语

1. 爱心一保在手,遇险无忧。

2. 保险是父母送给子女最好的礼物。

3. 孩子是我们的未来,是生命的延续。

4. 保障与爱同行,理财规划未来,幸福伴随成长。

5. 鸿运少儿险,宝宝也分红。

6. 爱他,就让鸿运陪伴他。

7. 存钱的好习惯,从买保险开始。

8. 鸿运开头,一生不愁。

七、营销费用预算

（一）营销总费用

营销过程中的总费用 71.5 万元。

（二）广告表现与广告预算

(1) 公交车上的移动电视宣传,公交站广告栏。（30 万元）

a. 公交车上的移动电视宣传 20 万元。

b. 公交站广告栏 10 万元。

(2) 互联网广告宣传。（30 万元）

(3) 与学校合作,通过学校把保险产品制成的宣传册发放给学生。（5 万元）

(4) 举行公益活动。（6.5 万元）

a. 人员推销费用及其交通费。（5 000 元）

b. 推销人员工资费用。（5 万元）

c. 其他开支。（1 万元）

附录（略）

第二节　活 动 策 划 书

一、活动策划书的概念

活动策划是策划人员为达到一定目的,经过调查分析及研究后,依据实际情况和信息,判断事物的发展变化,识别并创造需求,借助一定的科学方法、手段、技术对活动的整体战略和策划进行创造性规划的全过程。

活动策划是一项复杂的系统工程,主要是利用各种手段和资源(经济、文化、人力、环境等,包括现有的和现在或未来可以利用的资源),经过科学、有序、周密、富有创意的系统方法加以调研、分析、创想、设计和整合,形成系统的目标和手段、策划和行动高度统一的思维过程和行动方案,并在实施过程中产生经济和社会效益。

把策划过程用文字完整地记录下来就是活动策划书的写作。

二、活动策划书的结构和写法

活动策划书没有固定的格式,通常情况下可以参考以下结构。

(一) 标题

标题由单位名称＋活动内容＋文种构成,要尽可能全面地写出策划名称,置于页面中央,也可以用正副标题的形式表述。

(二) 正文

1. 活动背景

这部分内容应根据活动的特点并在以下项目中选取重点阐述：基本情况简介、主要执行对象及近期状况、组织部门、活动开展原因、社会影响以及相关的目的动机。

2. 活动目的

活动的目的应用简洁明了的语言表达清楚。在陈述目的要点时,该活动的核心构成或策划的独到之处及由此产生的意义(经济效益、社会利益、媒体效应等)都应该明确写出。

3. 主题

主题是整个策划的灵魂,统领整个活动,是连接各个项目、各个步骤的纽带。要用简明扼要的语言概括出活动的创意点,即主题。活动要为广大大众接受,就必须要选好主题。

4. 活动内容

活动内容要力求详尽,写出能设想到的每一个细节,没有遗漏。在此部分中,不应仅仅局限于用文字表述,也可适当采用统计表等形式。对策划的各工作项目,应按照时间的先后顺序排列,绘制实施时间表有助于方案核查。人员的组织配置、活动对象、相应权责及时间地点也应在这部分加以说明。

5. 经费预算

在根据实际情况进行具体、周密的计算后,活动的各项费用应以清晰明了的形式列出。在通常情况下,经费预算并不直接写入方案中,有时候是根据既定的预算来考虑活动方案,有时候是先考虑方案的合理性,再实事求是地审批方案的预算。作为撰写方案的人,头脑中必须考虑预算问题,没有经济基础支撑的策划方案是没有意义的,必须在财力能够承受的范围内来考虑具体方案,达到少花钱、办好事的目的。

(三)落款

在右下角写明活动策划单位的名称和日期。

三、活动策划书的写作要求

(一)活动主题要单一

在策划活动的时候,首先要根据活动主办方的实际问题(包括活动的时间、地点、预期投入的费用等)做出准确的判断,扬长避短地提取当前最重要的、也是当前最值得推广的一个主题。在一次活动中,不能面面俱到,只有把一个最重要的信息传达给目标群体,才能充分引起受众群关注,并使他们印象深刻。

(二)活动策划要可行

一个合适的项目,一则良好的创意策划,再加上一支精干的执行队伍,才能举办成功的活动。执行是否成功,主要取决于策划方案的可操作性。策划要做到切实可行,除了需要进行周密的思考外,详细的活动安排也是必不可少的。活动的时间和方式必须考虑执行地点和执行人员的情况,在具体安排上应尽量周全。另外,还应该考虑外部环境如天气、民俗等的影响。

(三)活动内容要客观

主观臆断的策划者是不可能做出成功的策划的。同样,在策划方案的写作过程中,也应该避免主观想法,也切忌出现主观类字眼。

例文欣赏

中国人寿××分公司"牵手国寿·健康生活" 客户服务活动方案

为巩固和扩大××××年中国人寿"牵手"系列客户服务活动成果,进一步推动"国寿 1+N"服务品牌建设工作,增强服务水平,提升客户满意度和忠诚度,促进销售工作开展;根据省公司《关于认真做好××××年"牵手国寿·健康生活"客户服务系列活动的通知》要求,结合我市系统实际情况,制定本方案。

一、活动主题：牵手国寿·健康生活

二、活动时间：××××年6月1日—7月31日

三、活动主线：运动、健康、迎奥运。为配合××××年全国"迎奥运"的主旋律，结合全民关注"运动""健身"热点，以姚明签约中国人寿全球形象代言人为契机，本着广泛、深入、持久、连续的原则，延续中国人寿首届客户节"牵手"系列，本次活动主要围绕"运动、健康、迎奥运"的主线开展。

四、活动目标：以中国人寿第二届客户节"牵手国寿·健康生活"大型主题活动为载体，推动"国寿1＋N"服务品牌建设，扩大公司的影响力和知名度，提升客户满意度。

五、活动内容

（一）启动准备阶段活动内容

1. 市公司负责于××××年5月28—31日，通过短信、市级媒体播发省公司活动启动新闻发布会消息，各县（市）支公司在当地媒体同步发布相关消息，揭开全市系统××××年第二届国寿客户节以"牵手国寿·健康生活"为主题的客户服务系列活动序幕。

2. 市公司负责在6月15—16日组织开展"国寿客户节"主题公园活动。

活动名称："相约国寿·同迎奥运"。

活动时间：6月15日或16日上午9:00到11:00。

实施部门：个险销售部、A柜面、综合管理部。

活动内容：

（1）在××公园布置体现"国寿客户节"主题的整体环境，中国人寿改革开放30年成就图片展（图片展总体部分由集团公司统一提供，各地的展览内容由各地按照总体部分的格式自行准备）。

（2）进行业务咨询（寿险、产险、养老险同时开展），发送《国寿客户指引（××××版）》《中国人寿》杂志、《国寿客户报》及业务宣传资料等，其中《国寿客户指引（××××版）》由集团公司统一设计。

（3）组织开展健康咨询、简单体检、义诊等活动。

（4）开展国寿与客户共同倡导"保护环境，关爱健康"倡议签名活动（签名布幅按集团公司统一要求制作）。

（5）向应邀参加游园的客户和部分游客赠送纪念品。

客户邀请：A柜面负责邀请××××年社会监督员，个险销售部负责邀请80名VIP客户，综合管理部负责邀请媒体记者及相关领导。

宣传方案：活动情况由综合管理部负责在市级媒体上报道、公园入口处和中兴中路悬挂横幅、业务员上门拜访客户宣传"国寿客户节"、A柜面短信宣传。

3. 各县支公司负责在B柜面职场循环播放宣传片、根据实际情况组织客户节启动的相关活动，营造上下联动的态势。各县支公司结合自身情况，在6月至7月至少

开展一次活动,活动结束后及时上报评估分析。

4.市公司负责落实广告宣传,设计、制作活动礼品、宣传材料等。具体活动由个险销售部策划,A柜面配合实施。

(二)实施阶段

组织开展总公司统一规定的专题活动。

1.全市系统举办中国人寿姚明杯篮球运动会。为体现××××年客户服务活动"健康生活"的主题,结合"运动、健康、迎奥运"的活动主线,给喜爱姚明的学生运动员提供获得姚明签名篮球的机会,充分发挥姚明作为中国人寿代言人的名人效应和广告作用,各县支公司结合学平险业务销售,积极与当地教育局联络,利用浙江省中学生篮球联赛篮球机制和万班千校迎奥运的活动平台,在全市范围内广泛开展"牵手国寿•健康生活"中国人寿姚明杯篮球运动会,形成省、市、县三级公司联动,组织开展以"中国人寿姚明杯"冠名的篮球体育活动。

实施形式:

(1)各县支公司具体负责学校层面的广泛活动,创造万班千校迎奥运的活动亮点,扩大社会影响。

(2)市公司具体负责与当地教育局联系,积极参与中学生篮球市级联赛,通过活动加强与当地政府部门的工作关系,同时负责中学生(原则上定为高中男队)篮球明星选拔工作,向省公司选送两名明星球员,参加7月26日全省南北对抗赛。

2.举办"国寿大讲堂",以市、县公司为单位组织开展"牵手国寿•健康生活"知识讲座活动,在××××年6月1日至7月31日期间,市公司和各县支公司负责举办1场以上由专家学者主讲的与奥运、运动、健康等主题相关的知识讲座,邀请参加的人员以VIP客户为主;为增强"国寿大讲堂"知识讲座活动的吸引力,举办单位应设计制作精美的客户服务活动纪念品,向参与活动的客户赠送,有条件的分、支公司要根据讲座内容制作小册子。

市公司专题活动——关注健康•呵护未来

实施形式:

(1)活动时间:6—7月的某天。

(2)活动场地:待定。

(3)专家邀请:市公司负责,县支公司如需市公司邀请名人名家,市公司将给予大力支持。

(4)客户邀请:个险销售部负责主动上门邀请客户参与,鼓励有服务需求的客户通过95519电话、短信、Email等方式报名参加。

活动内容:邀请著名的专家讲授家庭亲子教育、防震知识,讲座中安排小礼品发放和征询客户意见。

六、相关要求(略)

七、需相关部门配合开展的工作(略)

八、配套措施（略）

××××年×月×日

第三节　创业策划书

一、创业策划书的概念

创业是指创业者通过创建企业或者建立公司，将其发明的产品、发现的机会、掌握的技术或者自身擅长的服务，以一定的方式转化并创造出更多的财富或者价值的过程。

创业策划书是用以描述拟创办的企业所需要的相关内外部条件和要素，并为业务的发展提供指导思想的文书。

二、创业的必备要素

（一）人才——创业之本

创业者及其团队必须具备相应的素质。例如，强烈的成功欲望和百折不挠的意志；具有冒险精神和创新精神，在创业的时候能见常人不能见，为常人不能为，善于在激烈的市场竞争中独辟蹊径，求新求变；创业团队必须能彼此坦率沟通，心往一处想，劲儿往一处使。

（二）资金——成功的助推器

资金是创业不可少的必备条件（包括个人积蓄和借贷）。

（三）市场——核心竞争力

1. 宏观层面

宏观层面包括政治、经济、文化、法律等方面因素。对于创业者来说，随时了解国家的大政方针，尤其是经济方面的政策是必不可少的。

2. 微观层面

微观层面包括行业分析、竞争对手分析和消费者分析等各方面。

三、创业策划书的结构和写法

（一）封面

封面要简洁美观，要让阅读者产生最初的好感，形成良好的第一印象。

（二）正文

1. 计划摘要

浓缩创业策划书的精华，涵盖策划书的所有要点，以求一目了然。

2. 人员及组织结构

高素质的管理人员和良好的组织结构是管理好企业的重要保证。策划书需要对主要管理人员加以介绍,以及对公司结构做一简要说明。

3. 产品介绍

对公司研发的产品或提供的服务做详细的介绍,并要在这部分体现出本公司产品的核心竞争力。

4. 市场调查

市场调查是制定策划的基础,同时也是为上文中提到的产品核心竞争力提供强有力的支撑。

5. 营销策略

营销策略是企业经营中最富挑战性的环节。创业能否成功,取决于本企业产品能否顺利在市场上销售出去,能否顺利回笼资金以维持企业的经营以及扩大再生产。

6. 财务规划

财务规划需要花费较多的精力来做具体分析,其中尤其要关注现金流量表、资产负债表以及损益表。

(三)附件

附件包括其他一些需要附带说明的内容或者一些证明性的材料,比如专利证书、相关市场调查资料、身份证明等。策划书的附件可以附于策划书后面,也可单独装订。

例文欣赏

创 业 计 划 书

目　　录

一、项目概况

（一）项目描述

随着中国经济发展的快速提升，人们消费需求的变化和消费水平的提高，人民生活习惯开始了多元化的趋势，西餐、糕点、面包等食品开始得到一部分高收入人群的青睐，行业利润较好，发展前景看好。对时尚、健康、品位和异国文化的追求成为最有消费潜力群体的消费理念。

（二）盈利模式

满足顾客味蕾，购买面包。特色面包，可自己动手制作。

二、创业团队情况

（一）团队成员背景

应届毕业生。

（二）团队优势、劣势

优势：对制作食物有自己的热忱，对工作热情、有信心。

劣势：缺乏工作经验。

三、市场评估

（一）目标顾客描述

面包店主要是针对中老年人高血压、糖尿病等病不能吃甜食的困扰，制作一些适合中老年人吃的有益健康、有益改善病症的面包，以荞麦面包、藻类面包、麦麸面包等为主。另外，就是针对正在减肥的年轻女士，研制出一种吃了不但不会长胖，而且还有助于减肥的产品。最后就是孩子，孩子可以说是甜点的主要消费群体，但吃多了糖对身体有害无益，要研制一种不加糖或加少量糖但却深深让儿童喜欢的儿童面包。儿童面包主要以花样繁多、口味各异为特色。

（二）市场变化的趋势

随着现代人的生活水平提高，生活节奏的加快，在日常生活中对各种烘焙食品的需求不断增加，这个市场有着无可估量的前景。一位在烘焙行业工作多年的人员介绍说，目前各种面包、西点、蛋糕正受到越来越多的年轻人和小孩子的欢迎，其广阔的市场前景是毋庸置疑的。走在大街上，面包店随处可见，装潢考究，陈列的面包样式繁多；走进超市里，每家都有面包、糕点专柜，品种琳琅满目。知名的面包店更是在发展中加大对新口味、新产品的开发力度，在营销方式上不断推陈求新以争取顾客眼球。

（三）现有竞争者主要优势与劣势

近年来，国外大品牌和港台知名实力企业强势进入，给国内品牌树立了积极的榜样。星巴克、面包新语等大品牌不断提高产品质量，加快新产品的研发，加大营销推广力度，抢占中国面包市场份额。国内的品牌除元祖食品、好利来等实力较强的全国性品牌外，上海克莉丝汀、宁波新美心等地方性品牌也在快速崛起，并向周边地区扩张。随着市场准入制度的实施，面包行业进入的"门槛"不断提高。国内市场竞争已从打价格战的恶性竞争，步入以产品质量和产品研发为核心的良性竞争轨道。随着消费者收入的增加和品牌意识的增强,一些产品品质低、缺乏特色的面包店会退出市场舞台。

(四)本企业相对于竞争对手的主要优势与劣势

优势:

1. 特色经营

对本市消费市场进行深入研究,针对不同消费群体,以特色单品蛋糕和各式面包、中小甜点等作为特色经营,并让蛋糕客户亲手制作。

2. 操作方便

制作工艺规范化,传统秘方公开化,专业制作设备齐全。

3. 口味创新

在保持甜点和新口味的基础上,可根据各地的饮食习惯和时令性进行变换,让人们常吃常新。推出多种不同口味、不同吃法、不同情趣的西点,老少皆宜,品味时尚。

劣势:

对于店面来说,客户来源很重要,而对于刚刚建立的店面来说,拥有信任的顾客是首要任务,要加大宣传力度,了解人们喜爱的口味,建立品牌。

四、市场营销计划

(一)产品或服务特色

1. 按风味分类:(1)主食面包;(2)花色面包;(3)调理面包;(4)丹麦酥油面包。

2. 按加工程度分类:(1)成品:散装面包、包装面包、蛋糕、点心;(2)半成品:急冻面包。

3. 按照商品来源分类:(1)自制面包;(2)供应商面包。

(二)价格策略

企业定价策略是指企业在充分考虑影响企业定价的内外部因素的基础上,为达到企业预定的定价目标而采取的价格策略。

1. 各式西式小点:黑森林8元/个;提拉米苏10元/个;幸运星15元/个;其余各种款式为12元/个;蛋挞3.5元/个。

2. 面包类:吐司类5.5元/包;面包切片类(牛奶、红豆、奶茶)6.5元/包;其余单个袋装面包为3.5—10元不等。

3. 饮品奶茶及咖啡:原味8.5元;其他口味依次按1元递增,最高价位14.5元。

(三)销售方式或选址策略

销售方式:

1. 可以和一些公司合作,让其公司的福利改为发放面包屋的券票。

2. 面包口味要多样化,而且可以进行捆绑式销售,如可以买面包送牛奶,或早上在学校门口特卖。

3. 在下班高峰时期在店门口进行试吃活动(将蛋糕切成小块,派发给目标顾客)。

4. 可以在每周日做一些优惠活动。对老人和小孩给予更大的优惠以吸引客户。

5.增加外卖服务(电话和网络订购),提高工作人员的服务素质,进行专业的行业培训。

6.可以搞小赠品的活动。

选址策略:

1.要根据自己店铺的经营定位进行选址。

2.要尽量避免在受交通管制的街道选址,店铺门前要有适合停放车辆的位置。

3.要选择居民聚集、人口集中的地区,不要在居民较少和居民增长较慢的地区开店。

4.要事先了解店铺近期是否有被拆迁的可能,房屋是否存在产权上的纠纷或其他问题。

5.要选择同类店铺比较聚集的街区,或者选择适合自己店铺的专业市场。

(四)促销策略

人员推销	传单、网站	成本预测	1 000 元
广告	淘宝网站推广	成本预测	2 000 元
公共关系	口碑相传	成本预测	1 000 元
营业推广	传单	成本预测	500 元

五、企业组织结构(略)

六、投资预测及资金来源

(一)启动资金预测(略)

(二)固定资产预测(略)

(三)流动资金预测(略)

七、销售收入预测(略)

八、销售和成本计划(略)

九、经营风险预测及规避措施

(一)经营风险

1.竞争对手开业多年,有一定固定消费群。

2.经济的发展虽然使人们对面包需求更大,但其他食物也在不断发展,热门的选择余地更多了。

3.新店刚开业,品牌知名度不够。

(二)规避措施:

质量——严格的管理控制体系,在严谨中精益求精。

服务——亲切、热情,让顾客的每一次购买倍感温馨。

清洁——作为食品业的必修课,时刻以超标准的要求规范自我。

只要做到这几点,相信就会有顾客找上门。

综合训练

一、思考题

1. 某一天,老板给营销部门一个任务,在一周内完成关于企业发展的一个策略报告,题目拟定为"营销策划的竞争与出路"。营销部经理集合部门的一切力量完成了报告,老板也非常欣赏。最后给出的评语:思路清晰、架构完整、部分可执行,但整体偏向理想化,对形势判断过于乐观。

如果这道题给你,你会怎么构思?从哪几方面下手?

2. 某系打算在近期内开展一场辩论赛。辩题是:学风建设的关键在老师还是学生。在拟定该活动文案时,在确定辩手方面出现了意见分歧。有人说,辩论的目的主要是锻炼学生的能力,辩手以学生为宜。也有人认为,辩题涉及教师和学生,最好是双方进行对抗赛,这样有看点,很能吸引眼球。也有人认为,正反双方都有老师和学生参与比较好,可以加强师生之间的团结协作。如果你是活动策划组成员之一,你的意见如何呢?请说明理由。

二、写作题

1. 请你为所在地方的一种特色食品做市场调查,写出营销策划书。

2. 请你针对某学生活动(如朗诵比赛、演讲比赛、读书分享会等)写一份活动策划书。

第六章　保险公司常用新闻应用文

新闻应用文,是专门用于传播信息、报道某些活动、反映工作情况和评论某些现象或问题的文种的总称,它包括消息、通讯、特写,新闻、述评、广告、广播稿等文种。保险公司不管是对外塑造企业形象、增强国民保险意识、促销保险产品、适应公共关系,还是对内弘扬先进、批评错误、交流信息等,都离不了运用各种宣传文体,其中最常用的是消息、通讯、广告。

案 例 导 入

毕业实习的时间到了,何一帆在自己的努力和老师、同学的帮助下,顺利进入中国人寿湖南省分公司实习,被安排在办公室工作,协助公司进行对外宣传工作,他愉快地接受了任务。何一帆一边工作,一边认真温习在学校应用文写作课堂上所学的新闻宣传应用写作知识,还到书店买了相关的书籍。在实习期间,他配合公司活动任务发表动态新闻、人物通讯报道等12篇,还成功参与组织了一次大型保险产品推广活动,并为此活动设计了广告,对公司推广起到了很好的宣传作用。

第一节　消　　息

一、消息的概念与种类

消息亦称新闻(狭义的新闻就是消息)。它是一种能以明确的思想、简洁的文字、最新的事实、最快的速度报道重要情况的新闻体裁。

消息一般分为动态消息、典型消息、综合消息、简明消息。动态消息主要用于迅速、及时、准确地报道重大事件和生活中出现的新情况、新变化、新动向,以叙述为主,文字简明,篇幅短小,时效性强。典型消息(又称经验消息)主要反映一些单位或部门在一定时期内产生的工作成效、典型经验或深刻教训,用以指导全局,具有较强的针对性和指导性。综合消息主要用于综合反映带有全局性的事件、情况、动向、成就、经验和问题的报道,它往往涉及面较广,声势和作用较大,需要占有比较充分和全面的材料,具有较强概括性。简明消息(又称简讯、短讯或快讯)是新闻报道中最简练、短小的一种新闻体裁,报道领域广泛,一般内容相对简单,篇幅较简短。

二、消息的特点

(一) 真实性

消息必须具有严格的真实性,即消息中所报道的一切,必须是现实生活中发生的、实际存在的事实,不允许无中生有、胡编乱造,也不允许采用文学创作中所谓典型化的方法,对已有的现象进行拼凑、捏合,或者进行"合理想象"乃至夸张虚构等。在消息写作中,应当反对虚妄谎报的作风和道听途说、不真实的新闻报道。

(二) 思想性

消息必须符合党的方针政策,具有鲜明的政治性、政策性、思想性。提倡什么,反对什么,应当旗帜鲜明,不能吞吞吐吐、含糊其辞,更不能违背现行政策、法律和客观规律,只有这样,消息才能有益于社会,有利于工作,否则,将会对工作及其发展起阻碍和破坏作用。

(三) 时效性

"新闻,新闻,新闻姓'新'",这是中国新闻界的一句行话。新闻是易碎品,只要稍一延误,一件很好的新闻事实就会失去新闻价值。在写作消息时,要力求以最快的速度报道生活中的新情况、新问题、新经验、新信息、新动向。要做到"快"而"准","快"而"好",但不可因求"快"而粗制滥造,或不顾其真实性。

(四) 典型性

写作消息,应当努力捕捉那些既有鲜明突出的个性,又具有很强的代表性,能体现活动的本质和规律性的新闻事实,将它迅速、及时、准确地反映出来。这里所说的典型不是文学创作中那种经过集中、概括、锤炼的典型,而是指它所反映的是主要的事实、有新闻价值的事实、群众最关心的事实。

三、消息的五个要素

消息的五要素,即消息在内容上应具有五个"W",一个"H",即 When(何时)、Where(何地)、Who(何人)、Why(何因)、What(何事),有的还加一个 How(何果)。

五个"W",是消息内容的必要组成因素,是把事实说清楚的最起码条件。在写消息的时候,应当交代这些最基本的事实,在哪年哪月哪一天,在什么地方发生了什么事,事件中的主要人物是谁。这样才能深入地讲清楚事情的原委,并说明一定的观点。交代清楚消息的五个"W",这也是为了保证消息的真实性和时效性,保证消息是最近发生的真人真事。

四、消息的写作

(一) 标题

消息的标题不同于其他应用文体的标题。消息的标题往往是多层次的,有主题和辅题之分,辅题又分为引题、副题等。

主题(正题)是消息内容的主要表述部分,或概括消息中最重要的事实,或指明消息中的主要思想。

引题(肩题、眉题)在正题之上,多用来交代背景、烘托气氛,揭示意义,以引出正题。

副题(辅题、子题)位于正题之后,或概括消息中的次要事实,或对正题起烘托、解释、说明的作用,以使正题更加完整。有的还有次副题等。

消息标题的写法有三种。

1. 单行标题

一篇消息只有一个正题,鲜明醒目,简洁明了,如《新法规催热承运人责任险》《××国寿全年保费突破 100 亿元》。

2. 双行标题

一篇消息有肩题和正题,或有正题和副题。双行标题一般是一虚一实,虚实结合,互为补充。也有正题、副题皆实的。如:

中外合资企业中的中国职工将老有所养　　　　　　　　　　　　　　(肩题)
上海在中外合资企业中首次推行中国职工养老保险　　　　　　　　　(正题)

一季度全国非寿险业增速依然强劲　　　　　　　　　　　　　　　　(正题)
短期意外险和短期健康险成亮点　　　　　　　　　　　　　　　　　(副题)

3. 多行标题

标题有三行或三行以上。肩题、正题、副题都具备,含量比较丰富。如:

开拓服务项目　提高竞争能力　　　　　　　　　　　　　　　　　　(肩题)

北京涉外保险业务发展快　　　　　　　　　　　　　（正题）

提前五个月完成全年计划　　　　　　　　　　　　　（副题）

（二）导语

导语是消息所特有的,是消息区别于其他新闻的特征。导,引导带领之意;语,言也;导语,导读的语言,具有诱导、启发、引路的意思。通常指消息的开头部分,是消息的第一句话或第一段话。要求以简洁的文字,引出全篇的精华与主旨。写出消息中最吸引人、最重要的事实,揭示全文的目的或结论,使读者先获得一个总的概念。导语的写作水平,对一篇消息至关重要。读者有没有兴趣卒读这篇消息,导语往往起决定性的作用。

导语常用的写作方法有以下六种。

1. 概述式。把新闻中最重要、最新鲜的事实,用概括的叙述方法,简明扼要、开门见山地写在新闻的开头部分。

2. 设问式。以设问的形式,把消息里所要说明的问题,所要介绍的经验,鲜明、尖锐地摆在读者面前,引起读者的关注和思考。

3. 结论式。把事情的结论写在开头,揭示事物的意义和目的。

4. 评论式。在导语中对事件作出精辟的评论,明确新闻事实的意义。

5. 描写式。这是指对主要事实或一个有意义的侧面做简洁、生动而且有特点的描述。

6. 引用式。引用消息事实中主要任务时要采用有新意的语言,或者将引用文件、重要文章放在开头部分,突出新闻中心思想,给人留下深刻印象。

（三）主体

消息的主体是消息事实的展开叙述,是消息的主干和中心部分。主体的写作要求洗练、精彩,应选用最有说服力的事实,或对导语里的新闻事实进行补充、深化,或对导语中提出的问题和观点做有说服力的阐述和回答。

主体可以有四种结构方式。

1. 倒金字塔式

这种结构形式的特点是:头重脚轻地安排组织材料,把最主要、最精彩、最令读者关注的事实摆在前面,以事实的重要性递减的顺序来安排材料。这种结构有快、新、短的长处,简洁明快,既适合读者心理,又能刺激读者的新闻欲,但若单纯地按照事实重要程度安排,可能缺乏生动性,作者的创造性可能受到限制。

2. 金字塔式

金字塔式就是完全按照事实发生的顺序来写。故事的开头就是消息的开头,也称编年体式。多用于有生动故事情节的事件消息。这种写法有亲切、自然的优点,保持了故事的完整性,把情节步步推进,引人入胜,读来有一种渐入佳境的感觉。

3. 按逻辑关系组织材料

根据事物的内在联系或问题的逻辑关系来组织材料,安排结构,不受时间顺序约束。这种结构方式在非事件性新闻,如经验消息、综合消息、评述性消息中广泛采用。常见的逻辑关系有各部分材料之间是因果关系、递进关系、并列关系、对比关系、点面关系等。

4. 自由式结构

这种结构形式自由灵活、多姿多彩,或感想式,或随笔式,或对话式,或问答式,或小镜头式,等等。只要是紧紧围绕新闻事实,对叙述事件有利,就可以不拘一格,自由选择。

(四)结尾

结尾是消息的收束部分,一般比较简短。收束的方式大体有如下几种:或作概括式的小结,以加深读者的印象;或用启发、激励的语言来收束,以强化读者的感受;或解疑难,以释读者悬念;或不把话说尽,给读者留下回味和思索的余地等。也有的消息无单独的结尾。

(五)背景

消息的背景是用来说明消息产生的环境、条件、历史情况或专业知识等,以帮助人们更好地了解消息的意义或产生的原因等,是消息的从属部分。一般的消息都有背景材料,用以对比、衬托、丰富、解释主体,突出主旨。背景材料有对比性的、说明性的和注释性的三种。背景材料在消息中无固定位置,应合理安排和穿插。

五、消息的写作要求

(一)注意构成事件的六要素要齐全

消息写作无论是什么样的内容,都应具备时间、地点、人物、事件、原因、结果这六大要素,要把这六大要素交代清楚,而且每一个要素必须写得准确、真实,不能张冠李戴或弄虚作假。

(二)叙述是主体

由于读者阅读消息只是为了了解事实真相,并不追求艺术享受,因此消息的写作往往以叙述为主,消息的叙述方式一般不需要详尽地描写事件的全过程,而是简明精确地概括出事情的发生和发展,以及事实本身的内在联系。当然,在特殊情况下,消息中也可以加入一点描写和议论,用以渲染气氛,拓展消息的思想深度。

(三)形式要精简

消息的内容要精要,必须善于裁剪,懂得割爱,往往短小精悍的消息更有利于抢时间、争速度,向读者提供更多的新信息,扩大报道领域。

🌐 例文欣赏

【例文1】

国寿首季净利大增93% 总投资收益超500亿元

【××时报】××××年4月25日晚,中国人寿在上市险企中率先发布一季报。

受 A 股市场大幅上涨带动投资收益推动,中国人寿一季度实现净利润260.34亿元,同比大增92.6%。总投资收益508.88亿元,总投资收益率同比增加2.79个百分点。

有券商研究机构认为,中国人寿去年资产减值力度较同业更大,因而其今年业绩具有轻装上阵的优势,这也是其净利大增的一个背景。同时,国寿净利大增,也是保险公司受益于今年一季度 A 股上涨的一个缩影,预计后续陆续发布一季报的上市险企业绩也将有不错增长。

第一季度,中国人寿围绕"重振国寿"的战略推进各项工作,实现保费收入2 723.53亿元,同比增长11.9%;新业务价值同比增长28.3%。受保险业务和投资业务资产的累积带动,3月末中国人寿总资产3.37万亿元,较年初增长3.7%。

中国人寿保费结构进一步优化,首年期交保费达667.80亿元,同比增长9.1%;续期保费收入达1 784.01亿元,同比增长13.5%。一季度首年期交保费在长险新单保费中的占比达98.97%,同比增长12.23个百分点;退保率为0.62%,同比下降3.34个百分点。

截至3月末,中国人寿销售队伍总人力约189万人,其中,个险渠道队伍规模达153.7万人,银保渠道销售人员达27.6万人;个险渠道月均有效销售人力同比增长37.9%,月均销售特定保障型产品人力规模同比提升59.8%,银保渠道保险规划师月均长险举绩人力同比增长58.7%。

投资业务方面,截至3月末,中国人寿投资资产为31 894.83亿元,较2018年年底增长2.7%;权益类投资收益同比大幅提升。

一季度,中国人寿实现总投资收益508.88亿元,简单年化总投资收益率为6.71%,同比增加2.79个百分点;简单年化净投资收益率为4.31%,同比下降0.05个百分点。

中国人寿表示,下一步,公司将继续围绕"重振国寿"的战略部署,坚持"以客户为中心,以生产单元为重心,聚焦价值,聚焦大个险"的战略内核,加快保障型业务发展,继续推进销售队伍建设,积极推进大中城市振兴,加大风险防控力度,推进公司迈向高质量发展的新征程。

【例文2】

5 000万会员背后:巨头蜂拥网络互助

在腾讯、蚂蚁、滴滴入局网络互助后,苏宁也在近日低调内测互助计划"宁互宝"。据新京报记者不完全统计,截至××××年4月15日,已有3家互助平台的会员数超5 000万。在网络互助计划收获众多粉丝的同时,用户该如何看待互助计划在健康保障中的角色? 未来监管又该如何对待网络互助计划?

巨头进入,3家互助平台会员数均超5 000万

【本报讯××】××××年4月12日,银保监会公示了对信美人寿的处罚结果。

信美人寿存在两项违法行为：一是未按照规定使用经批准或者备案的保险条款、保险费率；二是信美人寿在"相互保"业务中向保险消费者传达"相互保"产品依法合规的错误信息，以及第一年参与成员分摊金额仅需一两百元的误导信息。

"犯规产品""相互保"已"下线"近5个月。2018年11月，彼时监管部门约谈信美人寿并指出其涉嫌违规。支付宝称，信美人寿不能再以"相互保大病互助计划"的名义继续销售其团体重症疾病保险。"相互保"升级为"相互宝"，定位为一款基于互联网的互助计划。

何为互助计划？按照多个网络互助平台的解释，要将互助计划与保险区别开来。互助计划是成员之间互帮互助的机制，加入的成员共同履行分摊义务，在患病后可以申请领取互助金。

从相互保险变为互助计划，在外界看来，支付宝背后的蚂蚁金服要以自身的实力"兜底"。在宣布升级时，"相互宝"公布了一些新的计划，如用户在2019年1月1日—12月31日的分摊金额不超过188元，如有多出部分则由蚂蚁金服承担。

4月10日，支付宝宣布，"相互宝"的成员数超过5 000万。而在蚂蚁金服内部，这一速度被视作超过2013年横空出世的余额宝。

从时间维度上看，"腾讯系"在网络互助领域的布局要早于"阿里系"的蚂蚁金服。3月27日，旗下拥有水滴互助、水滴筹等业务的水滴公司宣布，完成总金额近5亿元的B轮融资，由腾讯领投。根据天眼查和水滴互助官网的资料，在水滴公司2016年的天使轮融资中，腾讯便有参与。截至4月15日下午2点20分，水滴互助官网显示的会员数量达到7 878万。

拥有轻松互助的轻松筹在官网介绍，由腾讯、IDG等机构投资。天眼查显示，腾讯在2016年跟投了轻松筹B＋轮融资。轻松筹网站披露，截至2018年10月，已有超过6 000万会员加入轻松互助。

2018年12月底，滴滴平台的"点滴相互"进入媒体视野。截至4月15日下午2点40分，已有55.96万人加入该网络互助计划。

除了蚂蚁金服、腾讯和滴滴，记者4月11日从苏宁方面了解到，苏宁金融科技打造了"宁互宝"互助计划，目前正在内测中。待产品成熟后，将对所有客户开放。

对于互联网巨头纷纷入局互助计划，国务院发展研究中心金融研究所保险研究室副主任朱俊生认为，因为这些企业本身就有非常大的流量，建立互助计划非常容易。另外，借助互助计划，能够让它们和用户之间保持更多的黏性，是一个相互促进的关系。

0元加入背后，注意免赔条款

网络互助计划为何能够迅速收获众多拥趸？"比较吸引我的是0元加入的互助分摊模式，"95后晓玲（化名）说，至于互助计划能起到多大的保障作用，并未抱太大期望。在另一位互助计划的会员看来，互助计划吸引人的就是每个人不用花太多钱，但汇聚在一起，能够帮一些人解决困难。

目前网络互助计划的主流模式为"事前预存＋事后分摊"和"事前无须预存＋事后

分摊"。比如,相互宝、水滴互助和内测中的宁互宝采用无预存模式,轻松互助的会员需预存 10 元加入。

按照支付宝介绍,相互宝覆盖 100 种重症疾病。患病成员经二级及以上公立医院确诊为相互宝互助重疾后,通过核查并公示无异后可申领互助金,额度最高 30 万元。相互宝还推出 2019 年度分摊金额封顶规则,单个成员分摊费用不超过 188 元。

水滴互助网站显示,其互助计划分为三类。健康人群抗癌互助计划的会员可在健康时加入,患癌时获助,最高可获 30 万元互助金。大爱互助计划则专为患病人群打造,身患轻疾(冠心病、糖尿病)可加入,最高可获 10 万元互助金。综合意外互助计划中,意外伤残、意外身故可获助,最高可获 10 万元互助金。

"首先,说明会员有保障的需求。同时,互助计划加入成本比较低、门槛低,能够吸引较多人加入。另外,后期分摊上,从过去的情况来看,由于加入的会员比较多,分摊的费用基本上在一般人能够承受的范围之内。"社科院保险与经济发展研究中心主任郭金龙认为,这些因素导致互助计划的会员增长特别快。

业内有声音认为,互助计划的迅速发展,反映出了大众尤其是草根人群对大病保障的巨大渴求。数据显示,相互宝的 5 000 万成员中,有 31% 来自农村和县城,47% 为外出务工人员。

在朱俊生看来,互助计划与保险可以形成补充,但可能会存在一些不足,比如保障额度相对有限。郭金龙表示,首先可以查看其保障的风险有没有针对性,是不是能满足自己真正的风险保障需求,包括一些免赔的条款也应该注意。

专家建议探索"监管沙盒"机制

虽然网络互助计划收获众多粉丝,但对其监管的方向,一些用户也存在担心。晓玲说,比较关心的包括后期累计金额分摊是否过重、平台的资金使用情况是否得当和披露有没有到位,以及保险理赔和平台监管的问题。

"目前互助计划并没有被纳入金融监管的体系。互助计划本身就是互助的形式,一般情况下不会造成巨大的风险。"郭金龙说,现在互助计划涉及规模越来越大、人数越来越多,如果有前期付费的情况,可能涉及监管。

2016 年 11 月,原保监会有关部门负责人答记者问时表示,民间的互助共济行为一直存在,对于救助社会困难群体,发挥公益慈善作用具有积极意义。但当时部分网络互助平台以"互助共济"的名义,公开承诺责任保障,公开宣称足额赔付和提取准备金,向公众收取费用并积累资金,将互助计划与保险产品进行挂钩和比较,发布误导或虚假宣传,有的甚至还宣称有上百万会员,以上行为已涉嫌向社会公众"承诺赔偿给付责任"。根据《保险法》等法律法规,对于非法实际或变相从事保险业务的,将依法予以查处。随后,原保监会也开启了针对性的专项整治。

"在我们现在的法律法规下,网络互助计划不是保险。按照保险法,现在监管部门主要监管的是持牌保险机构。未来需要考虑的:第一是网络互助计划是否纳入监管;第二,如何纳入监管。"朱俊生认为,之前围绕"相互保"的讨论,其实提出了一个重要的命题：如何既防范风险，维护消费者利益，又给市场新生事物留下探索和创新的空间。

"监管机构既要防范风险，又要支持创新。比如，可以积极探索包括保险科技在内的新生事物的'监管沙盒'机制。选取某一地域和某条业务线作为试点，为创新提供真实测试环境。在试点期间，可以适当放宽监管要求，在保证消费者利益不受侵害和维持行业稳定等红线的基础上，对保险科技以及各种新生的商业模式与生态的应用进行可行性分析及充分论证。通过积极探索'监管沙盒'机制，以风险可控的方式在有限范围内开展创新业务，有助于开创良性的创新模式。"

郭金龙建议，成立互助计划的协会或者自律组织在某种程度上是需要的，平台可以互相交流经验、解决问题。

【例文3】

洛阳圣诞夜309人殒命
大火烧毁保险计划
由于经营不善，东都商厦已脱保两年，火灾发生前刚与人保达成投保意向

××××年12月25日，造成至少309人死亡的河南洛阳东都商厦惊天大火，不仅人的生命损失无法挽回，财产损失也无法补偿。该商场已脱保两年，发生大火前刚刚与保险公司达成投保意向，没想到就在签订合同的前一天发生了大火。

大火是25日21时45分左右从商厦底层的家具城燃起的。当时有200余名丹尼斯连锁店的员工正在上货，四楼歌舞厅有近400人参加的"东都圣诞之夜"狂欢活动也进入高潮。当丹尼斯的员工发现火情后，立即用消防水龙头去救火，但由于商场刚装修好，大火又是从底层的家具城往上烧的，凶猛的火势和令人窒息的气味让人难以忍受，负责人只好让员工全部撤出。大约10分钟后，大楼的灯全部熄灭，清点人数时，发现当时少了两名员工。而四楼歌舞厅的人却没有跑出来几个，他们当中，中年人居多，还有不少三口之家。据目击者称，歌舞厅的人绝大多数是因窒息和呼吸道灼伤致死的，舞厅内惨不忍睹，尸体横七竖八，特别是门口，更是尸体成堆。吧台一个小小的角落竟有3个人堆死在那儿。还有不少人手里握着手机，机上数字显示，他们还没来得及将电话号码拨完就离亲人而去。

大火是在26日凌晨1时45分被扑灭的。从25日晚10时30分开始，火灾现场1平方千米的范围内已被警方控制，非消防救护车辆和有关人员一律不得入内。

目前，300多名死伤者已全部分散到洛阳四家大医院，各医院正组织医护人员全力以赴为伤者进行紧急救治，为死者进行整容。27日，尸体辨认工作开始进行。

据悉，正在救治的伤者中，还有数人仍未脱离危险期。据悉，洛阳市东都商厦是一个综合型的商场，隶属洛阳市工商局，1997年以前均在人保洛阳分公司老城支公司投保，投保险种有企业财产保险、机动车辆保险、家庭财产保险等。1997年12月18日至1998年12月17日，改在人保洛阳分公司涧西支公司投保，年交保费10.308万元，保险金额

4 295万元。1997年8月份因暴雨造成商品受损,洛阳分公司给其赔偿了281 188.14元,1998年年底,由于该企业经营不善,面临倒闭危险,尽管人保洛阳分公司的业务人员多次登门宣传动员,但当时东都商厦确实无力交费,无法再续保,至此,该企业脱保。

鉴于该商场地处市中心繁华地段,有比较广阔的发展前景,2000年下半年被郑州丹尼斯连锁店的老总们看中,达成了合作经营意向,并在11月底以前进行装修。得到这个信息后,人保洛阳分公司开发支公司业务人员多次到丹尼斯东都店进行展业宣传,并与该店领导达成保险意向;在丹尼斯东都店12月26日开业前与人保洛阳分公司签订投保合同。但万万没有想到,保单还没有来得及签,火灾事故已经发生。

又讯【×××　×××】中国人寿保险公司河南省分公司高度重视火灾理赔工作,省公司领导迅速赶到洛阳,指示特事特办,一经查实,立即赔付。

洛阳分公司成立事故善后处理专项工作领导小组,并开通值班及报案电话,并着手开展事故涉及人员理赔工作的调查取证。一方面清查正式员工的代理人,登记名单,对失踪人员立即进行核实;一方面,要求业务员与各自保户进行联系,以确认死亡人员的投保情况。

由于目前正处于事故的紧急清理和伤员救治阶段,死者的资料情况不明,截至发稿时为止,有三名死难者家属向中国人寿洛阳分公司报案。

中国人寿洛阳分公司通过内部排查,已确认其代理人中有1名准见习业务主任和1名主任业务员在火灾中丧生。由于洛阳分公司为其所属代理人员均办理了团体人身保险、附加疾病住院医疗保险和附加意外伤害医疗保险,根据团体人员保险条款规定,这两名业务员的亲属将可以获得死亡给付金。

东都商厦曾为本单位职工投保过人身保险,但1998年以后脱保。前段中国人寿洛阳分公司城东营业部曾与东都商厦谈投保国寿旅游景点公共场所人身意外伤害保险,未及谈妥就发生了如此重大事故。

第二节　通　讯

一、通讯的概念

通讯是一种综合运用叙述、描写、议论、抒情等各种表现手法,比较详细而形象地报道某些事件的发生、发展和结果的新闻体裁。它对反映各条战线的情况、问题、经验、成就,对于树立和宣传各条战线上的先进人物和典型事件,具有重大作用。

二、通讯的特点

(一) 新闻性

通讯是一种报道性的新闻文体,通讯中所报道的人应该是工作中的新闻人物,所报道的事应该是新闻事件。因此,要求真实可靠,能够真实生动地向人们展示现实生活中看得见、摸得着的榜样,有很强的可信度和可比性。

（二）形象性

通讯不仅要求用事实说话,还要求用形象说话——通过形象的印象和感受,使读者受到感染。人物通讯要有活生生的人物形象,事件通讯要有与事件有关的人物群像,要注意写好细节和场面,真正做到如闻其声,如见其人,如临其境。当然,通讯不同于艺术创作,内容不能虚构。

（三）评论性

通讯不仅应叙述事实,还要通过议论、抒情等手法表明作者的倾向,表现作者鲜明的感情色彩,从而深化主题。通讯中的议论和评论文章不同,它是精彩事实的升华,全篇仍以记叙为主。通讯中的抒情与散文也有区别,散文中的抒情以抒发作者的情怀为主,而通讯中的抒情则是缘事而发,都是高潮和感人之处的点睛之笔。

三、通讯与消息的区别

两者都要求用事实说话,都是通过寓于报道中的观点,影响与指导受众的思想和社会舆论,但两者又有各自的特性。

从内容上看,通讯内容丰富,容量很大,篇幅较长,只要是生活中具有典型意义的人和事都可以写,而且可以写得很具体、很详尽。消息的篇幅较短,容量有限,内容单一、洗练、概括。

从写作手法上看,通讯可以综合运用记叙、描写、议论、抒情、说明等多种表达方式,还可借用文学表达方式、技巧等,常以生动形象的描写、起伏跌宕的情节和刻画入微的细节等来刻画人物和反映事件。消息的写作方法比较单一,以叙述为主,而且多是概括叙述,虽然有时在导语中也有描写、议论、抒情等,但只是作粗笔勾勒,不可工笔细描。

从时效性上看,消息强调争分夺秒地采访与传播,通讯也要求及时地采访、刊登或播出,但时效性略次于消息。

四、通讯的种类

按照报道的内容分,主要有四类。

（一）人物通讯

它是以报道先进人物为主的通讯。这类通讯着重写人物的精神面貌,通过人物的先进事迹,反映人物的先进思想,使之成为促进工作的动力,乃至成为社会的共同财富,成为推动时代的精神力量。

（二）事件通讯

事件通讯报道具有典型性和教育意义的新闻事件,反映时代精神风貌。这类通讯可以具体地写出一件事的来龙去脉,也可以把全过程压缩成概括性的叙述,还可以对事件中的某个片段进行突出的描绘。所写的事件,要有新闻性和典型性。

（三）工作通讯

通过各种典型事实，宣传各地区、各公司贯彻党的方针政策的具体经验和方法，反映实际工作中的先进人物，事件需要解决而尚未解决的问题，对一些新问题进行探讨和研究。

（四）风貌通讯

这类通讯描写地理山川、风俗人情、新气象、新面貌等。

五、通讯的结构和写法

通讯不同于消息，它没有固定的写作模式，写法上、结构上比较灵活自由，同一般散文的写作大体相同。

标题类似于一般散文标题，多为一行标题，有的有正副标题。例如，《保险战线上的"女状元"》，就是单行标题；《为了崇高的理想——记全国金融系统劳动模范孙方亮同志》，就是正副标题。

正文一般由开头、主体、结尾组成。开头、结尾写什么，怎样写，类似散文，没有固定的模式，只要开头写得精彩，结尾写得有力就行。其主体部分一般有四种结构方式。

（一）按时间推移安排层次

这种方式可以比较全面地记叙事件的全过程，让读者了解来龙去脉。

（二）以空间变换为标志来安排层次

围绕一个主题，从横向的方面来记叙各地区、各公司的新人新事，采用这种方式较合适。

（三）以时间为"经"，以空间为"纬"，采用纵横交叉的方式安排层次

所报道的事件既有时间上的推移，又有空间位置上的变换，事件较复杂，人物多，场面多，在这种情况下，最好采用纵横交叉的结构方式，划分层次时把时间的推移和空间的位置的变换精密地编织起来，使整篇通讯有条不紊。

（四）根据材料的性质安排层次

这种结构方式要求对材料进行分析，根据主题的需要，把性质相同或相近的归到一起，并且以此来安排层次，让各个层次共同担负起表现主题的任务。

🌐 例文欣赏

【例文1】

金融践行社会责任　广发银行一直在行动

《金融时报》(2019年5月24日)

日前，广发银行发布2018年年报。报告显示，该行责任担当更为彰显：积极参与

"一带一路"建设、京津冀协同发展、长江经济带发展和粤港澳大湾区建设等国家重大战略,有力支持国家重大工程、重点项目及战略新兴产业、绿色产业,绿色信贷授信余额同比增长 47.50％;认真落实普惠金融政策要求,完善专业化服务体系,新发放公司贷款超过 50％投向民营和中小微企业;积极助推脱贫攻坚事业,帮助 6 000 多名贫困人口实现脱贫,精准扶贫成效逐步显现。

广发银行始终坚持"关注人的发展,实现和谐共赢"的社会责任理念,以"服务客户、回报股东、成就员工、奉献社会"为己任,将人本主义精神贯穿于"功能完备、业务多元、特色鲜明、同业一流"的发展愿景中,发挥银行在社会经济中的平台效用,将促进自身与经济、社会、环境协调可持续发展有机结合,努力实现与各方的共存、共赢和共同发展。

深耕粤港澳,服务对外开放

牢记初心和使命,落实国家战略部署,通过与中国人寿银保协同的综合金融平台,广发银行紧紧围绕"客户为先、市场导向、稳健经营、创新驱动"的经营理念,致力于为粤港澳地区成为世界级湾区提供业内领先的智慧金融服务。以投融资联动方式全力支持大湾区建设科创中心,服务大湾区内高科技基础设施建设大型项目;通过与国寿集团旗下保险、投资板块业务协同,整合"保险、投资、银行"三大板块资源,为大湾区打造科创中心提供全资产、全周期、全渠道的高效金融服务;以科技手段推动柜台服务创新,助推大湾区科创中心金融服务升级。同时,加大金融创新力度,强化风险管理能力,支持"一带一路",服务国家全面开放新格局。

聚焦普惠金融,服务实体经济

作为国内首批成立的股份制商业银行,广发银行坚持把服务实体经济作为出发点和落脚点,聚焦提质增效、转型升级,不断创新金融产品,致力于为小微和民营企业提供更加高效、快捷的综合金融服务,为解决小微、民营企业融资难题提供"广发经验"。

根据中国银保监会推动银行业小微企业金融服务高质量发展工作部署,大力发展小微企业信贷业务。针对小微客户差异化的融资需求,积极进行产品创新,推出一系列满足小微企业客户融资和结算需求的金融产品,以特色优势助力小微企业经营发展。

零售金融方面,重点推广"抵押易"产品,帮助小微、民营企业主通过抵押个人资产获得中长期经营性贷款;积极推广线上"网商贷"产品,让更多客户更快捷方便地获得贷款,缓解小微企业融资难、融资贵问题。

对公金融方面,携手中国银联推出"捷算通对公移动支付",首次推出面向企业客户的移动互联网支付产品,为企业客户构建起基于中国银联二维码标准的全新对公移动支付模式。企业客户通过捷算通卡绑定对公移动支付 APP,经中国银联受理渠道进行二维码扫码支付,可轻松实现企业采购、差旅出行、商务接待等场景的支付移动化,大幅提升企业内部财务管理效率,让企业体验到更高效、更便捷的金融服务。

发挥金融优势,助力脱贫攻坚

充分发挥金融机构优势,积极开展金融扶贫、对口帮扶,探索可持续的扶贫模式,为全面建设小康社会贡献"广发力量"。

严格落实金融扶贫监管要求,创新信贷管理体制,推进信贷资源合理配置,主动对接扶贫开发项目,适度增加贫困地区信贷投放,助力精准脱贫。合理运用财政扶贫专项资金的补贴、贴息、担保和补偿功能,完善风险缓释机制,探索金融扶贫更优路径。

坚持以抓党建促脱贫攻坚为核心,总行机关党委连续三年组织党员前往总行定点扶贫村开展脱贫攻坚党性教育活动,全行驻村工作队长年驻扎于对口帮扶村。报告期内,广发银行共对口帮扶60个贫困点的3 022户贫困户,共计9 769人,同时坚持"授之于渔",以"产业扶贫"+"金融扶贫"的方式,帮助扶贫村实现精准脱贫和经济增收,助力美丽乡村建设,得到各地党委、政府高度评价,并获得广东省扶贫开发领导小组授予的"广东扶贫济困红棉杯"。

发展绿色金融,打造绿色银行

积极贯彻落实习近平生态文明思想和全国生态环境保护大会精神,坚持以"创新、协调、绿色、开放、共享"的发展理念为指导,将绿色金融理念融入机构战略政策、组织架构、管理程序和业务流程中,努力践行绿色公益,发展绿色金融,创建环境友好型银行。

持续强化信贷政策引导,大力推动资金进入新能源、清洁交通等绿色产业及环保低污染服务型行业,支持绿色农业开发、绿色林业开发、工业节能节水等环保项目,支持传统产业转型升级重点示范性项目,支持节能减排服务企业项目以及大型重点用能单位专业化节能服务项目,将服务实体经济与推动绿色产业发展、推进传统产业的绿色转型相结合,为实体经济增长提供更稳定、有效的流动性和高质量的金融支持。

广发银行不断加大对绿色经济、低碳经济和循环经济领域的信贷投入,并在公司信贷政策指引中,明确要求持续践行绿色信贷。同时,契合国家"加快推进生态文明建设和改革"等政策导向,深入推广绿色信贷,创新金融产品,积极推进林权抵押等信贷模式,支持"十三五"规划确定的生态保护修复重大工程项目,信贷审批实行环保一票否决。报告期末,绿色信贷授信余额同比增长47.50%,低碳经济、节能环保等绿色经济领域客户及项目增速明显高于各项贷款增速。

大力发展网络金融业务,持续引导和鼓励企业、个人客户通过网络渠道办理业务,向4 678万信用卡客户推广电子账单和微信查账,以电子单据替代传统纸质凭证;秉持"节约优先、保护优先"的方针,推进绿色建筑、绿色采购、绿色办公,强化绿色运营,提升广发银行支持环境与社会可持续发展水平。

提升服务体验,全面普及金融知识

广发银行坚持"相知相伴、全心为您"的服务理念,持续关注客户多方位需求,不断改进客户服务体验。报告期内,VTM渠道建立了老年人智能识别和服务机制,通过VTM远程客服开辟"尊老专属队列"优先服务,引导老年人使用智能机具线上服务,提升客户体验和服务质效。

制定具有广发特色的金融知识宣传方案,开展金融知识"进万家""万里行""做好网民"系列活动,形成全方位的金融知识普及宣传体系。全年开展宣传活动1 030场,派发宣传物料58.1万份,线上微信宣传8.1万条,受众2 679.2万人次,有效提高社会公众金融风险防范意识,切实履行消费者权益保护职责。

希望慈善基金,助力百姓追梦

广发银行依托特色公益品牌"广发希望慈善基金",汇聚多方力量,以信用卡为载体,以志愿服务为抓手,支持慈善事业、履行企业公民责任。

报告期内,广发希望慈善基金共投入1 040万元善款到17个慈善公益项目,资助305名大学生、260名高中生、795名小学生,资助救治先心病儿童31名,建设10个电子图书馆、19间亲情屋、13间希望厨房和16间快乐体育园地,在四川地区针对100名乡村兼职体育教师开展培训活动,在云南、贵州、四川三省的20所学校实施互联网教育项目。2018年5月,广发银行与中国人寿携手发布"因灾致孤助学公益计划",将对地震孤儿的关爱由"助养"扩大到"助学",帮助他们实现更高的人生理想。2018年9月,广发希望慈善基金发布志愿服务行动计划,旨在关注贫困地区青少年物质生活及心灵成长。

截至报告期末,广发希望慈善基金共募款8 400多万元,其中近7 000万元已经落地,通过30个公益项目,建立121间亲情屋、518间希望厨房,直接捐助1.6万多人,全国各地超过16万师生受益。2018年,广发银行荣获"中国可持续竞争力卓越企业""社区可持续实践卓越企业奖"等奖项。

关心关爱员工,打造成长平台

广发银行坚持"尊重、关爱、分享、成长"的人本理念,关心员工身心健康,重视员工发展,提供专业技能培训,开展职业技能竞赛,创新人才培养机制,为员工提供职业成长空间。

报告期内,通过组织员工系列活动等,建立和改善职工之家、职工图书室、健身室、哺乳室等设施,组织开展瑜伽、太极、篮球赛、羽毛球赛等文体活动,丰富员工业余生活,提升员工归属感和凝聚力。广泛开展爱心援助和送温暖关爱活动,保障员工身心健康,强化人文关怀,让员工共享发展成果。

秉承初心之志,牢记使命担当。三十年来广发银行坚持为中国金融体制改革探路,坚守金融服务实体经济本源,始终紧跟时代与行业发展脉搏,与改革开放同频共振,砥砺奋进,逐梦前行。未来,广发银行将秉承"关注人的发展,实现和谐共赢"的社会责任理念,精耕细作服务实体经济,专注专业聚焦价值创造,以良好业绩回馈社会、股东和客户,努力实现与各方的共存、共赢和共同发展!

【例文2】

让生命在事业中闪光
——记"活着的许照约"欧阳任同志

郴州市中心支公司

当学习许照约活动的春风吹拂三湘大地之时,湘南人保战线又传颂着一个"活着的许照约"。他与照约同志有惊人的相似：同年生，同年入伍，同年入党，也是同年转业进保险。老许患鼻咽癌，他患骨癌。老许在平凡的人生轨迹上镌刻了不朽的"许照约精神"，他也在平凡的岗位上谱写着灿烂的人生篇章……所不同的是，老许带着对人保事业的无限眷念，已离开我们走了；而他却用双拐支撑着失去一条腿的残躯，依然顽强地拼搏在人保的事业中。

他，就是被郴州人保系统广大职工誉为"活着的许照约"——资兴市支公司干部欧阳任同志。

不能丢老区人的脸

1968年，革命老区资兴农村长大成人的欧阳任，怀着报效祖国的豪情，步入了人民解放军的光荣行列。临行前的那天晚上，老支书来到了他家，语重心长地说："任仔，你现在是部队上的人了，可要好好地干，千万不能丢咱老区人的脸啊！"老支书朴实的话语，殷切的嘱托，深深地烙在了他的心底。从此，"千万不能丢咱老区人的脸"这句话，就时时回响在他的耳边，成了他人生的精神支柱和力量源泉。

欧阳任入伍后，先是在昆明军区某汽车团当修理兵，他牢记老支书的嘱托，刻苦钻研技术，累活脏活抢着干，很快就成了一名思想过硬、技术熟练的骨干，入伍的第二年就光荣地加入了中国共产党，随后多次被评为五好战士。几年后，他被转为志愿兵，1981年他又被破格提干，当上了输油管线队的司务长，接着又被提拔为昆明军区后勤部正连职助理员。就这样，他一步一个脚印地在自己的人生之路上坚定地走着，带着大山的嘱托，带着老区人民的期望。

1985年，他怀着建设家乡的雄心壮志，转业到了才恢复不久的资兴市人保公司，开始了新的征程。

当时资兴市人保公司，条件极为简陋。小小的四合院里，既住家，又办公，交通工具仅有一台旧北京吉普。当车子不够用或要去不通车的穷乡僻壤展业时，只好靠步行，常常一走几十里，上百里。而且，由于当时人们对保险不理解，为收取一笔保费，不知要磨破多少嘴皮，来回多少次山路。但欧阳任没有在困难面前退缩，他下决心：要保持军人的本色，非干好保险不可。还是那句话——不能丢老区人的脸，不能丢共产党员的脸！

于是，他又像当年钻研修理技术一样，刻苦钻研保险业务。一方面，他虚心向同事们请教，不懂就问，边干边学；一方面向书本学，《保险概论》《财产保险》《人身保险》等业务书籍被他一本本地啃了几遍，硬是凭着一股韧劲，在短短的半年里，就使自己成为一名业务熟练的保险干部。

随着保险业务的不断扩大，公司分配他专搞机动车辆保险。他手中掌握了一定的理赔权，但并没有以此为资本，去谋取任何个人的私利。1986年冬天，一个体车主来报案，说他的车撞坏了，要求赔偿，老欧立即随车主来到他家，却见那辆解放牌货车完好地停在门前，便问是怎么回事？车主才说了实话，原来是他没及时放水，发动机被冻裂了。他求老欧帮帮忙："就说是出了事故。"边说边拿出一个红包往老欧口袋里塞，并说事成后还另给好处。老欧挡住了他塞红包的手,诚恳地说:"我们千万不能合伙坑国家啊。"说得车主面红耳赤地低下了头。还是这年冬天,一个保户来为自己的车投保,当时虽已下班了,老欧仍热情接待了他,为他办理了投保手续。谁知第二天这个车主就来报案,说车出险,翻到塘里去了,老欧觉得有些蹊跷,决定立即到现场查勘。碰巧公司车子不在家,他便冒着严寒步行20多里赶到现场,通过实地查验,找村民了解,原来车子几天前就出了事,显然这是一起骗赔案,当即作了拒赔处理。哪知车主当晚找上门来,又是送礼又是送钱,要求"关照"。老欧坚决不收礼金,并严词批评这位车主,车主当时恼羞成怒,扬言不赔就要打死他,老欧义正词严地说:"这是国家的钱,你就是打死我也不能赔。"此人见他软硬不吃,只得悻悻地收了退保金,临走甩下一句话:"你真是个木脑壳!"听罢此话,老欧更坚定信念:为了不给老区人丢脸,为了国家的利益,我老欧这一辈子就甘当"木脑壳"了!

一片痴情恋人保

1985年8月,资兴市普降大雨,造成洪灾。统保不久的供销社系统的多数基层分社和代销点严重受损。灾情就是命令,刚转业到保险公司半年的欧阳任主动请求到受灾最严重的几个乡查勘,他自己也没有想到,这次查勘的第一站——渡头乡枫林村的一幕,竟让他永生难忘,促使他痴心不改地迷恋上了人保事业。

老欧清楚地记得,那一天,当他在泥水里跋涉5个多小时赶到目的地时,代销员——一位40多岁的农村妇女,正望着满地被洪水冲刷、浸泡得一片狼藉的货物急得跺脚痛哭。陪同来的供销社的张股长安慰大嫂说:"你不要哭了,我们供销社统一参加了保险,这位就是保险公司的欧同志,他给我们查勘理赔来了。"当那位大嫂确信保险公司真能赔偿洪水造成的损失时,"扑通"一声跪在了老欧面前,激动地说:"欧同志,您真是救苦救难的观音菩萨啊!"这突如其来的一拜,使老欧心底受到了强烈的震撼,瞬间他感受到了自己所从事的事业神圣,也真正理解了"发展保险,利国利民"这八个字的深刻内涵。他边含泪将大嫂扶起,边默默下定决心:"欧阳任啊,欧阳任,你这一百多斤就交给人保了。"于是,他将疲劳和危险统统抛在了脑后,一个个乡、一个个点地查勘定损。大路不通,他就翻山越岭穿小路,陆路不通,就一叶扁舟淌水路,10多天马不停蹄地连轴转。终于将4个乡的23个基层供销社和代销点的受损情况一一查清落实。当他一身泥水,满脸疲惫地回到家时,只对妻子说了句"我回来了",便一头倒在床上睡着了。

1985年年底,老欧在一次扑救山火时,左腿膝盖被重撞了一下,这一撞,想不到竟埋下了病变的祸根。后来,伤处一直隐隐作痛,时间越长,疼痛越加剧。1986年4月,在家人和同志们的催促下,才到地区人民医院检查,诊断为组织纤维瘤,病情已渗入骨腔。从此,病魔便紧紧地缠上了老欧,使他9年里3次被送上手术台。

老欧并未被这一次又一次沉重的打击所击倒。他所挚爱的人保事业在牵挂着他,在支撑着他,他以顽强的毅力与病魔展开了一场旷日持久的抗争。从1986年5月第一次手术到现在,近10个春秋的磨难,3 000多个日日夜夜的考验,为了工作,老欧除住院外,平常从未请过病假,考勤表上也始终看不到他一次迟到、早退的记录,这就是正常人也难以做到啊!

如果说感情可以论斤论两的话,那世界上又有哪一杆秤能称得出老欧对人民保险的一片痴情呢?

就在病魔不断折磨着他的时候,老欧又接连遭受了3次失去亲人的巨大打击。1991年5月母亲得脑血栓去世,接着10月哥哥又离开人间。就在老欧还没有从丧母、丧兄的悲痛中解脱出来时,待他如亲生儿子的老岳母又撒手西归!为了他所钟爱的事业,老欧在亲人患病期间,硬是没请过一天假。他常常是晚上去侍奉老人,尽尽孝心,白天照常上班。岳母出葬那天,老欧破例请了一天假,一拐一拐地来到岳母的灵前,他说了句"妈妈,儿对不起您呀,"便长跪于地失声痛哭……

无情未必真豪杰。老欧也是有七情六欲的人,他既钟情事业,同样也眷恋家人。但当事业与家庭发生冲突时,他总是毅然选择前者。

一次,上小学一年级的儿子在学校听同学讲郴州北湖公园很好玩,回家就闹着爸爸也带他去玩一次。望着孩子期待的目光,想到自己平时忙于工作,很少管孩子,老欧不免一阵内疚,便满口答应。但到了星期天,凑巧一个保户找上门来报案,老欧只得许诺下个星期再去。但多少个星期天过去了,一拖就是6年,孩子的这个小小愿望至今也没能实现,而资兴离郴州仅仅只有30千米呀!老欧对人保的痴情不仅体现在忘我的工作上,即使在治病中,也处处体现出爱公司如家的高尚情怀。这些年来,他在治病时,能省则省,从不多花公司一分钱。他长期服用民间偏方,花去了将近2万元的积蓄,他都自己承担了,也没找公司报过账。第三次手术后出院时,医院为他开了包括营养性药品在内的1万多元的药,他也只选了几种急需的,其他近万元的药都退了回去。不仅如此,连他住院前后近1 000元的护理费,公司领导催他报销,也被他谢绝了。为此,有的人说他傻,有的人说他憨,也有的人说他出风头,他均付之一笑。这坦然的一笑,笑出了一个共产党襟怀坦荡的伟大胸怀,笑出了老欧对人保的一片忠诚和厚爱!

生命不息　奉献不止

1989年,老欧的左腿又开始剧烈的疼痛起来,行动异常困难,他心里明白,1986年那次手术,并没有除去病根,病魔又开始向他发起新的一轮进攻。他要抓紧现在自己还能走的每一天、每一刻去多为党和人民干点事情,多为公司出点力。于是,他以更大的热情投入工作,以更快的节奏去展业。几分耕耘,几分收获,1989年他完成保费54万元,1990年达到62万元,进入公司先进行列。

直到1991年,老欧的病情又进一步恶化,每走一步,左腿都钻心的疼,常常痛得冷汗直冒。公司领导和同事们看在眼里,急在心上,都劝他去住院治疗。他都以工作忙为由不肯去。医生没办法,只好给他开家庭病床,但老欧并不老老实实躺在家里,而是依然风雨无阻地坚持上班,仅仅是晚上赶到医院去打止痛针,有时夜里疼得彻夜难眠,第二天依然是上班最早的一个。

1993年,老欧的腿已恶化到了非再动手术不可的地步了。在公司领导和家人的再三催促下,于3月8日在长沙做了第二次手术。这次手术把左小腿坏死的骨头切除了,又将两条腿的腓骨取出,移植到切除部位,用钢钉铆接起来。打上从大腿根部直到脚趾的大石膏。这一下老欧实在是动不了了,只好老老实实地在床上躺了几个月。6月24日,腿上的大石膏拆除换上了从膝部到脚趾的小石膏。这时,他再也躺不住了,坚持要出院。7月1日,老欧拄着双拐,拖着打着石膏的左腿,由妻子挽扶着出现在办公室里。领导和同志们见状,都劝他赶快休息。但老欧执意不肯,他动情地说:"我是一名党员,要多做点工作。我现在干不了外勤,但干内勤行。"同志们无法说服,只好依他。党支部为此还特别作出了他可以推迟一个小时上班,提前一个小时下班的决定。但老欧这次却破天荒地"违反"了支部的决定,他每天仍提前半个小时从家里出发,由妻子扶着一寸一步地往前挪,这段常人只需1—2分钟就可以走完的路程,他却要花上整整30分钟的时间,中途还得休息4次。这一走,就走了5个月零24天!

这哪里是在走路,这分明是一个共产党员在用生命和热血书写自己人生的答卷,是一个生活的强者在向命运挑战!

命运对老欧也实在是太不公平,由于他每天坚持上下班,过多的运动,移植上去的两根腓骨发生了病理性骨折,不得不再次进行手术。

1995年5月,老欧来到广州肿瘤医院动第三次手术。当医生告诉他妻子,病人必须立即施行截肢手术和化疗,否则性命难保时,她感到不能再对老欧隐瞒实情了,于是含着热泪如实将病情告诉了老欧。当老欧从妻子口中听到"骨癌"两个字时,一时惊呆了。这天晚上老欧整夜没合眼,思想斗争激烈,他想了很多很多;既有对妻子在长达两年的时间里独自承担痛苦的感激之情,也曾闪过了结束生命的一丝念头……但当他想到自己还有健全的大脑和灵巧的双手,还能继续为发展人保事业做自己力所能及的事情时,他立即摒弃了这个荒唐的念头,特别是当他想到献身人保事业的好干部许照约同志时,更增添了继续与病魔作斗争的勇气和信心。从广州截肢回来,老欧仅仅只在家里休息了一个星期,便又拄着拐杖上班了。不能像过去那样外出展业理赔,他就要求负责接待上门业务,搞内勤,并刻苦自学电脑操作技术。他要做自己还能做得到的一切工作。

欧阳任同志用他那"特殊材料"铸成的品德,以顽强的毅力与癌魔拼搏,以血与汗的奉献换来了一串串"特殊的硕果":在第二次手术前的5年里,他平均每年都收取保费50万元以上;截肢后的半年中,他办理了120多万元的上门业务,并将1 500多份保单、500多个赔案输进了电脑;他连续三次被评为先进工作者,并被评为优秀保险职工;他与爱人的事迹已上了市电视台的专题节目,成为当地群众相互传颂的佳话。更重要的是他用自己的言行再一次印证了"伟大出于平凡"这一真理,他实现了自己人生的价值,因此而赢得了广大干部职工的信赖和推崇。

欧阳任——"活着的许照约"!

第三节　广　　告

一、广告的概念

广告是为了某种特定的需要,通过各种声、像、画和文字等手段,公开而广泛地向公众传递信息的一种周知信息性文体。广告有广义和狭义之分。广义的广告包括非商业广告和商业广告。非商业广告指不以营利为目的的广告,如政府行政部门、社会组织的公益广告;狭义的广告仅指商业广告,是指以商品销售为基本出发点,以获取经济效益为目的的广告。

二、广告的特点

广告具有以下三个主要特点。

(一) 宣传介绍性

广告通过文字(口头或书面)、画面、影视形象等各种载体,将商品及服务等信息告知人们,向人们宣传、介绍,所以写作广告时,应将有关的情况介绍清楚,宣传到点子上,尽量让人们对所宣传的内容有清晰明确的了解。

(二) 启发说明性

宣传介绍是手段而不是目的,目的在于通过宣传介绍,引起人们购买欲望,采取购买行动,所以广告应当有较强的启发说明性。要做到这一点,就必须根据人们的不同层次需要,了解不同消费者的心理特点,进行有效的宣传和说服。当然,这种宣传和说服应当是实事求是的,不能为了诱发人们的欲望而胡吹乱捧、夸大其词,欺骗消费者。广告的制作和宣传必须严格执行《广告法》,确保消费者的利益。

(三) 客观真实性

浮夸失实,弄虚作假是广告之大忌,广告必须真实地、实事求是地向社会传递商品、劳务等信息。广告业应同唯利是图、唯恐天下不惊的虚假广告作斗争,以维护广告在人们心中的信誉。

三、广告文稿的写作

广告文稿一般由标题、正文、落款三部分组成。

(一) 标题

标题的主要职能是获取即刻打动人心的效果,以诱发读者去阅读正文。要求点明广告的中心内容,文辞简洁,有独特性,引起人们的注意和兴趣。

标题有多种形式。

1.直陈式

一般只要写明什么厂家或企业,生产或出售什么商品,提供什么服务即可,如《欢迎您参加××家庭财产保险》。

直陈式标题庄重、鲜明,主题突出。

2.新闻式

这是采用新闻标题的写法,向读者介绍最新事实,多用于最新产品、最新业务、最新营业活动及技术革新等方面的内容,如《洪水无情保险有情》《只有不敢做,没有不能做——全球最先进手机 iPhone》。

3.祈求式

这是用劝说、请求的口气恳请人们购买商品,采用劳务等。在感情上打动人们,增强人们对商品的好感,彬彬有礼地敦请消费者购买商品或接受劳务服务,如《每天少抽一包烟　参加保险全家安》。

4.设问式

这是设身处地站在消费者的立场上,以设问句的形式引出自己要说的话,提出“为什么”或“怎么办”的问题,引起消费者的共鸣和思索,从而留下深刻的印象,如《星期天出门穿什么好? 休闲时光着休闲装》。

5.悬念式

这是在标题中设置悬念,使人产生惊奇感、好奇心。例如:vivo 手机一则广告“5.14 微信见”,让消费者对 5 月 14 日的微信多了一些期待。而当一组简约的图片加一个文艺气息十足的 H5 出现在朋友圈时,其最美手机 X5Pro 也在微信开启了预售大门,不少消费者才恍然大悟原来这就是所谓的“微信见”。

(二) 正文

正文是广告促销功能的核心部分,应具体详细,但不能冗长繁杂。

正文的写作体式:

(1) 陈述体(简介体):用平实的语言简明扼要地介绍。

(2) 议论体:以讲道理的方式来说服人,一开始就提出有关商品或劳务等的益处,提出事实性的论述,其中包含一定的论辩色彩。

(3) 诗歌体:用诗歌形式写广告,读来朗朗上口、和谐悦耳。

(4) 证明体:以客观可靠的鉴证材料为依据来证明商品或产品的可靠有效。

(5) 小说体:用说故事的形式来写广告文字,故事的情节虽然不太复杂,但也要有一点曲折,最后说明所解决的矛盾。

另外,还有戏剧体、相声体等。

(三) 落款

根据需要写明公司地址、电报挂号、电话号码、传真号码、邮政编码、购买方式等,以便消费者联系。

四、广告创作的要求

(一) 广告构思要富有创意

创意指确定广告制作目的后,就如何围绕主题选材、如何选择表述方式和方法进行的构思活动。广告创意是广告的灵魂,不具有独特创意的广告是无法在现实铺天盖地的广告中脱颖而出,引起消费者注意的。因此,广告写作要在构思上下工夫,别人创作的广告可以作为广告创意的参照物,但不能成为模仿的对象,因为模仿的结果是不可能产生独特创意的,有时好的创意是集体智慧的结晶。因此,广告写作中要善于吸取别人智慧的火花,融入自己的广告创意之中。

(二) 广告要突出重点

一则广告所能承载的信息容量,或消费者对广告的注意阈,都是很有限的,所以,广告不讲求面面俱到,只要求简明扼要,重点突出,从标题到正文到结尾,都需围绕重点一以贯之。当然,广告的重点并不是由作者随心所欲而定,而是根据商品、服务本身的特色,经过市场调研,抓住消费者的心理需求而确定的,并且力求与其他广告宣传的商品、服务的特色区隔开来,突出自己的亮点。只有这样,才能最大限度地发挥广告的劝服力和宣传作用。

(三) 语言既要明白易懂,又要不落俗套

广告的语言要平中见奇,少用或不用深奥和冷僻的词语。优秀的广告之所以能做到妇孺皆知,和它的语言通俗易懂、便于记诵是分不开的。另外,语言的运用不能步人后尘,要有自己的个性,语言有自己个性的广告才能从众多类似的广告中突现出来,引起消费者的注意。广告的语言可以适当运用一些修辞技巧,但注意不要刻意去追求,自然的才是最美的。

五、广告口号的提炼与写作

广告口号又称广告语。它是广告主以战略眼光,从长远营销目标出发,在相当长一段时期内反复使用的固定宣传口号。广告语潜在的宣传效果往往比具体的广告正文还要好,因此一定要精心拟制,好的广告语往往采用有奖征集、专家评审的方式产生。广告语的写作既要突出主题,反映出所宣传对象的特征或特色,又要富有情趣;既要明白易记(一般不超过 14 个字),又要朗朗上口,好的广告语可以做到家喻户晓,妇孺皆知。因此,一些优秀广告语的写作充分调动了各种表达手法,有时看起来越是浅显的广告语反而越显得意味深长。例如,"串起生活每一刻"(某相机胶卷),"just do it"(某国际运动品牌形象),"一诺千金,相伴终生""中国人寿一言九鼎　相知多年值得托付""太平洋保险保平安""人民保险为人民"(保险企业形象),"今日你以学院为骄傲,明日学院以你为骄傲"(某高校形象)等。

例文欣赏

文艺体广告

中国人寿 CBA 品牌
广 告 文 稿

时间：2019 年。

人物：姚明、郭艾伦、胡金秋、翟晓川、新婚夫妻、退休老人、职场人士、一家之主。

地点：采访室内。

形式：球星＋普通人　面对镜头人物独白。

镜头一：姚明身着正装，坐在沙发上，面对镜头，若有所思说出"运动场即人生"（抛出问题）。

镜头二：黑色背景下，白色醒目字体"人生是一场新秀赛——关键的方向　决定未来"（推出字幕）。

镜头三：胡金秋（职业 CBA 球星），身穿比赛球服，自信地说："就是一股勇气吧。"

镜头四：蒋卓云（职业设计师），坐在沙发上，说："其实我觉得我的梦想一直都没有变过。"

镜头五：杨扬（职业电话客服人员）带着笑意说："就是喜欢，然后说白了，其实离开这个职业，好像别的也不会。"（边说边笑起来）

镜头六：吴勤（职业销售人员），身穿正装，认真地说："但是我认为我做的事情还是比较伟大的。""这一路走来，肯定会有很多质疑和不同的声音，但是，我觉得我还是会跟随我的内心。"

镜头七：黑色背景下，白色醒目字体"人生是一场技巧赛——关键的历练　决定未来"（推出字幕）。

镜头八：翟晓川（职业 CBA 球星），身穿比赛球服，坐在沙发上，左手拿着小白板上面写着广告语"人生就像一场技巧赛"，动情地说："人生就是你需要把自己变得更好更全面。"

镜头九：李志文、董宪（普通新婚夫妇，职业影视后期、广告销售），互相对视着，说："我们刚刚组建新的家庭，对未来有很多不同的想法。"

镜头十：樊建平、张爱丽（退休老夫妇），两位老人家坐在沙发上，语重心长地说："通过每一件事情，每一个环节，你都要把人生想的更长远一些。"

镜头十一：王震宇、常毅及女儿（幸福的一家三口），父亲看着女儿和妻子说："让这个家庭能够有一个安全的壳吧，我想给她们想要的生活。"

镜头十二：黑色背景下，白色醒目字体"人生是一场明星赛——关键的信念　决定未来"（推出字幕）。

镜头十三：郭艾伦(职业 CBA 球星)，坐在沙发上，眼神坚定看着镜头，说："能坚持下去，是这么多年的积累。"

镜头十四：吴玮(职业理财顾问)，着职业西装，缓缓思索地说："想要达到我心中的那个目标的话，我只能说我现在还是一直在路上。"

镜头十五：高艳宏(职业建筑师)，对着镜头，明朗地说："想要变成更好的自己，不是将来的事情，是从现在开始一步步走出来的。"

镜头十六：毕大勋(职业银行客户经理)，着西服正装，对着镜头，肯定地说："有信念、有积累的人，我觉得他一定会成功。"

镜头十七：黑色背景下，白色醒目字体"关键一投 决定未来"(推出最终广告语字幕)。

镜头十八：回到最初镜头，姚明(镜头上注明中国人寿全球形象代言人)，依然坐在沙发上，诚恳地说："运动场即人生，特别像我们这种团队运动，就需要有一个正确的人去执行最后最重要的决定。"(回答问题)

镜头十九：推出最终广告标语，画面显示"中国人寿标志性图标"，画外音：姚明声音"关键一投，决定未来。要投就投中国人寿"。

片长：1 分 51 秒。

诗歌体广告

汾阳杏花酒：

杏花汾酒远驰名，冽润甘芳品格清。

应请太白来一醉，好诗千首唤人醒。

青岛啤酒：

青翠纷披景物芳，岛环万顷海天长。

啤花泉水成佳酿，酒自清清味自香。

万科《生命给了建筑表情》：

一块砖如何在时光中老去，

一只邮箱怎样记载一段斑驳的爱情，

一次涂鸦又印记着什么样的童年，

甚至爬山虎的新叶，

甚至手指滑过墙面的游戏，

都是建筑最生动的表情。

万科相信，

扎根生命的记忆，

建筑将无处不充溢着生命。

修辞体广告

虽云毫末技艺，却是顶上功夫。——某理发店广告

小莫小于水滴,细莫细于沙粒。——储蓄广告

它能够将愤怒吞没。——镇静剂广告

综合训练

一、何谓消息? 消息在内容上应具备哪五要素?

二、消息的主体有哪几种结构方式? 这几种结构方式在写作上又分别有何特点?

三、什么叫通讯? 通讯的主体部分一般有哪几种结构方式?

四、通讯和消息有何区别?

五、请选择一个有新闻价值的事实,用倒金字塔式的结构写一则消息。

六、下面两则服装广告用词都很平淡,但它们的格调和文采却不相同,请加以对比,你认为哪一种更有吸引力?

1. 本店出售的女式服装,选用高级面料,由高级服装设计师设计加工,款式新颖,色调柔和,做工讲究,在××年评比会上荣获××部银质奖,产品远销五大洲,请你认准××商标。

2. 请领着你的女友到本店来吧,我们会把她打扮成更可爱的新女人——只花几十元钱,这将是你有生以来最轻松愉快的付款。

七、写作题

1. 在日益激烈的保险市场竞争中,××保险公司为牢牢占据一席之地,扩大自身的影响力,增强人们的投保意识,特决定借助电视这一媒体来宣传自己的公司,请你代该保险公司拟一则约一分钟的广告,形式自定。

2. 请拟写几则群众喜闻乐见的宣传保险的广告口号。

第七章　保险公司科教应用文

科教应用文是用于科学研究、学术研究和人才选拔等方面的应用文体的总称。科教应用文具有科学性、创造性、理论性和专业性的特点,其作用主要表现在反映科研成果,进行国内外学术交流,推动科学进步和生产力发展,检验科研能力及学术水平。

案例导入

因为大一、大二 4 个学期的英语考试一次都没有及格,也没有通过大学英语四级考试,按照学校的规定,××大学大四学生邵××将拿不到毕业证和学位证。但用学位论文检测系统对其毕业论文进行检测时,结果显示,这篇长达 7.8 万字的论文与已有文献的重复率仅 2%,且重复部分都有清楚的标示。而"研究生的论文能把重复率控制在 10% 以内就很不错了"。其论文内容亦被多位教授评为优秀,学校破例授予他学士学位。

为何一篇本科毕业论文可以震惊多位教授,为何一篇毕业论文可以让校规破例? 这位学生的毕业论文之所以备受重视,是因为他对学术的尊重、对科研的态度,这种务实创新的态度却是学术规范的前提条件,是严谨治学的基本道德自律。

毕业论文如此,毕业设计亦如此。

第一节　实习报告

一、实习报告的概念

实习报告是临近毕业的大、中专学生在实习活动结束后，为及时反映实习内容、实习环节、实习效果、实习体会而撰写的总结性书面材料。实习报告的撰写是学生掌握、吸收专业知识情况的体现和升华过程，也对检验学校教育和教学的成效、反映学生掌握和运用知识的情况具有重要的作用。

二、实习报告的特点

（一）总结性

实习报告通常要求综合运用所学的专业知识去分析和研究问题，这就要求作者对所学的知识进行疏导、整理，对实习的具体内容集中而有深度地进行总结，梳理一条清晰的脉络，逐步深入地进行论述。

（二）针对性

实习一般都是针对所学专业选择实习单位或岗位，实习报告也是在实习的基础上，针对实习内容的写作。好的实习报告对实习工厂、单位具有参考价值，有的甚至能直接带来经济效益。

（三）学术性

实习报告是在掌握一手资料的基础上，对材料进行分析、概括和深化，以客观的、科学的态度对待自己的研究对象，论证充分，逻辑严密，从而更系统、更深入地掌握专业知识和专业技能。总的来说就是，实习报告要符合学术规范。

三、实习报告的结构和写法

一般来说，实习报告的内容各异，形式多样。通常实习报告必须包含以下三个部分。

（一）标题

标题可以有两种写法。一种直接由"事由＋文种"组成，如"实习报告"；一种由"实习对象＋事由＋文种"组成，如"保险网络营销实习报告""××公司实习报告"等。

（二）正文

正文因实习的过程不同而异，一般来说，应包括以下三个方面内容。

1. 开头

开头主要介绍实习期间的基本情况，包括实习的目的、意义、要求，实习的时间、地点、内容等，把实习的感受、结果用高度概括的语言表达出来，并引出下文。

2. 主体

主体主要介绍实习过程,即介绍自己在实习期间如何将在学校学到的理论、方式方法运用到工作实践;对在学校没有接触过的新鲜事物,将自己观察体验的结果进行分析总结。这部分是报告的重点,应选择与专业实习有关的内容来写,要求内容翔实,层次清楚,侧重实际动手能力和技能的培养、锻炼和提高,不要简单罗列实习经过和主要做了哪些工作。

3. 结尾

结尾概括总结自己实习的体会、经验教训、今后努力的方向等,最好能适当地结合实例说明自己的收获,突出学到了什么,取得了什么成果,还有哪些不足。同时,要表明自己的态度,提出希望。这部分在写作时要求条理清楚,且客观地对自己的实习表现作出评价。

(三) 落款

落款由署名、成文日期组成。若实习报告是实习小组成员共同完成的,署名应该是若干人。

四、实习报告的写作要求

丰富、真实的实习资料是写好实习报告的基础。"巧妇难为无米之炊",没有认真细致的现场实习是不可能写出高质量的实习报告的。因此,从开始实习的那天起就应该收集与实习有关的各种资料,并认真记录下来。一般来说,可收集以下四个方面的资料:一是实习单位的工作作风情况;二是所学的专业理论知识在实践工作中是如何得到灵活运用的;三是观察周围同事是如何处理人际关系的;四是自己的能力在实习中是否有所提高。

实习报告的写作必须将实践经历与专业理论相结合。实习是为了更加深刻地理解和掌握专业知识,专业知识又可以使我们的实习更有成效。实习报告的写作本身是学生将理论转化为实践、将实践融入理论学习的一个重要过程。

语言要精练,重点突出,具有可读性和审美性。在实习报告的写作中,要注意将语言的通俗性和严谨性相结合,要善于运用打比方、举例子等手法将复杂的问题通俗易懂地表达出来,综合运用统计表格、图片等资料,以保证所应用的资料丰富多彩、重点突出,具有可读性。

例文欣赏

【例文1】

会计专业实习报告

为期三个月的保险会计实习已接近尾声,在无锡市××银行的实习期间,我主要学习了从会计制单到记账整个流程的业务工作。对我来说，这次实习是一次综合检验所学专业知识和能力的好机会，更是一次难得的锻炼和演练的机会。三个月的实习经历，使我受益匪浅，为我将来的工作奠定了良好的基础，让我的学习更有了目的性，可以通过实践发现问题、研究问题，从而解决问题；让我对自己的综合能力有了一个更清晰的认识，使我对自己也更加充满信心。

在经历了投递简历、一轮笔试、一轮面试后，我被无锡市××商业银行录取，并于2011年3月8日至6月7日，被分配到无锡市××商业银行××支行进行了为期三个月的实习。

刚开始实习时，我进行的是填制凭证的工作。由于以前有过几次简单的实践经验，因此对于凭证也就一扫而过，总以为凭着记忆加上学校里学的理论对于区区原始凭证可以熟练掌握，也就是这种浮躁的态度让我忽视了会计循环的基石——会计分录，以至于后来制单时有点手足无措。会计分录在书本上可以学习，可一些银行账单、汇票、发票联等就要靠实习时才能真正接触，从而有更深刻的印象。别以为光是认识就行了，还要把所有的单据按月按日分门别类，并把每笔业务的单据整理好、装订好，才能为记账做好准备。

填制好凭证以后就进入记账程序了。虽说记账看上去有点像小学生都会做的事，但重复量如此大的工作，如果没有一定的耐心和细心是很难胜任的，因为一旦出错并不是随便用笔涂了或是用橡皮擦了就算了，对于每一个步骤会计制度都是有严格要求的。例如：写错数字就要用红笔划横线，再用钢笔在其上面更正；而写错摘要栏，则可以用蓝笔划横线并在旁边写上正确的摘要，平常我写字总觉得写正中点好看，可摘要却不行，一定要靠左写起不能空格，这样做是为了防止摘要栏被人任意篡改。对于数字的书写也有严格的要求，字迹一定要清晰清秀，按格填写，不能东倒西歪的。另外，记账时要清楚每一明细分录及总账名称，不能乱写，否则总账的借贷双方就不能结平。如此烦琐的程序让我不敢有一丁点马虎，这并不是做作业或考试时出错了就扣分而已，在以后的工作中，这关乎一个企业的账务，是一个企业以后制订发展计划的依据。

所有的账记好以后，接下来就是结账，每一账页要结一次，每个月也要结一次。所谓月清月结就是这个意思，记账最麻烦的就是结算期间费用和税费了，按计算器按到手都酸，而且一不留神就会出错，要复查两三次才行。一开始我以为掌握了计算公式，按计算器这样的小事就不在话下了，可就是因为粗心大意反而算错了不少数据，好在同组的同学要我先用铅笔写数据，否则真不知道要把账本涂改成什么样。

在对从制单到记账的整个过程基本上了解了大概后，就要认真结合书本的知识总结一下手工做账到底是怎么一回事了。根据实习资料教程得知每一种银行账单的样式和填写方式，以及什么时候才使用这种账单，有了基本知识以后学习起来就会更加得心应手。其实，课本上虚的知识都是基本知识，不管现实情况怎样变化，捉住了最基本的就可以以不变应万变。如今有同学实习时觉得课堂上学的知识用不上，产生挫折感，可我倒觉得，要是没有书本知识做铺垫，又哪能应付瞬息万变的社会。

　　三个月的实习工作,不仅使我对会计工作有了进一步的认识,还使我学到了很多金融方面的理论知识以及银行业的相关制度及法规,学到了许多在学校学不到的实际知识,增强了将理论运用到实际中的能力,积累了很多宝贵的工作经验,掌握了一定的业务操作能力和协调工作能力,人际关系方面也学到了很多,让我受益颇多。在取得实效的同时,我也在实习过程中发现了自身的一些不足。比如:自己不够细心,经常看错或抄错数字,导致核算结果出错,引起不必要的麻烦;在编制分录方面还不够熟练,今后还得加强练习。

　　总之,这次实习的整个过程丰富了我,充实了我,更加升华了我,为我今后走向社会奠定了坚实的基础。

××

××××年×月×日

【例文2】

保险公司实习报告

　　今年暑假,有幸到中国人寿保险股份有限公司××支公司进行了为期40天的实习,在这一个多月的实习中我学到了很多在课堂上和书本上难以获取的实践知识,受益匪浅。现在就这40天的实习情况,报告如下。

　　首先介绍一下我的实习单位:中国人寿保险股份有限公司××支公司。中国人寿保险股份有限公司,其前身是1949年随共和国建立的中国国家保险公司,几经演变后,现公司于××年6月30日根据《中华人民共和国公司法》注册成立,并于××年12月17日、18日及××年1月9日分别在美国纽约、中国香港和上海三地上市。公司名列我国最具价值品牌前十名,是我国保险行业品牌,市场份额将近全国的1/2,拥有最多的全国客户群体和独一无二的全国性多渠道分销网络以及遍布全国的客户服务支持,是中国寿险市场的领导者。随着资产的不断提高,公司已通过为其控股的中国最大的保险资产管理者——中国人寿资产管理公司建立了稳健的投资管理风险管控体系,其经验丰富的管理团队将中国人寿在世界500强企业中的排名不断提高,2008年跃居159位,堪称行业老大。中国人寿保险股份有限公司××支公司是××县所辖地区拥有客户最多和最具实力价值的保险公司。

　　在中国人寿××支公司,我先后接受了保险业基本理论和中国人寿新推出的险种——万能险的基本条款及规定的培训,参加了销售万能险的产品发布会和不同形式的客户联谊会,参与听讲新人培训会与每周例行的大小型晨会,参与保险代理人换签合同的各项流程处理事宜,接待保险业务员及为其制作、打印各种险种利益的演示表格,辅助个险销售部及组训室的其他同事解决工作上的问题等。通过这些各种形式的工作参与,我学到了很多宝贵的实用知识,主要有五个方面。

　　(1)保险单证的搜集整理以及保险行业的现状,使我对保险有了一个更客观、全面的认识,理智的判断,也加深了我对金融学的深入了解和欲学以致用的兴趣。

（2）通过对已知资料的分析和与同事们的交流,提高了自我的思考认知能力,通过对保险业的现状的研究和前景的科学预测,进一步引发了我对职业取向的思虑,有助于我在大学期间进行职业规划和职业生涯设计。

（3）对职场有了初步、真实、贴切的认识,明确了努力和改善的方向,通过与同事们和众多的业务员的交往、接触,学到了珍贵的人际交往技巧和处世经验,交到了几位可以虚心请教的长辈朋友,感谢他们对我的指导、教育和思想启迪。

（4）电脑办公的实用知识与软件应用技巧,以及处理问题的能力和经验,有助于我扩展知识,提升搜集整理和学习的能力。

（5）勤奋、踏实、认真、负责任做事风格的重要性,只有这样,才能得到认可,才能真正有所收获。

以上是我的个人实习收获,在实习过程中,以我个人之见也发现了一些小的问题,如保险业务员职业素质参差不齐,出勤制度不够完善,分工不定期、不够明确等需要改善的地方。

此次实习教会了我许多,不仅让我扩展了知识,增长了社会见识,而且为我大学毕业后走向社会打下了坚实基础,是我青春时期的一笔重要财富,使我终身受益。

感谢在我实习期间所有帮助过我、教导过我的人！再次感谢中国人寿保险股份有限公司××支公司给我这个难得的实习机会！

×××

××××年×月×日

第二节　毕 业 设 计

一、毕业设计的概念

毕业设计是学生在学习过程的最后阶段采用的一种总结性的实践教学环节。学生在教师的指导下,针对某一课题,综合运用本专业有关课程的理论和技能,做出解决实际问题的设计。毕业设计的目的在于总结和检阅学生在校期间的学习成果,是评定毕业成绩的重要依据,同时,毕业设计也使学生对某一课题作专门深入系统的研究,从而巩固、扩大、加深已有的知识,培养综合运用已有知识来独立解决问题的能力。

二、毕业设计的特点

（一）综合性

在毕业设计中,学生将所学的知识和技能进行综合运用,甚至还会运用到学校教学中没有包括的需要自学获得的一些知识和技能。要完成一系列的工作如调查研究、分析数据、实施设计、撰写报告、口述表达等,才能很好地完成毕业设计。毕业设计可以集中展示学生的知识结构,全面展示学生的实践能力,是学生学习情况的综合体现。

（二）客观性

毕业设计的理念与客观实际紧密联系。一个好的毕业设计思路,或是从客观实际中得来,或是学生学习的亲身感受,所以设计具有客观性,能解决实际问题。毕业设计报告是把实践上升为理论的过程,符合客观实际的需要。

（三）规范性

毕业设计的写作具有规范性。其主要体现在,学生在指导教师的指导下,按照规定的程序完成毕业设计的全过程,同时还要按照规范的格式书写。

三、毕业设计报告的种类

毕业设计报告一般分为理论型、科研型和工程型三种类型。理论型毕业设计强调理论的创新和探索,其成果价值主要通过论文来体现;科研型毕业设计要求带有探索性,以期在某个关键技术上或理论上有所突破,它着重一般方法和核心实现技术,不一定做出工程产品;工程型毕业设计需要设计期间做出工程产品的一部分或相对完整的工程系统,按特征的不同可划分为产品设计、部件设计、布线设计、机房设计、网络规划设计、控制系统设计、管理系统与监测系统的设计等若干种。

四、毕业设计报告的结构和写法

一篇完整的设计报告包括封面、目录、标题、摘要、关键词、前言、正文内容、参考文献、附录等。

（一）封面

封面是毕业设计的外表,要提供相关的信息。一般包括以下七个内容。

（1）院校名称:"××大学(院校)毕业设计"标志。

（2）题目:毕业设计的题目要表明设计的具体内容,应该简短、明确、有概括性。如果有些细节必须放进标题,可以分成主标题和副标题。

（3）学生的姓名、学号。

（4）院系名称,即学生所在院系。

（5）专业班级。

（6）指导教师的姓名、职称。

（7）日期:完稿时间。

（二）目录

目录可以反映文稿的结构和主要内容,便于读者迅速找到所需要的内容。目录按三级标题编写,要求标题层次清晰。目录中的标题应与正文中的标题一致,附录也应依次列入目录。

（三）标题

毕业设计报告的标题一般写出"设计课题＋研究内容"，如"张某某七口之家的风险管理与保险规划""中国人寿重大疾病险全新上市策划项目设计""关于车险电销产业发展存在的问题及对策"等。

（四）摘要

摘要是以简明、确切的语言记述毕业设计的主要内容，提示毕业设计必要信息的短文。

（五）关键词

关键词是从毕业设计（报告）中选取用来标明毕业设计主体内容信息的词语，其目的是为文献检索提供方便。一般为3—5个。

（六）前言

前言用于交代课题设计的缘起、目的、范围及意义等，通常包含综述前人的工作，说明本课题的意义、目的、研究范围及要达到的技术要求。

（七）正文主体

1. 理论研究型课题毕业设计

这一类课题的主体部分，应着重写基本概念或理论基础、所完成的全部理论系统、完成的推论、实现或验证的算法推导、辅助的公式求解方法、计算程序的编制以及计算结果的分析和结论等。

2. 技术开发型课题毕业设计

这一类课题的主体部分，应着重介绍总体设计及设计原理、模块划分、算法描述、编程模型、数据结构、关键技术、技术和质量标准、实例测试及性能分析等。

3. 工程技术型课题毕业设计

这一类课题的主体部分，应着重介绍设计的思路、具体的方案及论证、实施步骤、设计参数和计算分析、工程的特点或产品的性能、测试的环境和条件、测试过程的运行数据及结论、性能分析、工程造价等。

（八）参考文献

参考文献也是毕业设计中不可缺少的组成部分，它反映毕业设计的参考资料的来源及可靠程度，也是作者对他人知识成果的承认和尊重。一般应写清参考文献的作者、篇目、出版社、出版时间等。

（九）附录

对一些不宜放在正文中，但有参考价值的内容，可编入毕业设计的附录中。例如公式的演算、编写的程序、符号的说明、图纸、数据等。

五、毕业设计的写作要求

选题适度可行；内容重点突出，要把重点放在自己设计中的独到之处，或者有所改进，或者具有创造性；说明要详尽准确，对于设计原理、方案选择、参数特征等，应尽可能地详尽准确，以真实反映自己的实际学业水平；文面要整洁规范。

例文欣赏

保险职业学院
INSURANCE PROFESSIONAL COLLEGE

毕 业 设 计

张文奎七口之家的风险管理与保险规划

姓　　名	××
所在系院	×××系
专业名称	×××××
班级名称	××班
学　　号	2012100×××××
指导教师	×××
日　　期	201×年4月15日

毕业设计真实性承诺

　　本人郑重声明：所提交的毕业设计文本和成果，是本人在指导教师的指导下，独立进行研究所取得的成果，内容真实可靠，不存在抄袭、造假等学术不端行为。除文中已经注明引用的内容外，本设计不含其他个人或集体已经发表或撰写过的研究成果。对本文的研究做出重要贡献的个人和集体，均已在文中以明确方式标明。如被发现设计中存在抄袭、造假等学术不端行为，本人愿承担相应的法律责任和一切后果。

毕业设计学生（签名）：_____

年　　　月　　　日

　　注：此声明由学生本人亲笔签名。

目　　录

张文奎七口之家的风险管理与保险规划

摘要： 随着社会经济的发展，环境、食品以及交通意外等问题的增加，家庭面临的风险逐年增加；同时随着家庭结构的缩小、国民保险意识淡薄，整个家庭抵抗风险能力比较弱。正是如此，针对家庭进行风险管理和保险规划有其必要性。通过张文奎七口之家进行风险管理与保险规划，将有助于帮助其家庭规避风险，减少经济损失，促进家庭健康、稳定、和谐的发展。

关键词： 七口之家；风险管理；保险规划。

第一章　张文奎七口之家的风险评估

1.1　家庭基本信息

张文奎今年 33 岁，事业小有成就，在东莞木材公司做销售经理，有房有车，月收入 1 万元左右，年底奖金 8 万元。张太太王玲今年 28 岁，在一家外贸公司做会计，工作时间比较固定，年收入 3 万元左右。两人的孩子张子俊今年 7 岁，是一名小学二年级学生，学习成绩中等。张先生父母在农村，无收入，患有一些老年病，爱人父母是长沙市区退休工人，平常注重保健，身体还算硬朗。张文奎家现有住房 80 平方米，无贷款，有存款 10 万元、股票基金 15 万元。张文奎觉得儿子越来越大了，需要换一套大点的房子，再者考虑父母年老，想接来照顾。今年公司计划在新区集资盖房，每平方米 2 000 元，现有 120 平方米、140 平方米 180 平方米 3 种户型。一想到即将面临孩子升学、父母养老、供房子、买汽车等现实需求，他无时无刻不感受到来自工作与生活的双重压力。

家庭成员基本信息如表 1 所示。

表 1　张文奎七口之家家庭成员信息

家庭成员	姓　名	年　龄	职　业
丈夫	张文奎	33 岁	公司中层
妻子	王玲	28 岁	公司会计
儿子	张子俊	7 岁	小学二年级学生
张父	张从文	58	无
张母	柳竹云	57	无
王父	王军	54	退休工人
王母	刘莲花	53	退休工人

家庭近期资产负债情况如表2所示。

表2　张文奎家庭资产负债表

资产(万元)		负债(万元)	
现金及活期存款	10	信用卡贷款余额	—
预付保险费	—	消费贷款余额	—
定期存款	10	汽车贷款余额	—
债券	—	房屋贷款余额	—
债券基金	—	其他	—
股票及股票基金	15		
汽车及家电	—		
房地产投资	—		
自用房地产	40		
资产总计	75	负债总计	0
净资产(万元)		75	

张文奎家庭年度收支情况如表3所示。

表3　张文奎家庭年度收支表

收入(万元)		支出(万元)	
本人工资收入	12	生活费支出	4
配偶工资收入	3.6	父母赡养费	1
年终奖	8	子女教育费	1
资产生息收入	0.2	保费支出	0
		其他	0
收入合计	23.8	支出合计	6
结余		17.8	

注：资产生息收入中除存款利息外,还包括分红和股息。

张文奎家庭未来支出规划情况如表4所示。

表4　家庭未来支出规划

支 出 项 目	费 用
张子俊成长支出(医药费、教育费)	7 万元
岳父、岳母每月生活费支出	2 000 元
未来换房支出	56 万元
未来换车支出	20 万元

1.2 家庭风险评估

张文奎整个家庭主要面临的风险如下。

1.2.1 孩子的教育风险

张文奎夫妻收入相对较高,比较稳定,其丈夫工作稳定,收入在一般水平,综合家庭经济来源属中高收入水平,但是社会经济波动,存在很多风险的不确定性,针对即将上小学的孩子,夫妻两人可通过以后 3 年的收入为其孩子提供大学的学费,实现孩子接受优质教育的理想。孩子的大学教育是一笔高数额的费用,应提早准备好。

1.2.2 家庭的人身风险

1.2.2.1 夫妻俩的人身风险

张文奎夫妻都参加了社会保险,由于社会医疗保险定位于提供基本的医疗保障,即使参加了基本医疗保险,若因住院治疗或患重大疾病,超过的医疗费用需要补充商业医疗保险来补充。张文奎作为家庭的顶梁支柱,主要收入来源,经常会外出出差,应酬陪客户喝酒吃饭,并且自己也开车,发生意外和大病风险的概率高,妻子也是家庭的主要收入来源之一,工作时间比较固定,所以张文奎夫妻各需投保一份意外伤害险,以备无患。

1.2.2.2 四位老人的人身风险

张文奎的父母已分别 58 岁和 57 岁了,岳父和岳母分别 54 岁和 53 岁,老年人各方面身体机能下降,患病、意外概率也增加了,应当做好养老规划。岳父岳母有退休工资和积蓄和城市基础福利,可以应对突发疾病或者意外。考虑到张文奎父母没有经济来源,以张文奎家庭月收入 13 000 元扣除 1 600 元房屋按揭贷款及教育支出、3 500 元消费支出和 3 000 元左右购房支出,可以预留 1 000 元左右进行积极投资为张文奎父母养老规划作准备。

1.2.2.3 孩子的人身风险

正处于成长时期,喜欢到处玩,调皮,同时心理不成熟,对很多事物没有正确的认知,造成意外的风险性极大,孩子是父母的心头肉,有什么大病小病的父母肯定是竭尽所能,加上小孩年龄小,买大病险便宜,考虑到张文奎家庭正处于财富积累初期,没有大量的资金,可以给孩子购买短期的消费型的意外险及附加住院医疗,再加一份大病险。

1.2.3 家庭的经济风险

张文奎现在住房是 80 平方米,孩子越来越大了,也考虑父母年迈想接过来照顾,刚好公司在集资修住宅区,每平方米 2 000 元,现有 120 平方米、140 平方米和 180 平方米 3 种户型,张文奎想买 140 平方米的,新房首付需要 10 万元。集资修的住宅区是新区,稍微偏远,出门不太方便,张文奎考虑未来换一辆好点的车。

第二章 张文奎七口之家的风险管理

2.1 适合自留预防的风险

张文奎居住的小区,治安良好,但是楼下开了一家麻将馆,经常会有外来人员出入,风险系数综合而言较低,可以在家安装防盗设施。房子修建了 10 年,管道煤气设施还算可以,平常多留意管道安全通道有无堵塞,煤气管道是否老化,安全用煤气。东莞夏天多雷雨天气,多看天气预报,变天之前把电源拔掉,注意用电。张文奎有一辆代步车,保险杠不太好,加强防撞设备。

2.2　适合风险转移和预防的风险

张文奎作为家庭的主要经济来源,顶梁支柱,对家庭的发展起着至关重要的作用,因为工作性质,需要经常外出吃饭喝酒应酬,工作压力也大,身体已在慢慢发胖,出现三高的风险,对个人健康造成了威胁,而且经常开车外出,意外风险发生的概率也高,建议投保重大疾病险和意外险将风险转移出去,同时,平常多注重锻炼,少吸烟喝酒,开车时注意安全。

双方父母年岁已高,健康风险发生的概率比较大,张父、张母患有老年病,高血压、高血脂、冠心病等疾病。针对身体情况很多都不符合市面上健康险产品的投保要求。经调研发现可购买"太平孝心宝老年癌症保障计划",另外,建议平常多注意锻炼,注意饮食,保持良好的心情。岳父岳母身体还算硬朗,国家的福利和退休工资可以应对风险,但是平常也应注重锻炼,多参加老年活动,保持愉快心情。

妻子工作比较固定,有社保,身体健康,每天上下班乘坐公交,加上现在社会交通意外高发,环境污染严重,食品不安全,作为家庭的主要收入之一,也应该投保重大疾病险和意外险将风险转移出去。

儿子 7 岁,正是活泼好动的年龄,磕伤、碰伤、骨折等等意外伤害概率大,可投保少儿医疗险,加上现在社会经济波动,为了给孩子以后一个良好的教育,可投保一份教育险。

第三章　张文奎七口之家的保险规划

为了防范家庭收入中断的风险首先要进行保险规划,根据张文奎家庭无保险保障的状况,需做出保险规划,从成熟家庭的保障情况看,一般建议年度保险费支出占投保人年收入总额的 10%—15%。从张文奎家庭情况看,年保费支出占收入的 0%,家庭未获得足够的保障,买保险最大投保限额不超过家庭总资产的 15%,也就是 3.54 万元,因此,建议夫妇拿出年节余 30 000 元/年,用于家庭保障计划,张文奎作为家庭收入的主来源,保险额度要考虑家庭其他成员的生活和负债。因此,张文奎、妻子及儿子的保费比例可按 6∶2∶2 支出,可优先购买基本险,如重大疾病、意外身故险、子女教育险等。

3.1　丈夫方面

张文奎是家里的顶梁支柱,是家庭收入的主要来源,所以对于张文奎的保障是首要的,但是只有在单位投保的基本保险,一旦张文奎出现风险,家庭财务就可能陷入危机,加上张文奎的工作性质经常外出出差和应酬,自己开车,因此必须考虑增加寿险和意外险的保额。张文奎可购买"联泰大都会吉祥无忧定期两全附加重大疾病和住院补贴保险"保额 10 万元,保至 70 周岁,年交保费 3 760 元,交费期间 20 年。对重大疾病的定义国家有专门的解释包含 25 种疾病,生存至 70 周岁,满期返还保费和分红,同时附加住院补贴,补贴 100 元每天,见诊断即赔付,能够满足家庭的实际需要。意外险购买"太平悦享太平意外伤害保障计划"这是一款两全保险,保额 30 万元,交 15 年,保 25 年,月交保费 352 元,保障 1—10 级残疾,按 10% 等级比例赔付,被保险人保险期间不幸身故最高赔 150 万元,满期生存退还所交保费,附带 10% 的固定增值,25 年合同期满刚好可以用这笔钱给自己做一个养老规划。

3.2　妻子方面

妻子作为家庭的主要收入来源之一,其保障程度是仅次于先生的,妻子和先生一样在单位有基本的社保,没有商业险,一旦发生风险,对整个家庭也是很大的打击,妻子的工作时间,工作压力也还算一般,发生风险的概率要低很多,但是在社会环境、食品以及交通意外等问题的增加,特别是作为一个家长,所以也不容忽视,可以选择买保额相对低一点的重大疾病险和意外险。意外险购买"太平悦享太平意外伤害保障计划",选择保额 20 万元的,交 15 年,保 25 年,月交 252 元。和先生一样,25 年到期刚好可以把这笔钱拿出来做一个养老规划。同样购买重大疾病,买"联泰大都会吉祥无忧定期两全附加重大疾病和住院补贴保险",选择保额 5 万元的,保至 70 周岁,年交保费 2 760 元,交费期间 20 年。

3.3　孩子方面

儿子 7 岁,正是活泼好动的年龄,磕伤、碰伤、骨折等等意外伤害概率大,考虑买一份全面的医疗险。"招商信诺高端少儿医疗险"保障内容全面,包括:少儿住院(床位、手术、药品、检查化验)、少儿门诊(门诊赔付限额 50 万元、门诊所有花费、疫苗)、少儿住院津贴、少儿意外医疗、少儿重疾(癌症和重疾)、私人医生。年交 1 000 元,可续保,投保年龄至 18 岁,基本上全面涵盖了宝宝成长到 18 岁的医疗费用。孩子的教育要属现代家庭的重中之重,尤其对于像张文奎这样的家庭来讲,尤其要重视,夫妻两人可通过以后 8 年的收入为其孩子提供大学的学费,购买教育险,实现孩子接受优质教育的理想。可考虑购买"平安鸿运英才少儿教育金保障计划"选择买 5 万元的保障金额,对于该产品的附加意外伤害医疗,选择 2 万元的保障金额。交 8 年,每月缴纳保费 998 元。高中教育保险金连续三年领取,每年按基本保险金额的 20% 给付,每年 1 万元。大学教育保险,连续四年领取,每年按基本保额的 40% 给付,每年 2 万元,连续四年,共领取 8 万元。满期生存保险,一次性领取,按基本保险金额给付,一次性领取 5 万元。

3.4　老人方面

岳父岳母有城镇职工医疗保险,和国家的一些基础福利,每月有退休工资,可以应对风险。考虑到自己的父母没有经济能力和医疗保险,而且年纪大了,各方面身体机能下降,患大病的概率极高,所以给二老每人买一份大病险,可购买"太平孝心宝老年癌症保障计划",选择保额 10 万元,10 年保障,10 年按月交费,每月花费 207 元,癌症保险金 10 万元,高费用癌症保险金 20 万元,癌症疗养金 1 万元。满期退还所交保费。

第四章　结 束 语

通过这次对一个家庭的调查研究发现,现在普遍家庭风险意识低,对保险的认知能力差,并且很多人对保险存在一定的偏见。为什么国外发达国家保险业已经发展到了成熟时期,而我国正处于保险业的起步阶段,这与国家发展的历史、经济、人文、政治等密不可分的关系,我国应大力扶持保险业发展,做好宣传工作,让人们更好地了解保险、认可保险,特别是在风险日益高发的今天,家庭进行自我风险管理,也有利于社会安定,减少经济损失,促进家庭健康、稳定、和谐的发展。

致　　谢

历时将近两个月,终于将这篇毕业设计写完,在写作过程中遇到了很多的困难和障碍,但都在老师和同学的帮助下度过了。这其中尤其要感谢我的指导老师×××老师,她对我进行了无私的指导和帮助,在忙碌的教学工作中仍然不厌其烦地帮助我对设计进行修改和改进。感恩之情难以用言语量度,谨以最朴实的话语向各位致以最崇高的敬意。

参 考 文 献

[1] 向日葵保险网,http：//www.xiangrikui.com/。

[2] 太平人寿保险集团官方网站,http：//www.cntaiping.com/。

[3] 平安保险集团官方网站,http：//www.pingan.com/。

[4] 招商信诺官方网站,http：//www.cignacmb.com/。

第三节　毕 业 论 文

毕业论文是毕业生在导师的指导下,综合运用所学专业的基础理论、基础知识和基础技能,针对某一问题独立进行分析和研究后写成的,反映自己的学习成果和科研能力且具有一定学术价值的论文。毕业论文在进行编写的过程中,需要经过开题报告、论文编写、论文上交评定、论文答辩以及论文评分五个步骤。

毕业论文的目的在于:培养学生综合运用、巩固与扩展所学的基础理论和专业知识的能力,培养学生独立分析、解决实际问题的能力;培养学生正确的理论联系实际的工作作风、严肃认真的科学态度;培养学生进行社会调查研究,文献资料收集、使用,提出论点、综合论证,总结写作等的基本技能。

一、撰写毕业论文的流程

（一）准备阶段

1. 选题

选题是撰写毕业论文的第一步，也是最关键的一步，实际上就是确定"写什么"的问题，即确定科学研究的方向。论文的选题通常从以下三个方面考虑。

（1）从业务强项或兴趣出发，评定论文选题的大方向。选题时一定要量力而行，从自己的专业着手，充分考虑所选方向与自己的知识结构、素质结构及写作水平是否契合，避免"眼高手低"。

（2）从实习或实践中发现问题进行选题。在平常的生活中、工作中，总会遇到一些应该解决却未能解决的问题。选择适合自己的，社会普遍关心的热点、难点、焦点问题进行论文的写作。这样的选题，如果能够运用所学的理论知识对其进行分析、判断、推理，找到事物的内部联系或规律性，提出自己的见解，探讨解决问题的方法，则是很有意义的。

（3）从有必要进行补充或纠正的课题中进行选题。毕业论文的选题可以而且应当能够对前人的课题进行补充或纠正，只要自圆其说就可。

2. 选材

在确定毕业论文的题目和中心论点之后，就要开始收集和筛选资料。首先，要尽可能地收集与毕业论文题目有关的正反两方面的材料，掌握本学科的研究现状，以便更好地确定选题的方向。其次，要围绕毕业论文的中心筛选资料，保证论文思路清晰、逻辑严谨。最后，资料的收集宜尽早进行。提前收集资料，还有利于及早了解专业动态、自己的专业兴趣及职业发展方向。

（二）编写提纲阶段

毕业论文提纲可以从以下六个方面撰写：（1）拟定标题；（2）写出总论点；（3）考虑全篇的总安排，从几个方面，以什么顺序来论述总论点，这是论文结构的骨架；（4）大的项目安排妥当之后，再逐个考虑每个项目的具体论点，直到段；（5）依次考虑各个段的安排，把准备使用的材料按顺序编码，以便写作时使用；（6）全面检查，作必要的增删。

（三）撰写初稿阶段

准备工作就绪之后，该开始写初稿了。写初稿时可以不用拘泥于字数的限制，只要觉得重要的、该写的，暂时都可以写进去。但是，所写的内容必须是围绕主题的，切不可偏离主体。

（四）修改文稿阶段

1. 修正观点。

2. 增删材料。

3. 调整结构。

4. 润色语言。

二、毕业论文的结构和写法

(一) 封面

毕业论文的封面包括标题、所属学校、系别、专业、学号、姓名、指导教师、职称及成文日期等。

(二) 目录

目录是文章的纲目,它一般由序号、名称和页码组成。主要包括摘要、正文的主要层次标题、参考文献、附录及致谢词等。

(三) 标题

标题又称题目,通常是对学术研究过程或成果的直接阐述。

(四) 摘要

摘要又称提要,是对论文基本内容的浓缩。它以提供文献内容梗概为目的,不加注释和评论,一般为 300—500 字。

(五) 关键词

关键词又称主体词,是从其提名、层次标题和正文中选出来的,能反映论文主题概念的词或词组,一般选取 3—8 个词作为关键词,按词语外延层次从大到小排列。

(六) 正文

1. 前言

前言又称绪论、导言、引论。其写法没有定规,根据论文的内容而定,一般是简单的说明论题的主旨、撰写本论文的目的及意义,提出研究问题的背景及原因,介绍研究范围、研究方法、前人的成果、自己的创见等。

2. 本论

本论是论文的主体和核心,它占据着论文的最大篇幅。论文所体现的创造性成果或新的研究成果,都将在这一部分得到充分反映。因此,要求这一部分内容充实,结构合理,论据充分、可靠,论证有力。为了满足这一系列要求,常常将正文部分分成几个大的段落即所谓的逻辑段,一个逻辑段可包含几个自然段,每个逻辑段可冠以适当的标题(分标题或小标题)。

3. 结论

结论又称结语,其基本的要点就是总结全文,加深题意。作者在结论中应明确指出本研究内容的创造性成果,对其应用前景和社会、经济价值等加以预测和评价,并指出今后进一步在本研究方向开展研究工作的展望与设想。

(七) 参考文献

毕业论文的撰写应本着严谨、求实的科学态度,凡有引用他人文献之处,均应按论文中出现的先后次序列于参考文献中。参考文献的数量并非越多越好,而应视毕业论文的类型及所选课题的研究现状而定。至于格式,参照各学校各专业的要求,并且只列出正文中以标注形式引用或参考的有关著作和论文。

（八）附录

附录并不是毕业论文的重要组成部分，是否添加附录应视具体情况而定。如果作者认为是有重要参考价值的内容，或一些对毕业论文来说是不可缺少的，但又不适宜放在正文中的内容，可编入附录中，如需要补充的参考数据、公式及图表说明等。

（九）致谢词

致谢词又称谢词，即以简短的文字对在论文写作中给予帮助的人（如指导教师、答疑教师及其他人员）表示自己的谢意。

三、毕业论文的写作要求

1. 观点要创新，具有独创性。
2. 论据要翔实，富有确证性。
3. 论证要严明，富有逻辑性。

例文欣赏

××职业学院

毕 业 论 文

保险 专业

题　　　　目：从我国保险业现状分析"理赔难"原因及对策

函授站（点）：＿＿＿＿＿＿＿＿＿＿＿＿＿＿

学　　　号：＿＿＿＿＿＿＿＿＿＿＿＿＿＿

学 生 姓 名：＿＿＿＿×ｘ＿＿＿＿＿＿＿

二〇一二年

目　　录

从我国保险业现状分析"理赔难"原因及对策

【摘要】本论文主要阐述了我国保险市场发展及保险理赔服务的现状,从市场主体发展、保险公司经营、社会环境建设等方基础角度分析当前保险"理赔难"现象的根源因素,并结合国际成熟保险理赔服务模式以及先进经验,提出有利于提升保险理赔服务的策略性建议。

【关键词】保险　现状　理赔　对策

1　当前保险市场发展及保险理赔服务现状

新中国成立 60 多年来,随着我国经济社会的快速发展,保险业的行业面貌和服务经济社会的能力发生了深刻变化。与新中国成立初期相比,保险行业由小到大,从一个基础薄弱、可有可无的行业逐步发展成为关系国计民生的重要行业;保险市场由封闭走向开放,逐步成为全球最重要的新兴保险市场之一,保险业经历了质的飞跃。这其中有成功的经验,也有失误的教训。总体而言,我国保险业作为金融业的一大支柱,虽然经过自 1980 年恢复保险业以来的高速发展,但由于其底子薄、基础差,与银行、证券等行业相比,仍然显得"势单力薄"。在制度建设、行业监管以及社会影响等方面,存在诸多的不足。保险理赔服务也长期受社会公众贬驳,保险"理赔难"一直是保险行业发展乃至社会的痛疾之一。

1.1　保险机构发展现状(略)

1.2　保费规模发展现状(略)

1.3　保险人才供需状况(略)

1.4　当前保险理赔服务模式

1.4.1　自主理赔

受保险公司传统的经营模式和经营理念制约,我国的保险公司大都沿袭了"大而全、小而全"的经营模式,即自身承揽保险经营的所有环节,即从展业、承保到防灾、查勘、定损、理赔、追偿等都由保险公司经营。其理赔服务模式特点表现为:(1)各自建立自己的服务热线,通过热线接受报案实行全天候、全方位的服务;(2)各自建立自己的理赔查勘队伍,自身配备查勘车辆和相应设备,接受自身服务中心的调度和各类查勘定损工作;(3)针对车辆保险各自建立车辆零配件报价中心,组织专人从事汽车配件价格的收集、报价和核价工作;(4)查勘定损的某个环节或服务辐射不到的某个领域才交由公估公司、物价部门、修理厂、调查公司等外部机构去完成。

这种自主理赔的模式在我国保险业发展初期曾发挥了积极作用,但随着改革开放和保险市场的发展变化,被保险人的保险消费意识的不断提高,这种模式日益凸显弊端,主要表现在:(1)资金投入需求大、工作效率低、经济效益差。对于保险公司自身来说,需要建设庞大的理赔队伍,加上查勘车辆、设备的相应配置,导致其内部管理和经营核算的经济效益差。特别对于一些新发展的公司,受人力、物力局限性影响,极易产生"查勘看不过来、估损定不过来、材料交不过来"的不良现象。(2)理赔业务透明度差,有失公正。保险公司自己查勘取证、定损定价,就好比保险公司既做"运动员",又当"裁判员",这对于被保险人来说,意味着理赔结果违背了公正的基本原则和要求。对于这种矛盾,即使保险公司的理赔结论是合理的,也往往难以令被保险人信服。

1.4.2　保险公估

保险公估即由专业的保险公估公司接受保险当事人的委托,负责保险事故的查勘、验损和理算工作。保险公估理赔是国际上通行的做法:一是能够减少理赔纠纷,更好地体现保险合同公平的特点,使理赔过程公开、透明,避免了可能出现的争议和纠纷,防止以权谋私;二是由专业公司负责查勘、定损工作,能够更好实现社会分工的专业化,进一步完善保险市场结构;再就是能够促进保险公司优化内部结构,节省大量的人力、物力、财力,避免保险公司配备固定的检验人员和相关设备可能产生的不必要的费用开支和增加的固定经营成本。但是,由于当前我国保险公估行业发展不完善,该模式在保险理赔服务中所占比重很小,多局限于财产类业务。

1.4.3　其他机构组织

由于保险业所覆盖的保险标的种类繁多、涉及范围广,在其他行业的关联或重叠区域,融合产生了很多新的组织或单位,或多或少地参与了保险理赔服务。例如,近年来多地推出的由公安交通管理部门、保险行业协会共同建立的交通事故快速理赔服务中心,由公安交通管理部门、人民法院或仲裁机构、律师行业协会共同组成的交通事故调解委员会,医疗事故鉴定机构与保险公司合作成立的医疗事故调解中心等。这些都是在社会发展中,不同服务部门或机构之间通过自身的摸索与协调而自发形成的一些新模式,对稳定社会、加快事故处理等有一定的积极促进作用,提高保险理赔效率。但是,由于自身的不成熟不完善,往往具有较强的局限性,有的受地方性政策影响较大而形成地方保护色彩,有的易受自身行业性质考虑而难以顾及保险理赔自身的法律规范,在一定程度上降低了保险理赔服务效果。例如,交通事故处理中经常遇到的物价鉴定行为,往往由公安交通管理部门委托物价部门强制定损,而保险双方当事人不认可、不欢迎,反而引发保险理赔纠纷,中国保监会也曾发文予以抵制。

1.5　保险公估业发展现状(略)

2　影响保险理赔服务的主要因素

2.1　保险公司经营的影响

在国家大力倡导发展保险业的利好政策推动下,同时看好保险的资本融通功能,国内外各大型企业纷纷投资在中国大陆设立新的保险公司。但是,商业保险归根结底仍是一种市场经济体制之下的企业经营行为,自然脱离不了经济行为的特点,股东设立或者投资保险公司的目的必然是获利。从国际保险市场来看,保险公司多以各种形式的投资作为营利的途径;而反观我国保险市场的经营现状,受投资渠道相对较少、投资能力较低等因素影响,投资收益率相对国际平均水平较低,而且由于央行降息,保险公司的预计失误等,造成大多保险公司的投资收益率仍较差,因此对承保利润的获取势必成为各保险公司经营目标之一,经营重点脱离不开扩展业务规模、压缩业务成本上,这间接引发了理赔服务的一系列问题。

2.1.1　"重业务、轻服务"的思想仍存在(略)

2.1.2　理赔服务质量未纳入公司经营考核机制(略)

2.1.3 "低费率、高费用"的竞争手段削弱理赔服务能力(略)

2.2 保险机构的快速发展造成理赔服务资源不足

长期制约保险理赔服务水平发展的另一个根本因素也来源于保险公司本身,即理赔服务资源的投入不足以满足日常服务的要求。由于偏重业务发展,公司资源往往倾向销售方面,而对服务工作的资源需求保障不足或供给不均匀,或整体或局部存在服务不到位的现象。

2.2.1 服务设施配置相对滞后(略)

2.2.2 理赔服务队伍建设滞后(略)

2.3 保险理赔管理意识存在误区

2.3.1 误区一:向理赔"要"效益

近些年来,在保监部门的监督引导下,大多保险公司都调整发展思路,转向"以效益为中心"的路线。在具体运作中加强内控管理,促进效益,特别对保险理赔工作提出"向理赔要效益"的口号。加强理赔管理、防止虚假赔案、挤压理赔水分是理赔管理的必然,无可厚非,但不免出现一些公司或管理者过分强调"要"效益,势必将理赔服务工作导入误区:查勘时往往带着"有色眼镜",一律持怀疑态度进行查勘,动辄拒赔;在核定损失时讨价还价、就低不就高、副厂件代替正厂件;理算赔款时抠文字、找漏洞、谈比例、千方百计增加免除项或免赔率,如此等等,都严重偏离了保险理赔的基本原则,更是引起客户的不满和争议。

2.3.2 误区二:理赔内控制度"细"化

为保证保险赔付的准确性,管控赔款支出,各保险公司都会设置自己的理赔管理流程、制订详细的理赔管理制度,以防止理赔疏漏,挤压理赔水分。这样就易出现因考虑内控流程的过度细化而环节复杂、多重审核,造成理赔工作效率低下,无法保证被保险人的正常生产或生活秩序,甚至造成被保险人其他间接负担或损失。据有关部门统计,保险理赔投诉中有近七成是因为保险公司定损不及时或赔偿不及时。例如,常见的车辆验损环节,往往由于定损时间过长或迟迟不下结论,影响客户正常维修和使用;还有赔案审批环节过多,较大的赔案往往要通过多层审核,长达数月。另外,保险公司常以条款约定或内部制度规定为由要求被保险人提供烦琐的证明材料,从而给被保险人设置了重重障碍,往往因为收集材料难度大、成本较高等原因不得不放弃索赔。

2.3.3 误区三:"通融赔付"的泛滥

所谓"通融赔付"是指当保险标的发生风险事故后,按照保险合同条款的规定,不应由承保公司赔付的经济损失,由于其他具体因素的影响,承保公司对被保险人的经济损失全部或部分地补偿或给付的行为。诚然,在实践中"通融赔付"被许多保险公司视为巩固业务关系、维护公司信誉、增强保险市场竞争力的有力手段。但从实际情况来看,通融赔付的泛滥反而了削弱了保险公司的理赔服务能力。首先,通融赔付缺少符合保险理赔的原则及相关法律、法规规定,侵害了其他未得到通融赔付的被保险人的权益。在同样的费率厘定条件下,不同群体享受到的待遇不一样,相对单独个体或弱小群体来讲显然有失公允。其次,通融赔付缺乏统一的是否赔付的衡量尺度或赔付金额无上限、下限标准,随意性过大,极易引起保险理赔的"滥赔"现象。同样的保险案件,不同的保险公司处理也不一样。有的保险公司进行通融赔付,有的不赔付;有的赔付金额多,有的赔付金额少。即使同一家保险公司,内部在处理同样的保险案件时对不同的客户也是采取不同的赔付衡量尺度或赔付金额标准;甚至还有些保险公司的赔付衡量尺度或赔付金额标准完全由公司领导说了算,假借通融赔付之名,做人情赔付,极易诱发腐败之风及引起客户投诉。最后,过多或金额过大的通融赔付会减少了保险公司的利润,不利于保险公司经营的稳定性,更会挤压理赔正常成本,对本就紧张的赔款资金来说无异于釜底抽薪。

2.4　社会环境影响理赔服务效果

2.4.1　保险及相关法律知识普及度不足(略)

2.4.2　政府部门职能作用发挥不力(略)

2.4.3　法制环境不健全(略)

2.4.4　社会诚信环境不理想(略)

3　提升保险理赔服务能力的对策

综合当前保险市场发展情况以及当前理赔服务质量因素分析,当前影响理赔服务效果的,可总结为三种情形:一是在保险业发展历程中必经的阶段因素如市场主体不足、保险深度不高、公估业发展不成熟等;二是保险机构自身对理赔服务的关注程度因素如经营考核、资源投入、效益选择、服务标准等;三是受社会环境因素影响,如社会认知度、政府部门职能、社会诚信建设等。从当前社会对保险理赔的需求来看,建议着重从以下五个方面改善环境,促进理赔服务能力的提升。

3.1　逐步拓宽保险投资渠道,提升保险公司盈利能力(略)

3.2　加强理赔服务质量监管,促进保险公司对理赔服务的关注(略)

3.3　逐步统一理赔服务标准,实行保险理赔资格准入制度(略)

3.4　促进保险公估行业发展及完善,充分发挥保险公估作用

保险公估机构的存在与发展,源于保险公估机构的独特地位和特有职能。保险公估机构介入保险市场,不仅能有效地降低保险商品的边际交易成本,而且能维护保险关系双方当事人的合法权益。在建立和完善保险市场体系、实现由粗放型经营向集约型经营转变的今天,加快培育和发展公估机构是促进保险理赔规范化的需要。在国际上,由保险公估人经办本国或代理国外保险与再保险的公估业务是通行的做法。

3.4.1　明确保险公估人的法律地位(略)

3.4.2　拓宽公估业务范围,提升自身实力(略)

3.4.3　增加服务网点,提高公估服务水平(略)

3.5　建设保险诚信社会

建设保险诚信是一项复杂的系统工程,因为保险经营的特殊性,联系社会的广泛性,决定了保险诚信建设对整体社会诚信环境的依赖性。所以,政府和监管机构要切

实肩负起营造社会诚信环境的责任,促进保险业可持续发展。一是制定市场行为规则,规范保险市场竞争秩序,增加重大项目招投标的透明度,监督和促进保险公司加强同业合作,共同抵制不诚信的行为。二是实施教育与引导,从构建企业文化的长远发展目标出发,高度重视诚信建设,对其员工进行诚信教育,并建立有效的激励惩处机制,树立起保险企业形象。具体的做法是在保监会、保险行业协会的指导下,逐步建立面向行业内外的保险信息网络,包括保险公司一般性业务沟通交流网络。三是建立奖惩机制,在建立保险行业荣誉体系,定期考核评比的基础上,隆重表彰全国范围内的诚信建设先进单位和个人,典型引路,弘扬诚信文化。同时建立保险从业人员和被保险人诚信信息查询网络,对有不良记录的保险公司、代理人名单和恶意骗保骗赔被保险人名单进行公布。这样,一方面可使失信的业务员难以再从事保险业,为不诚信行为付出沉重的代价,也可以起到警示教育的作用;另一方面也可使那些恶意骗保的投保人难以得逞。

参考文献(略)

致 谢

通过查找相关资料及文献,并结合自己所学知识以及十多年的保险理赔工作经历,完成了题目为"从我国保险业现状浅析保险'理赔难'问题及对策"的论文。文中对我国当前保险市场发展及保险理赔服务现状进行了分析并提出了自己的建议。通过完成这次论文,让我对自己两年多来的保险专业学习做了一次完整的总结,所学的知识尽可能地在论文中体现,对我以后的工作也有很大的帮助。在此,对学习过程中给予我无私关心和指导帮助的吕锡文院长及各位老师致以衷心的感谢!

综合训练

一、何一帆现在是××职院保险专业大三的学生,今年上学期他在××保险公司实习达3个月之久。在实习过程中,他将理论知识融会贯通于实践之中,在与人沟通和业务等方面得到了很大提高。实习结束,老师要求写出实习报告。假设你是何一帆,请你代他写出实习报告。

二、毕业设计的选题有什么讲究? 你认为什么样的选题比较适合高职学生?

三、写出一篇合格的毕业论文所必备的基础知识、专业知识和提出问题、分析问题、解决问题的能力,以及相关工具的能力,需要长期的学习、培养和训练。请根据你的专业学习需求以及自己的学习兴趣,草拟一个毕业论文题目,并拟写一个写作提纲。

第八章 保险公司日常应用文

日常应用文是单位和个人在日常工作和生活中广泛使用的具有一定习惯格式的应用文体,其主要作用是告知情况、沟通信息、联系工作、表达意愿、邀请答谢、祝贺表彰等。

案例导入

世界歌王帕瓦罗蒂到北京音乐学院访问,很多家长都想让这位歌王听听自己子女唱歌,目的就是想拜他为师。帕瓦罗蒂出于礼节,只得耐着性子听,一直没有表态。

黑海涛是农民的儿子,凭着自己的刻苦努力考入这所著名的音乐学院,他也想得到帕瓦罗蒂的指点,但他知道自己没有背景。难道白白浪费这么好的机会吗? 黑海涛不甘心,灵机一动,就在窗外引吭高歌世界名曲《今夜无人入睡》,一直茫然的帕瓦罗蒂立即有了反应:"这个年轻人的声音像我! 他叫什么名字? 愿意做我的学生吗?"黑海涛就这样幸运地成为这位世界歌王的学生。1998 年,意大利举行世界声乐大赛,黑海涛取得了第二名的优异成绩,由此成为奥地利皇家剧院首席歌唱家,名扬世界。

这个案例说明:要成功地毛遂自荐,至少应具备三大要素:胆大心细,适时果断出击;表现手段能立刻吸引考官注意;要有真才实学。如果黑海涛没有真功夫,就是唱破了嗓子,也没人理会。所以,胆量是前提,技巧是关键,水平是保证,缺一不可。如果竞聘者具备以上三点,成功之日将指日可待。

第一节　申　请　书

一、申请书的概念

申请书指个人或集体因某种需要，在日常生活和工作中，向有关机构或组织、社会团体提出相关请求表达意愿时使用的一种常用文书。

二、申请书的种类

申请书在日常生活中使用广泛，依据申请的事项和具体的用途，大致有以下三类。

（一）思想政治方面的申请书

这是一种比较正式、规范的申请书，主要是个人要求加入政治党派和组织以及其他社会团体时使用此种申请书，如申请加入中国共产主义青年团、中国共产党、少先队、工会、参军及一些民主党派等。申请者一般要详细介绍自己的个人情况和经历（这一部分也可以附件的形式单独书写），同时要写明自己的加入动机、原因及个人对党团或该社会团体的认识和自己的决心等内容。

（二）个人工作、学习方面的申请书

个人为了在以后的职业生涯中有更好的发展，希望进入一个新的学习场所提升自我或希望进行各种专项的职业技能培训时可以用此种申请书，如入学申请书、休学申请书、复学申请书、带职进修申请书、工作调岗申请书等。

（三）日常生活方面的申请书

在日常生活中人们经常遇到一些问题，需要组织、单位或领导进行考虑、照顾或给予解决，这时可以提出申请，如遗失有关证件时的补办申请、申请保障性住房申请、申请经济困难补助、个人开业申请、办理个人工作及促进个人未来发展的其他各项具体事项的申请书。

三、申请书的特点

申请书属于书信体的一种，从形式上讲，它符合书信体的格式要求，又因为它是一种专用日常应用文书，有其自己的特点。

（一）明确的请求性

申请书是一种申述自己的理由、满足某种要求的文书，或是个人要求入团、入党、入会，或是请求解决某些困难等，其要求必须明确具体，以利于组织、单位或领导研究解决。

（二）内容的单一性

申请书是个人或下级对上级或机关团体有所请求时才使用的，一般一事一书，即只提出单一的申请事项,不宜将不相同的几件事情写在一份申请书里。

四、申请书的结构和写法

申请书一般都有较为固定的格式,它的内容由标题、称谓、正文、署名和日期四部分组成。

(一)标题

在第一行正中写"申请书"三字作为标题,也可以在根据申请书的内容标明具体名称,即事由＋文种,如《入党申请书》《农村医保申请书》《办理户口登记申请书》《关于参加保险营销培训班的申请书》等。

(二)称谓

称谓即申请书的主送对象,要在标题之下正文之前顶格书写,后加冒号。

(三)正文

正文分开头、主体、结语三部分。

1. 开头

在称谓的下一行空两格写申请到的正文部分,开头先介绍自己的身份,然后简明扼要地提出自己的申请事项。

2. 主体

在这一部分主要阐述申请理由,不同用途的申请书,主体部分的内容侧重点有所不同。如果是申请入团入党,要在这部分阐述对党的性质、纲领、目标、指导思想等方面的认识,表达长期以来渴望入团、入党的愿望。如果是办理事务的申请,要在这部分较详细地写明已经具备的各种条件,并表示遵纪守法、服从管理的态度。如果是科研课题的申请,要在这部分详细论证课题的价值、意义和完成课题研究的各种条件。

3. 结语

一般用"此致敬礼""恳请批准""不胜感谢"等语表示礼貌和得到批准的恳切愿望。

(四)署名和日期

在结尾下一行,写上申请人姓名或申请单位名称,如果是单位申请,还要加盖公章。在署名后面或下面另起一行写上申请日期(年、月、日)。

五、申请书写作注意事项

(一)申请理由要实事求是,要充分、合理。

(二)申请事项要写具体、清楚。

(三)语言简洁、流畅,态度诚恳。

例文欣赏

【例文1】

入党申请书

敬爱的党组织：

我自愿加入中国共产党，中国共产党是中国工人阶级的先锋队，是中国各族人民利益的忠实代表，是中国社会主义事业的领导核心。党的最终目标是实现共产主义的社会制度。中国共产党以马克思主义、列宁主义、毛泽东思想作为自己的行动指南。

中国共产党领导中国各族人民，在长期的反对帝国主义、封建主义、官僚资本主义的革命斗争中，取得了新民主主义革命的胜利，确立了社会主义制度，发展了社会主义的经济、政治和文化；十一届三中全会以来，党总结正反两方面的经验，解放思想，实事求是，实现全党工作重心向经济建设的转移，实现改革开放，把马克思主义的基本原理与当代中国社会主义建设的实践相结合，逐步形成了建设中国特色社会主义的理论和政策、路线、方针，开创了社会主义事业发展的新时期。总之，没有中国共产党，就没有中国革命的胜利与社会主义建设的成功。

作为一名团员，党的先锋队的一员，我一直严格要求自己，用实际行动证明团员的价值、团员的先锋作用。随着年龄与文化知识的增长，我对党的认识也越来越深，加入党组织中来的愿望也越来越强烈。所以，在平时我不断加强自身修养，经常学习党的理论知识，用党性来武装自己的头脑，在实际行动上积极与党中央保持一致，积极参加团的各项活动，时刻争做一名优秀团员。升入大学以来，从学习环境、文化程度上都进入了我人生的一个新起点，从思想上我对自己也有了更进一步的要求，积极争取早日加入党组织中来。为了规范自己的行为、指正思想的航向，我争取做到以下四点：

一、思想上严格要求自己，在平时多学有关党的理论知识，多研究时事，时刻与党中央保持一致，用一名党员的标准来要求自己，争取做到身未入党，思想先入党。

二、努力学习文化知识，对于所学做到一丝不苟，严肃对待，努力钻研，争取每一课达到"优"，为以后走上工作岗位打下坚实的基础。

三、积极参加校、系、班的各项活动，从组织到参加，都尽量发挥自己的专长，兼顾校、系、班的利益，真正起到先锋模范作用。

四、在日常生活中，时刻保持与同学的良好关系，热心主动地帮助有困难的同学，同时要求自己朴素、节俭，发扬党员的优良传统。

我将努力做到以上四点，并随时向身边的优秀同学看齐，向优秀党员看齐，始终以党员的高标准来衡量自己的一言一行。

如果自己有幸成为一名党员，那将是我最大的荣幸，我将时刻牢记党员的职责，遵守党的纪律，严守党的秘密，认真履行党员的权利和义务，争做一名优秀党员。如果因为自己还存在某些不足暂时不能加入党组织中来，我也不会气馁，我会更加严格要求自己，争取早日成为一名党员。

我随时接受党组织的考验。

此致

敬礼

申请人：×××

××××年×月×日

【例文2】

员工转正申请书

尊敬的领导：

本人于2018年7月1日成为公司的试用员工，到今天6个月试用期已满，根据公司的规章制度，现申请转为公司正式员工。

作为一名应届毕业生，我非常感谢公司的各位领导及本部门宋经理对我的关爱和信任，也要感谢同事们在日常工作对我的提点与帮助。

想起半年前的我，对保险行业一无所知，对公司的业务管理岗的业务流程一窍不通，从上班的第二天去市行政总汇办理从未办理过营业执照的年审，到现在学会如何更好地跟政府办事窗口打交道，基本上熟练掌握并能够独立开展发票管理、反洗钱业务、催缴应收保费、营销员管理等业务操作。这虽有我的努力，亦有赖大家对我工作的支持与谅解。

在部门的工作中，我一直严格要求自己，不断充实自己，兢兢业业，认真学习本岗位的业务流程，及时完成领导布置的每项任务，遇到专业上和非专业上不懂的问题，虚心向领导及同事请教，积极提升自己独立解决问题的能力，希望自己能够做到尽快独当一面，为公司做出自己应有的贡献。我深知"金无足赤，人无完人"的道理，在日常的工作中，我发现自己尚有很多需要改进的地方，例如，做事不够一丝不苟、严谨认真，本岗位的业务方面还需累积更多的实践工作经验。在此，非常感谢公司宽松和谐的工作氛围及积极向上企业文化，能够体谅我工作错误，使我一步一步地从一个普通的新人向高效、优秀的员工迈进。

古语有云"良禽择木而栖，良臣择主而侍"，选择一家合适的公司，是实现职业规划的一个重要平台。经过这6个月，我现在已经能够独立处理公司业务管理岗的工作，觉得自己已具备国寿员工的基本素质，在此我提出转正申请，恳请领导给我继续锻炼自己、实现理想的机会，继续给予我支持与鼓励。同时，我会用谦虚的态度和饱满的热情做好我的本职工作,为公司创造价值,同公司一起展望美好的未来!

　　此致

敬礼

申请人：×××

2018 年××月××日

第二节　演　讲　词

一、演讲词的概念

　　演讲是演讲者在特定的环境中,借助有声语言(为主)和态势语言(为辅)等艺术手段,面对广大听众发表意见,抒发感情,从而达到影响人的意识和行为的一种现实的社会实践活动。

　　演讲词是演讲用的文稿,又称讲话稿或发言稿。它是演讲者在演讲前经过精心设计、匠心独运而写成的文稿。

　　演讲词有明确、具体的演讲对象,是在特定的环境中,面对听众直接宣讲的文稿。

二、演讲词的作用

　　演讲活动对现实生活的影响是显而易见的。演讲具有特殊的教育作用、训练价值和交往价值。演讲词作为供演讲用的文稿,具有如下四个作用:

　　(1)在宣传真理、鼓舞士气等方面有积极作用;

　　(2)在思想道德教育方面有积极作用;

　　(3)在交流思想、发表观点、传达信息、传授知识、抒发感情、扩大交往等方面有积极作用;

　　(4)在开发智力、训练思维方面有积极作用。

三、演讲词的语言特点

(一) 口语化

演讲词的语言虽然吸收了书面语言的优点,但基本上应是口语化的语言。演讲词应对口语作必要的、有限度的加工、修饰,使之更加规范化。

口语化简言之就是要"上口"和"入耳"。这是演讲词语言的基本要求。

(二) 通俗易懂

常言道:"话需通俗方远达。"听众没有过多的时间像读文章一样去思考、琢磨,演讲主要是以声音作为传播载体的。

演讲词只有通俗易懂,才能抓住听众的有效注意力。

(三) 形象生动

演讲之所以能感染听众,就在于它能使演讲者所见到的景象、所感受到的情感重现,让听众有如临其境的感觉。这就要求演讲词的语言能形象地描摹,生动地再现。

(四) 幽默风趣

幽默是一个人机智的体现。演讲词的魅力就源于它能寓教于乐,让听者在愉快、轻松的气氛中得到一种享受和教育。

演讲是语言艺术,听众不但要从它的内容上得到启示,而且要求在听觉上感到悦耳动听,撰写演讲词时,应当注意现代汉语的四声与平仄的和谐组合,使听众能领略到抑扬顿挫的语言音乐美。

四、演讲词的种类与基本要求

由于社会生活的丰富性与多样性,为各种规模、各种形式的会议与场合而准备的演讲稿、讲话稿,也就种类繁多。领导要作报告,群众要发言,不同身份的人发表不同性质的讲话,要推介典型经验,要进行学术争鸣,要发表议论,要申辩某种理由,要驳斥对方的论点等,都属于广义上的演讲词。

(一) 演讲词的种类

1. 按演讲稿的内容划分

这可划分为政治演讲稿、学术演讲稿、宗教演讲稿、道德演讲稿、辩护演讲稿、礼仪演讲稿等类型。

2. 按演讲稿使用的场所划分

这可划分为集会演讲稿、会议演讲稿、战地演讲稿、街头演讲稿、课堂演讲稿、法庭演讲稿、广播电视演讲稿等类型。

3. 按演讲的目的划分

(1) 立意性演讲稿:以宣传主张、阐述道理为主。

(2) 立智性演讲稿:以传播知识、讲说技能为主。

(3) 立德性演讲稿:以提高人们的思想品质为主。

(4) 立情性演讲稿:以表达和交流感情感受为主。

4. 根据口语表达的类型划分

这可分为独自型演讲稿、对话型演讲稿和化妆型演讲稿。

5. 根据篇幅划分

这可划分为长篇演讲稿与微型演讲稿等。

(二) 演讲词的基本要求

1. 真实

真实是一切艺术美的根基,也是激发听众愉悦的内在根据。苏联教育家卢那察尔斯基说过,一个演讲家"不是敲击铜铃,而是敲击人们的心灵""只有真的声音才能感动听众"。

演讲词反映的现实感、真实感、逻辑感、统一感、历史感便构成了演讲词的真实。

2. 新颖

演讲词要发挥有效的宣传教育作用，要抓住听众，就必然要体现新的时代精神，融进新的社会内容，反映新的、活的社会状况。只有新颖的内容、新颖的手法、新颖的角度、新颖的形式，才会激发听众浓厚的兴趣。

3. 诚挚

俗话说："动人心者莫先乎情。"演讲是心与心的碰击，是心与心的呼唤，要说服听众、感染听众，唯有撰写演讲词者动真情。只有这样，演讲时才能与听众沟通。俗话说"通情达理"，只有情通了，道理才说得明白，只有对听众充满感情，对自己的题材充满信心，才能打动听众。

4. 深刻

演讲词往往要宣传一种观点，提出一种主张，要让听众信服，就必须具有独到的见解，高人一等的观点。要让人接受这种观点，就必须调动各种艺术手段，做到由浅入深、情理交融。

五、演讲词的写作

从广义角度而言，会议报告、开幕词和闭幕词，欢迎词、欢送词、答谢词等，都属演讲词的范畴，而且其运用极为广泛频繁，下面分叙一下这几种常见的演讲稿的写作情况。

(一) 报告文稿

报告文稿是领导、某些学科专家根据形势和工作需要，对社会科学和自然科学中的某个问题向与会者发表见解、阐述观点而准备的文稿。一般由标题、称谓、正文三部分组成。

1. 标题

报告标题有两种类型。

(1) 公文式标题。

公文式标题由事由、文种两部分构成，例如《关于国外保险业务发展情况报告》。

(2) 议论式标题。

例如，周培源同志的一则报告标题，就是一个议论式标题：

团结奋斗　　振兴中华

为社会主义现代化建设作出新贡献

在九三学社第四届全国社员大会上的报告

（周培源）

2. 称谓

称谓就是报告者对听众的称呼，要视不同的对象，选用不同的称呼。其写法大致有两种情况。

（1）称谓只写在报告开头。

（2）除开头称呼外，在报告的进程中还要适当地穿插使用称呼，其作用是提示听众。每次称呼的出现，都标志着讲话进入了一个新的层次。

3. 正文

正文由开头语、主体、结束语三部分组成。

（1）开头语，又称引论、导语。其任务是提出问题、说明会议的指导思想。

（2）主体，也称正论，是报告的核心部分，即分析问题、解决问题的部分。其任务是阐述问题、批驳谬论。如果是工作报告，则包括成绩和经验、问题与教训，今后任务和措施三个方面。

主体部分的写作，力求言之有物、言之有序、言之有文。

（3）结束语，又称结论。一般是归纳报告的中心内容，或发出号召。

结束语要热情洋溢，富有宣传鼓动作用。

有的报告在结束语后面，还要写上"以上报告请予审查""以上报告，请大会审议"或"谢谢大家"等字样。

（二）演讲词

演讲词是由称谓与正文两部分构成。

1. 称谓。放在文稿开始处，其写法要求与报告文稿相同。

2. 正文。正文通常包括开头、主体、结尾三部分。

（1）开头。应开门见山提示要点、突出主题，以令人关注的焦点抓住听众。

（2）中间。这是主体部分，其任务是展开主题。在材料的组织安排上与一般议论文相同，讲究逻辑性和论辩性。要抓住中心，突出重点，即用较多的篇幅来论证要讲的问题，通过透辟的分析、正确的观点、确凿的事实、饱满的感情打动与说服听众。

演讲词的表达方式比较灵活，为说明问题，论证观点，抒发感情，可叙述、可议论、可抒情，要充分调动各种表达方式来论述事理、抒发胸臆。

语言要生动活泼，通俗易懂，可使用俗语、谚语、成语、歇后语，恰当运用比喻、双关、夸张、排比等修辞手段，以增强语言的感染力。

（3）结尾。结尾的任务是收束全文，提出希望、意见、要求或发出号召。此外，在末尾处还应加上表示敬意、亲切的祝语，诸如"祝同志们万事如意""谢谢大家"等。

（三）开幕词与闭幕词的写法

1. 开幕词

开幕词是会议的序幕，其主要任务和作用是提出会议的中心任务，阐明会议的目的、要求和重大意义。

开幕词宜短小精悍，语言力求简明扼要，既要热情激昂，又要严肃庄重。

开幕词的标题有两种形式：

(1) 会议名称加"开幕词";

(2) 议论式标题,其要求与报告标题相同。

开幕词的正文一般要写以下内容:

(1) 宣布会议开幕,简要说明会议召开的时代背景;

(2) 说明会议的任务,即议事、议程;

(3) 阐述会议的意义,说明会议进行的方法;

(4) 提出要求与号召,并含有"预祝大会圆满成功"等祝颂话语。

2. 闭幕词

闭幕词和开幕词在写法上基本相同。

其标题结构与开幕词的标题结构相同。

闭幕词正文内容大体包括:

(1) 总结会议收获,阐述会议意义;

(2) 说明贯彻会议精神的要求和方法;

(3) 向给予大会帮助的有关方面表示谢意;

(4) 宣布大会闭幕。

开幕词与闭幕词一般都由大会的秘书团队起草,经领导审阅、修改后定稿。写好开幕词,目的在使人领会大会的主导精神,了解大会的具体进程;写好闭幕词,关键要有明确的针对性。因此,文稿起草者要认真阅读大会的有关材料,详细而全面地了解大会的基本情况。这样,开幕词与闭幕词的撰写,才能围绕大会宗旨,体现大会精神。

(四) 欢迎词、欢送词、答谢词的写法

欢迎词、欢送词、答谢词三者名称各异,使用场合不同,但写作方法大体相同。它们形式灵活,内容单一,没有固定的结构。写作时要注意如下四点。

1. 讲究礼貌

这种为了某种应酬,出于礼仪需要使用的文章样式,应十分注意礼貌。要用尊称,一般需在姓名前加职衔或表示亲切的词语,诸如"尊敬的""尊贵的""敬爱的""亲爱的"之类的字样。称姓名时要用全称,切忌用简称、代称、小名、外号等。

2. 注重感情

要有必要的客套话,感情诚挚、态度热情、自尊自重、不亢不卑。

3. 坚持原则

欢迎、欢送、答谢都是双边活动,其中任何一方的致词,都不仅代表个人的意志,而往往是代表各自单位或国家。因此,致辞既要表示友好,又要坚持自己的原则立场。致辞的措辞要求严谨、慎重,将原则立场含蓄、委婉、不伤感情地、艺术地传达给对方。

4. 要尊重风俗习惯

不同地区和国家的人民,以至同一国家不同民族的人民都有各自的风俗习惯,在

写作致辞时,应予以特别注意,以免造成双方的误解,甚至不愉快。

六、演讲词的写作技巧

(一) 要重视选题和立意

演讲的主题是演讲词的灵魂,其选择主题的标准是:(1)要选择现实中急需回答的问题;(2)要选择自己有真知灼见的主题。

演讲词的立意要高、立意要深。

(二) 演讲词的结构技巧

1. 理清脉络

紧扣中心论题,展开说理分析,前后统一,贯穿到底。

2. 层次分明

一般演讲词中常用设问句、排比句、过渡句来标明层次结构,使听众抓住要领,辩明纲目。

3. 节奏适度

在内容安排上,感情抒发上,要变换多样,适时调节,这样才可能节奏适度。

4. 衔接自然

演讲稿应注意各段之间的内在逻辑联系,段与段之间应承接自如,衔接自然。

5. 总体布局合理

要注意运用开阖、抑扬、疏密、虚实、擒纵等艺术技巧,做到跌宕起伏、尺水波澜。

6. 把握好三个点

找准切入点,选好动情点,引入升华点。

(三) 演讲词的修辞技巧

演讲词中应适当使用的修辞手法,主要有以下七种。

1. 比喻

比喻可使抽象概念形象化,深奥的道理浅显化,复杂的事物简单化,而且有妙趣横生、耐人寻味之效。

2. 排比

排比可增强语言的节奏感和旋律美。用它说理可使论述细密严谨;用它叙事,可使事物集中完整;用它抒情,可使感情激越奔放。

3. 反问和设问

反问和设问都是明知故问。不同的是,设问是自问自答,反问则用不着回答,以引起听众深思。

4. 反语

反语可使听众通过联想、对比,深刻理解对事物的评价和态度。

5. 引用

引用可使演讲词生动活泼,言简意赅,阐述透彻易懂。

6. 感叹

感叹能渲染演讲词的感情色彩,或引起听众的好奇心,帮助听众理解所阐述的问题。

7. 婉曲

应根据听众的心理承受能力委婉地表达,有些问题不可讲得太直太露,宜采用避重就轻、避近就远、避大就小等手法,用婉曲的修辞来达到演讲的目的。

(四) 巧妙地设计开头和结尾

一个好的开头是演讲者与听众建立感情的第一座桥梁,能为听众接受演讲者观点铺平道路;一个好的开头能够创造适合整个演讲的气氛,为全篇演讲定下基词;一个好的开头有利于打开局面,引人入胜。演讲者一定要精心设计,匠心独运。常见的开头形式有下面八种。

1. 从具体事例讲起

要想让一般的听众长时间忍受抽象式的声明,是很困难而且很费力气的,而以自己的丰富经验和动人故事作为发端容易吸引听众。

2. 巧设悬念

好奇心人皆有之。可以利用一段悬念丛生的事件引起大家的好奇心,然后使他们急于知道造成这段事实的原因。

3. 由演讲的题目讲起

紧扣题目,从题目伊始亦是一种方法。例如:"在大家的掌声中,我走上了讲台,这掌声鼓舞了我,使我充满了自信,我演讲的题目就是'自信'。"

4. 以提问的方式开头

向听众提出一个大家关心的问题,往往能马上攫取听众的注意力。

演讲词《青年与祖国的关系》就是采用这种形式。"同志们,关于青年与祖国的关系,人人皆知,但是我想提个问题,谁能使用一个字概括呢? 我看这就是一个'根'字,姓张的叫张金根,姓李的叫李银根,还有王宝根、赵贵根、陈良根,七根八根,样样都有。为什么要用根呢? 无非都想把自己的男孩,作为传宗接代的希望。根作为名字就是祝愿他长命如根,深扎泥土……"

5. 由当时的形势讲起

当时的形势往往是听众关注的焦点和热点,抓住形势,就有了现实感和时代感,就能具有思想深度和吸引力。

6. 由演讲的缘由讲起

告诉听众你发表演讲的目的和原因,使听众有个心理准确,能马上意识到演讲与自己的关系,听众往往会很耐心地听下去。

7. 由演讲的主题讲起

演讲一开始,就揭示主题,便于听众把握,能调动听众的主动性,使听众与演讲者一同来思考某个问题。

8. 由当时的气氛讲起

根据演讲的场景、时间、对象等，临时就地取材，以此情景为媒介，驰骋想象。

开头的方式多种多样，没有固定的格式，全靠演讲者根据具体情况灵活运用。

开头切忌陈旧、平庸、讲套话，如"很对不起，我感冒了，没准备好，请大家谅解"，这样的开头往往使人对演讲者失去信心。同时，也应避免为了追求开头的新奇，过分戏剧化，使人感到故弄玄虚，不真实。

结尾是走向成功的最后一步，如果稍不留意，便可能功亏一篑。下面介绍七种结尾形式。

1. 总结全文

这样的结尾能给听众留下清晰、完整而深刻的印象，也是演讲者较易掌握的、常用的结尾方法。

2. 提出希望和号召

这种结尾能鼓起听众的激情，促使他们积极行动。

3. 运用简洁诚恳的赞语

真诚的赞赏能使听众增加自豪感和荣誉感，激起更大的热情和积极性，这种结尾很有鼓动力、激奋力。但是，一定要说得实事求是，来不得半点虚假和做作，否则会适得其反。

4. 用表决和誓言结尾

这种结尾能坚定听众的信心，增强演讲的感召力。

5. 用诗词歌赋结尾

用诗词歌赋结尾，典雅而富有魅力，意境深远，给人以美感，增强对听众的感染力。

6. 用名人名言或名人轶事结尾

此法结尾能使人感到亲切，给人以鼓舞。

7. 用幽默的语言结尾

结尾用幽默的语言为演讲增加欢声笑语，使听众回味无穷。

结尾无定法，妙在巧用中。只要演讲者敢于创新，不拘一格，展开丰富的想象和联想的翅膀，勤于在生活的沃土中发掘，并巧于运用，总会设计出既符合内容要求，又符合当时环境的恰当而新颖的结尾来。

例文欣赏

【例文1】

莫让唏嘘惜别天

今天在座的很多是为人父母，我要问你们一个问题："如果你的孩子得了重病，费用超过多少你会选择放弃治疗？"

这个问题来自保险行业协会曾经做过的一个访谈式调查,他们随机抽取的7组家庭,首先就问父母:"如果你的孩子得了重病,费用超过多少你会选择放弃治疗?"我看很多朋友都在思考,然而访谈中的老人们想都没想,有的说甭管花多少钱,有的说我卖房子卖车、倾家荡产也得治啊,一位老妈妈说我愿意拿我的命去换。

紧接着第二个问题:"如果是你自己得了重病呢?"一百万元、两百万元、五百万元?访谈中,有的老人说,一二十万元吧,然而大多数父母极其坚定地说,我不治了。在这个瞬间,我和所有听到父母答案的儿女一样泪流满面,我的脑海中突然浮现出了几个画面。

这是一天下班回家的路上,老人给家里打了个电话,问:"咱家小毛丫晚上想吃啥呀?"小姑娘一把抢过妈妈的电话说:"外公,我要吃香椿炒鸡蛋,你做得最好吃了。"老人笑着说好,小姑娘又问:"外公你什么时候回来呀?"老人想了想说:"你呀,从1数到100,外公就回来了!"小姑娘就这么乖乖地坐在沙发上,从1数到100,外公没有回来,她又从1数到100,外公还是没有回来,她数啊数啊数到哭着睡着,她的外公却再也没有回家。

老人在离家仅剩一个路口的地方被一辆公交车撞倒,颅内出血,重度昏迷,送他去医院的好心人说,出事的时候老人手里还紧紧地攥着一袋子香椿,可小毛丫却再也吃不到外公亲手做的香椿炒鸡蛋了,老人在病床上躺了整整11年,这漫长的11年里,小毛丫习惯了每个月拿着医院的催款单,跟着妈妈四处借钱,习惯了每天晚上妈妈抱着她哭着说我一定要撑下去;也习惯了,在外公每一次用尽全力说出"不……治……回……家"的时候,装作听不懂的样子。她忽略了所有人的痛苦与纠结,沉浸在拥有外公的幸福里,然而梦总是要醒的。

2013年8月23日,外公还是永远地离开了我们,没错,我就是那个小毛丫。送外公走的那一刻,妈妈抬头看了看天说:"11年了,我还是没有爸爸了。"

长大后,我的工作让我见证了更多的苦难。苦难是伤人事件,那个躺在地上的小女孩;是龙岗大火,浓烟还未散去,漆黑屋顶下的遇难者;是"12.20"光明山体滑坡,废墟下一遍又一遍呼唤的名字。他们有的开始新的生活,有的已经走到了生命的终点。残酷而冰冷的数字写下了所有理赔人难以翻过去的一页页,我记得挤满伤者的医院走廊,记得等待亲友消息的深夜街道,记得每一个家属亲手接过赔款时的面容,以及那句沉重而又让人心痛的"谢谢"。

我开始认真地思考,保险的价值,究竟是为了改善一个人的生活,还是阻止突如其来的变故带给整个家庭的苦难。

我想,如果有一天,我也老了,有一个幸福的家庭,儿女双全,子孙满堂,而我却身患重病卧床不起,我也绝不愿意拖累家人,成为他们的负担。可假如我有一份保单,有足够的钱可以负担我的治疗,我会和自己说,试试吧,我还没看到聪明乖巧的外孙女长大成人,我还没看到她拥有一个爱她的人和一份她热爱的工作,我还舍不得放开她的手。

关于保险,我们听过了太多的豪言壮语,然而事实是保险并不能让你健康无忧,长命百岁,它真正能够带给你的是一个选择的机会,保险从来不是上帝,但它却可以让你在困顿、挣扎甚至绝望的时候,多一分希望,多一丝从容,多一种人生的选择。

我是保险人×××,我为时代发声,为保险、为国寿代言。

【例文2】

在田老师八十寿辰宴会上的发言

今天是田老师八十大寿的良辰佳日。

中国有一句古话:假如一个人的生日那天出了很大的太阳,那么这个人的一年必然会像太阳那样的火红,无病无灾,春风得意。今天尽管已是寒秋的季节,可是太阳却比任何一天都要大,天气比任何一天都要热! 这不正意味着我们的老寿星来年将会身体更健康,精神更愉快吗?

利用这个机会,我同时也代表在座的部分朋友叙叙藏在我们心中很久的心里话。

田老师,我没有记错吧? 您在退休前大约六次放弃了可使您"腾达"的机会,却甘心做着二十几年既没有吃上"皇粮",又没能戴上"头衔"的村办小学校长兼五个班的班主任,做着五十几年默默奉献的园丁,过着五十几年平静淡泊的生活。

在三县交界的偏僻家乡,在许多村民只知道世世代代脸朝黄土背朝天地劳动、劳动、再劳动的年代里,您是怎样艰难地说服了一对又一对的庄稼人,让他们忍泪把一个个刚派上用场的"劳力"交托给您。

您那个叫儒洪的学生,才智过人,用您的话说"属王先生笔下的仲永之流",必是可塑可造之良材,但却险些成了"泯然众人"的仲永。他那爱哼樵歌野调的父亲强令他在家劳动。当您得知他家的劳力短缺时,三天五天地带上几个孩子去义务劳动,劝说开导。可是,他那粗暴的父亲不但不领盛情,反而给了您一记耳光,骂您狗咬耗子——多管闲事。您的家人怨您,旁人劝您。您没有退缩,为了可怜的天使,强装笑脸,死磨硬缠,陈之以理,终于又拉回了您的"信徒"。在精心的呵护下与栽培下,他走进了他自己的伊甸园里,继承您的衣钵:思南师范毕业后站上了您站的那个讲台。今天,每当他与别人谈起您时,总是以泪洗面,除了眼泪还是眼泪。

高二分科那年,本来专长文科的我却被父亲武断地强令读理科。当时我心灰意冷,整天沉湎于愁山恨海,自怨自艾。绝望之后,就是委曲求全,逆来顺受。待到毕业时,升学考试自然是意中的落榜。您知道我落榜后大为困惑。那天正下着牛毛细雨,路很滑,完全没想到您会敲开了我的家门。从泥泞里走出来的您一见到我便教导我如何在逆境中求进取,并给我讲了许多做人的道理。

补习那年,我不再有怨言,心平气和,奋发图强,常常挑灯夜战,可是中途身体却垮了,因而荒废了学业。勉强参加了高考,志大才浅的我不幸而幸运地被命运之神送进了一所交通闭塞的边塞师专。报到后我感到失落,感到空虚,终于有一天逃回了家。您又一次找我谈话,您没有训我,反而问我,我父亲为什么不让我上学? 你说,还不是因为没有知识? 要使更多的孩子不重演我的历史,不得教育好下一代人。您又现身说法,说教书是怎样的好,您自己是怎样的幸福。不久后我渐渐想开了。是的,田老师,您的言传身教我理解,您不仅是培育出了一批人,更重要的是改变了一批人。

田老师,您的平凡而伟大的壮举,太多太多了! 我说不完,也不想再说了。我只想说,我感谢您,村里的人感谢你,党和政府更感谢您。那几年我们在破旧而危险的教室里上课,上课时您除讲课外还要留心我们头上的瓦片;今天的孩子们却坐在您"化缘"来的宽大教室里,沐浴着您的恩泽。我们和他们都忘不了您!

田老师,我们衷心地祝贺您与青天比寿,与日月共存!

第三节　求　职　信

一、求职信的概念和特点

求职信又称求职申请、应聘信、自荐信,是求职者向用人单位或单位领导介绍自己的才能,表明求职意图,谋求职位时所使用的一种特殊书信。对于求职者而言,求职信是公平竞争、展示才华的工具;对用人单位而言,求职信是择优录用的依据。

要写好求职信,应注意其三个特点。

(一) 针对性

求职信在介绍自己情况的时候,不能盲目地介绍,而应把自己的情况、职业愿望同用人单位的要求结合起来。否则,求职信会因为针对性不强石沉大海。

(二) 自荐性

求职信的目的就是推荐自己,以期获得求职的成功。因此,求职信要强调自己的专长和成绩,强调自己对用人单位的价值,言语间要充满自信。否则,用人单位会对求职者的能力产生怀疑。

(三) 独特性

独特性指其内容和形式要不同一般。求职就是竞争,要想在竞争中取胜,必定要出类拔萃,不同一般。否则,千人一面的求职信是不会引起用人单位注意的。

二、求职信的种类

按照求职者的身份,可分为毕业生求职信、待业者求职信、在职人员求职信等。

按照求职前提,可分为应聘信和自荐信两种。应聘信即求职人根据用人单位招聘人员的条件向用人单位进行自我介绍而谋职的书信;自荐信则是不知晓对方单位是否有用人需求而径直投递过去的求职信。

按求职时间,可分为短期性求职信、中期性求职信、长期性求职信等。

按照使用载体,可分为纸质求职信和电子求职信等。

三、求职信的结构和写法

求职信一般由标题、称谓、正文、敬语、落款及附件等组成。

（一）标题

求职信的标题通常只由文种名称组成,可直接写"求职信"或"自荐信"或"应聘书"。

（二）称谓

求职信若是写给国有企事业单位,通常写单位名称或单位的人事处(组织人事部)。若是写给民营、私营或合资独资企业,称谓一般写公司负责人或人事部负责人。不同于一般的私人书信,求职信称呼时不用"亲爱的""我最尊敬的"等字眼。为礼貌起见,可用"尊敬的××"来称呼。

称呼在第一行顶格书写,以视尊重和有礼貌。称呼后面用冒号,然后另起一行写上问候语"您好"。

（三）正文

正文包括开头、主体和结尾三部分。

1. 开头

开头一般写求职、应聘的缘由。有的开宗明义,直截了当地说明求职意图;有的说明自己看到用人单位的招聘信息,意欲应聘的想法。开头应力求简洁,并有一定的吸引力。

2. 主体

主体是求职信的重点部分,通常包括以下内容。

（1）个人的基本情况(年龄、学历、专业等)。学习情况、工作能力及思想素质等,包括学习的主要课程及成绩、社会实践情况、工作能力、专业操作技能、个人的兴趣爱好等,这一部分是求职条件的重要内容,求职者要多了解招聘单位的用人信息,以便能在推荐自己时有较强的针对性。

（2）被聘后的打算。这一部分具体表述出自己对应聘岗位的认识,说明自己若任职后的工作措施及安排。写作时应重点突出,言简意赅,语气自然。

3. 结尾

结尾以诚恳的态度进一步强调自己求职的愿望,如"希望领导给我一次面试的机会""盼望答复""静候佳音"等。这一部分要注意用词得体恰当,掌握分寸,不卑不亢。

（四）敬语

出于礼节的需要,信的最后一般需要写上两句祝颂的话或敬语,如"此致 敬礼""祝您鹏程万里,事业发达""祝您事业有成"等。

（五）落款

按信函格式写上个人的姓名、日期。

（六）附件

求职信一般都会附有个人简历、学历证书复印件、奖励证书复印件、各科成绩表等，这是用人单位考察竞聘者的重要依据。

求职信上还要注明求职者的通信地址、电话、电子信箱等信息，以便于联系。

四、求职信的写作要求

（一）有的放矢

求职信在表达自己的专长和优势时，首先要对用人单位的用人情况深入了解，在应聘之前要做好一系列的调查研究工作，明确招聘单位、招聘职位的具体情况；然后清醒地进行自我评估，摆正自己的位置，确定合理的求职目标，结合自身的优势和特长，有的放矢、有针对性地介绍自己。

（二）突出所长

求职信的目的是让用人单位在短时间内产生录用意向，求职者应该介绍自己在专业知识及专业技能方面的不同凡响之处，要用自己的优势特长、丰富的工作经验、优秀的业绩等闪光点吸引对方，形成好感，取得信赖。

（三）语言简洁得当

求职信的篇幅要长短适宜，努力做到在有限的篇幅内传达出大量有用的信息。这样既容易突出重点，又节省了对方的时间，留下了良好的印象，为求职成功争取良机。求职信的措辞要谦虚从容，语气要真挚诚恳。

（四）文面规范

文如其人，语言文字留给人的第一印象至关重要，有时甚至关系到求职的成败。言简意明的表达、端正规范的书写，既反映了求职者的写作水平，又给人以办事干练、严谨的印象。现在求职者一般使用电子文本的求职信，也要注意字体字号的选择、行距、排版这些细节，不要追求另类，以端庄得体为宜。

例文欣赏

【例文1】

求　职　信

尊敬的××公司总经理：

您好！

今日获悉贵公司招聘信息工程专业的工作人员，非常高兴。我叫×××，男，22岁，××年毕业于××邮电学院电信工程系信息工程专业，与贵公司的招聘职位专业对口。我希望能成为贵公司的一员，为公司的发展尽一份力量。

　　大学期间我主修数字信号处理、随机处理、数值分析、移动通信、数字图像处理技术、纠错码等专业课程,成绩优秀,于××、××学年获得校级一等奖学金两次,并于××学年被评为"校级学科状元"。此外,为弥补专业局限性,我还广泛涉猎了编码调制理论、统计无线电技术、卫星通信等多方面的知识,拓宽了知识面。

　　在专业实践方面,圆满完成学校规定得到所有实习和课程设计,于××××年被评为"优秀实习生"。还担任学校科技协会主席,组织和参加了多项科学活动。曾经设计制作智能电子门锁、无线对讲机,并获两项国家专利。于××××年参加"全国第九届电子设计大赛",获得"××赛区二等奖"。此外,还通过国家大学英语六级及计算机二级考试,并获得相应证书。

　　我的业余爱好比较广泛,尤其爱好书法艺术,师从×××,大学以来多次获得校、市级书法大赛一等奖和特等奖。大学期间还担任校刊《×××》主编。

　　衷心希望贵公司能够给我一个展示的平台,我也非常渴望把自己的专业知识与技能奉献于社会。祈盼早日收到贵公司的面试考核通知。

　　此致
敬礼

求职人:×××

××××年×月××日

附件:1.大学毕业证书复印件
　　　2.学位证书复印件
　　　3.主修专业课一览表及专业成绩表
　　　4.校级一等奖学金获奖证明复印件
　　　5.国家专利证书复印件
　　　6.大学英语六级证书复印件
　　　7.国家计算机二级证书复印件
联系地址:××××××
邮政编码:××××××
联系电话:××××××
电子邮箱:××××××

【例文2】

求　职　信

尊敬的领导:

　　您好!非常感谢您在百忙之中审阅我的求职材料。世有伯乐,而后有千里马。我相信您就是伯乐。

我叫××，是一名来自××职业技术学院××系健康保险专业的应届毕业生。在校三年，我用自己的勤奋、踏实、热情、上进度过了充实、丰富多彩的大学学习生活，奠定了扎实的专业理论基础，收获了良好的组织能力和团队协作精神。

在理论学习方面，我认真学习健康保险专业理论知识，在学习自身保险专业的同时又阅读了大量金融保险类书籍，使自己的保险知识得到巩固。基础医学是我们健康保险专业的一部分，在××中医学院我们学习了基础医学，懂得基本的医学知识。除此之外，我还在课余时间阅读了保险法律法规等方面的非专业知识，以备将来之用。在学校期间我始终把学习放在首位，在参加社会实践以及学生社团的同时也认真学习，在校期间曾获得院二等奖学金一次。

在职业技能方面，我于2018年4月获得大学英语四级证书（563分），并于2018年4月获得全国计算机二级证书。在英语方面我掌握了基本的英语听、说、读、写以及翻译能力，在计算机方面懂得Dos、Windows系列的操作系统，熟悉Office系列、互联网的基本操作，擅长使用Excel、FoxPro等实用软件。

在保险实习实践方面，曾在2018年7月和8月在中国人寿景德镇分公司实习，实习内容为保险理赔（勘察、理算）。在实习期间我得到了公司领导的赞扬和肯定，学到了书本上没有的保险公司工作流程等实际动手能力，通过这次实习我相信自己在以后的工作中能更快地熟悉保险公司的工作流程，能更好地胜任自己的工作岗位。

作为21世纪的大学生，我非常注重各方面能力的培养，积极参与各项活动。在学校里我积极参加学生社团活动，曾担任院学生会文艺部副部长、系学生会文艺部副部长等职。多次组织策划××中医学院×××系文艺活动，受到老师、同学们的一致好评。这些经历，使我具有较强的组织能力、策划能力和公关能力，多次获得文艺活动组织策划奖。

伴着青春的激情和求知的欲望，我即将走完三年的求学之旅，美好的大学生活，培养了我科学严谨的思维方法，更造就了我积极乐观的生活态度和开拓进取的创新意识。我坚信自己完全可以在贵公司的保险岗位上做到守业、敬业！

请您认真考虑给我一次机会，我会用实际能力去证明您的选择是正确的！期待您的佳音！

祝您工作顺利，祝贵公司业绩步步高升！

此致

敬礼

求职人：×××

××××年×月××日

第四节　竞　聘　词

一、竞聘词的概念和特点

(一) 竞聘词的概念

竞聘词又称竞聘演讲稿,或称竞聘讲话稿。它是竞聘者为了实现竞争上岗,展露自我具有足够的应聘条件的讲演稿。

(二) 竞聘词的特点

竞聘词实际上是演讲词的一类,由于它是针对某一竞争目标而进行的,因此它除了具有演讲词的一般特点外,还有"个性",即:

(1) 目标的明确性,写作时要亮出自己所要竞聘的岗位目标;

(2) 内容的竞争性,要显出"人无我有""人有我强""人强我新"的胜他人一筹的"优势"来,有时甚至要化劣为优;

(3) 主题的集中性,具体指表达的意思单一,不枝不蔓,重点突出;

(4) 材料的实用性,指所选资料既是符合实际的,又是对自己竞争有利的;

(5) 思路的程序性,指演讲词的思维脉络有一定的顺序,不像一般演讲词那么自由;

(6) 措施的条理性,指在讲措施时要条理清楚,主次分明;

(7) 语言的准确性,指要恰如其分地表情达意之外,所谈事实和所用材料、数字都要求真求实,准确无误。

二、竞聘词的写作格式

竞聘词的书写格式与演讲词大致相同,只是在写法上还必须突出它自身的特点——应聘条件。这里说的应聘条件,包括个人的主观条件和竞聘者提出的未来的任期目标、施政构想、措施方略等事项。因此,在结构上它可以分为以下三个部分。

(一) 标题

有三种写法:

(1) 文种标题法,即只标"竞聘词"。

(2) 公文标题法,由竞聘人和文种构成或竞聘职务加文种构成,如《关于竞聘××公司经理的演讲》。

(3) 文章标题法,可以采用单行标题形式,也可采用正副标题形式,如《明明白白做人,实实在在做事——竞聘学校办公室主任的演讲词》。

(二) 称呼

这是指对评委或听众的称呼。一般用"各位评委""各位听众"即可。

（三）正文

这是全文的重点和核心。

1. 开头

开门见山地叙述自己应聘的职务和竞聘的缘由。应自然真切，干净利落，如"我非常感谢各位领导、同志给了我这次竞聘的机会"，用诚挚的心情表达自己的谢意，这种开头方法能使竞聘者和听众产生心理相融的效果；再如"我今天的演讲内容主要分两部分：一是我竞聘人事局副局长的优势；二是谈谈做好人事局副局长工作的思路"。这种开头方法能使评选者一开始就能明了演讲者演讲的主旨。

2. 主体

竞聘者讲的目的，就是要把自己介绍给评选者，让评选者了解你的基本情况，了解你对竞聘岗位的认识和当选后的打算，所以竞聘词的主体内容应该包括以下三个方面。

（1）介绍自己竞聘的基本条件。所谓基本条件就是政治素质、业务能力和工作态度等。这一部分实际上是要说明为什么要竞聘，凭什么竞聘的问题。竞聘者在介绍自己的情况时，一定要有针对性，即针对竞聘的岗位来介绍自己的学历、经历、政治素质、业务能力、已有的政绩等。并非要面面俱到，而应根据竞聘职务的职能情况有所取舍。

（2）简要介绍自己的不足之处。竞聘者在介绍自己应聘的基本条件时，要尽可能地展示自己的长处，但不是对自身的不足之处闭口不言。请看某竞聘者的表述："我从没有担任过班干部，缺少经验，这是劣势，但正因为从未在官场混过，一身干净，没有'官像官态''官腔官气'；少的是畏首畏尾的顾虑，多的是敢作敢为的闯劲。正因为我一直生活在最底层，从未有过高高在上的体验，对摆'官架子'看不惯，弄不来，就特别具有民主作风。因此，我的口号是'做一个彻底的平民班长'。"

（3）表明自己任职后的打算。评选者更关心的还是竞聘者任职后的打算。因此，竞聘者在撰写竞聘词时，一定要用简明扼要的语言亮明自己的观点，也就是说，要紧紧围绕着听众关心的热点、难点问题，提出明确的工作目标和切实可行的措施。

3. 结尾

结尾用最简洁的话语表明自己竞聘的决心、信心和请求。好的结束语能加深评选者对竞聘者的良好印象，从而有利于竞聘成功。竞聘词常用的结尾方法有以下三种。

（1）表明对竞聘成败的态度。这种方法能使评选者感受到竞聘者的坦诚。例如："作为这次竞聘上岗的积极参与者，我希望在竞争中获得成功，但我绝不会回避失败，不管最后结果如何，我都将堂堂正正做人，兢兢业业做事。"

（2）表达自己对竞聘上岗的决心。例如："我今天的演讲虽然是毛遂自荐，但却不是王婆卖瓜、自卖自夸。我只是想向各位领导展示一个真实的我。我相信，凭着我的政治素质，我的爱岗敬业、脚踏实地的精神，我的工作热情，我的管理经验，我一定能把副处长的工作做好。如果各位有疑虑，那就请给我一个机会，我觉不会让大家失望。"

（3）希望得到评选者的支持。例如："各位领导、各位评委，请相信我，投我一票！

我将是一位合格的处长。"

当然,竞聘词由于它要考虑多种临场因素与竞争对手因素,它的结构可以灵活多样,但是其基本内容离不开以上几个部分。

三、竞聘词的写作注意事项

开头要开门见山。主体要突出强项及优势。结尾要诚恳有力。讲究竞聘技巧。

总之,竞聘者准备竞聘词,要善于扬己之长,用事实说话。切忌浮夸、吹牛、华而不实。

📖 例文欣赏

【例文1】

在竞聘学院办公室主任会议上的竞聘词

尊敬的各位领导、各位评委、同事们、朋友们:

大家好!首先我要感谢院党委为我提供了这样一个接受挑战与挑选的机会,感谢评委团所有成员以及竞聘工作领导小组为本次干部竞聘活动所付出的辛勤劳动,请允许我代表所有参加竞聘的选手向你们道一声:辛苦了,谢谢你们!

今天天气有些冷,但我感觉很温暖。因为,当我走上竞聘席的这一刻,我看到了你们信任和关爱的目光,这种目光给了我温暖、勇气和力量。很多年来,我就是在你们温暖的目光中逐步成长和成熟的,也是这种目光,支持和激励我走上了今天的演讲台,竞聘学院办公室主任,接受院党委和各位评委最神圣的挑选。

元代有个大学者,名叫许衡,这个人特别有修养、有境界、讲原则。有一次他外出办事口渴得很,正在寻找水源时,发现路边有一棵大梨树,树上结满了大梨子,行人如获至宝,一窝蜂冲上去抢摘梨子,只有许衡呆呆地站着,别人问他:"为什么不摘梨解渴呀?"许衡说:"我不知道这是谁家的梨树,我找不到这些梨子的主人,所以,不能乱摘!"别人笑道:"天下这么乱,管他是谁家的梨子?"许衡郑重地告诉那人:"梨树没主,但我心中有主。"这个故事给了我很多启发,所以,我今天演讲的题目是《我心有主》。

各位领导、各位评委,我来株洲工学院已经有十二年的时间,其中8年从事办公室工作,由于院党委的栽培和全院教职工的支持,从2002年年初开始担任办公室主任,几年来,我和我的同事一直都在尽心尽力地做好自己的工作,是不是让组织满意、领导满意、群众满意,我不敢枉自断言,因为,只有你们,只有全院师生,才是评价是非功过的公正法官。

我深爱着我的学校和家园。我于1991年从湖南师大毕业分配来学院工作,学院当时背负的苦难,如今依然历历在目。那时我一直梦想,这是我未来的家园,要是繁荣兴旺起来,那该多好。也是从那时起,我在心中有一个愿望,就是用自己的所学、所知、所长为这座家园奉献点什么。如今这座家园兴旺了、发达了,而我,也在家园的温暖中成长起来。风雨同舟十二年,并非弹指一挥间,学院奋斗和成功的历程,就像桌上那本古旧的日历,一页一页写满了我的记忆,正因为这样,我熟悉了学院的一草一木、一砖一瓦以及任何一个变化的细节;熟悉了这里的人和事以及发展中的点点滴滴,熟悉了成功与奇迹背后的艰辛、坎坷以及家园未来的梦想。也正是因为这样,我才能拿起自己的笔解读出"株洲工学院现象",才能在一个不眠之夜一气呵成《湖南日报》那篇12 000字的长篇通讯《奇迹背后的故事》。我爱我的学校,我的家园,这种爱在我心里始终都会成为一种努力工作的动力!

我深爱着我的组织和领导。我是一个共产党员,一个党的干部,父母给了我生命,领导给了我关怀,而组织给了我信念、斗志和智慧。沐浴着院党委和院领导的关怀,我学会了思考、求索和在创新中前行,我逐步领悟了"人之心胸,多欲则窄,寡欲则宽;人之心术,多欲则险,寡欲则平;人之心气,多欲则柔,寡欲则刚"的为人之道以及"莫图一时之快,莫谋一人之私,莫占一己之名"的为政之理。从院领导的身上,我默默感染着一种博大、宽广与睿智,正因为这样,我一直告诫自己:心志要苦,意趣要乐,气度要宏,言行要慎;告诫自己:身在天地后,心在天地前,身在万物中,心在万物上;告诫自己:无私方可无畏,克己才能奉公。在组织温暖的怀抱和领导亲切的关怀中成长起来的我,有一种真挚的情感长埋在心中,这种感情鞭策我努力学习、钻研、探索,并且把院党委的宏图大愿以及院领导的远见卓识进行细细的解读。这种解读让我读懂了组织与领导的思路、思维与创见,读懂了全院师生的所思、所想、所需、所急。

我深爱着我的工作和事业。一个岗位其实就是一种事业。办公室是一个特殊的岗位,一个形象的窗口,更是联系左右、沟通上下、协调内外的桥梁与纽带,它肩负着服务、综合、协调、参议的重任,办公室主任是组织意图的综合者,是组织行为的实施人。这个岗位的特殊性我时刻牢记在心,在我的心中,有这样的一种责任,那就是要把这份工作作为一种事业来做,而且要做好。我知道,做一个合格的办公室主任并不容易,他要有"对领导说真话、为群众办实事"的精神;要有"不拉帮结派、不以权谋私、不同流合污"的品格;要有"敢于登高望远、善于协调服务、勤于督查落实、乐于无私奉献、贵于身先士卒"的素质,要有"不以事小而不为、不以事杂而乱为、不以事急而盲为、不以事难而怕为"的艺术,更要有"统筹兼顾、谋划全局、综合创新,当好大参谋、出好大主意、搞好大服务"的能力,这个岗位今天之所以成为我的首选,不为别的,只为一种责任,一种挑战带给我的快乐。

我想,只要用心、用情、用功把这份工作作为一种事业来对待,我完全有理由相信:组织会给我灯塔,领导会给我航标,全院师生会给我中流击水的双桨!

我也深爱着我的同事和朋友。我始终记住这样一句格言:一个篱笆三个桩,一个好汉三个帮。我深深知道.自己曾经走过的每一步,都是我的同事和朋友为我提供了前行的拐杖,而未来,我的同事、我的朋友、全院教职员工,永远都是我最可依靠的力量与支撑。我不能承诺什么，也不敢承诺什么，我只想说一句：我时刻都在倾听你们的声音，并且和你们一起在创新中共同奋斗，因为"为领导服务、为教学科研服务、为全院师生服务"是我工作的永恒宗旨。

我更深爱着组织赋予我的权力与责任。权力其实就是一种责任。我深知，权力是组织赋予的，脱离了责任，权力将成为无源之水、无本之木。江苏省淮安市人大常委会原主任赵学风跌倒在"权"字上的时候，后悔莫及地说："豹死于皮，虎死于骨，熊死于掌，象死于牙，而我死于权。"权为民所用、情为民所系、利为民所谋是运权的根本；勤政为民、务实为公、清廉为政是运权的法则；好大喜功、急于求成、虚夸浮躁、沽名钓誉是运权的大忌。正因为这样，我明白了"水能载舟，亦能覆舟"的道理，明白了"力戒浮躁之气，力求务实之风"的工作精神，明白了"脚踏实地、开拓创新"的工作作风，明白了"金屋千间，只卧一床；稻粱万担，仅食两碗"的利益观念。明白了"三个代表、两个务必"将成为我用权的终极目标，更明白人生令人折服的不是权力的宝剑，而是人格的魅力！

我心有主。"主"是什么？在我心中，"主"不是办公室主任这个头衔的光环，不是处级干部的优厚待遇，不是用权力指手画脚的荣耀与快乐，而是一种良心、意识、责任与追求集于一体的人格，是学院前途和师生利益系于一身的使命，我心中的"主"就是株洲工学院、就是你们、就是全院师生！

各位领导、各位评委，我们的家园今年迎来了两大喜事，一是成功获得了硕士学位授予权，二是正在筹建湖南工业大学，在这种共同的喜悦中，我感觉到了自己一种更大的责任，尽管办公室今后的工作会更忙、更多、更苦、更累，但我始终会信守这样的诺言：我思考、我进取、我奉献、我快乐！

结束演讲前，我想起了一则故事，说有一个人和上帝坐在一起喝茶，他问上帝爱不爱他，上帝说："你走过的每一步都有我陪伴。"这个人于是回头看了看身后的路程，但他只看到了一双脚印，哪有上帝的脚印，这个人有些生气地说："上帝，你骗我，你根本没有陪伴我。"上帝笑了笑说："孩子，你真傻，那双脚印确实是我的脚印，因为你走这段路程的时候，我把你抱在我的怀中。"尊敬的各位领导、各位评委，你们会把我抱在怀中吗？

谢谢大家！

【例文2】

保险公司营业部经理竞聘词

各位领导、评委们：

大家好！

今天我怀着激动的心情，参加××营业部主任职位竞聘，不管是否成功，我觉得都是我最大的幸运和机遇，这充分说明了各位领导对我的期望、支持和关心，我会努力把握！首先请允许我作简要介绍。本人××,现年 35 岁,大专学历,××年学校毕业,曾在××电视台,××报社作广告文案策划;××年在××家电城任总经理秘书、办公室主任;××年加盟中国××任××营业部组训,同年 12 月参加省公司第三期组训培训;××年 4 月在公司领导的全力支持下筹建本级营销六分部,我本人的角色由公司内勤转为业务外勤,开始了近四年的主管生涯,个人累计增员达 20 余人,团队人力顶峰时达 70 人;××年四分部与六分部合并,我回到管销部任企划并承担部分早会经营;××年任中介业务部销售管理岗,承担公司银保业务培训及客户经理的增员与育成;××年调营销部任××营业部组训一职直至今日。弹指一挥间,8 年国寿情怀！其间有过失落、迷茫、徘徊,但更多的是一份坚持、执着、期待。

今天我来竞聘××营业部主任这一岗位,我认为自己有四大优势。

一、有一定的人脉及经营基础。到××营业部任组训近两年,我与营销伙伴的关系大致可分三个阶段:去年上半年称为磨合期,下半年称为畅通期,而今年应该是火花期,表现在业绩上同样如此。期间我主要承担团队规划、早会及例会经营、辅导、追踪与落实等事项,所扮演的角色不再像以往一样纯粹的团队主管或是一名组训。在这里我非常感谢××主任,正是他对我支持与信任,才使我经营能力有了提升。当然,营业部所承担的不仅仅是营销业务,还有中介、团险业务,是国寿的一大窗口,触觉是多方面的。尤其是中介,我曾在中介业务部待了一年,与各渠道领导均有接触,我的性格是属于外向型的,我也会主动与政府、开发区管委会学校等部门联系,为工作的开展提供便利。

二、保持着激情与斗志。寿险营销是需要激情的,我一直保持着自己的一份激情。国寿 8 年的经历,从内心讲,酸甜苦辣,五味俱全,作个解释:一方面我性格上永不言败的斗志,我是充满自信的人,同时我的工作也得到了历任领导的认可,但另一方面到目前为止我还在公司最基层;当然国寿 8 年,使我能在临安能够立足,也给了我一个完美的家庭,让我拥有一群能成为至交的朋友。我不想拿自己的未来作赌注,我深信唯有脚踏实地,才能稳步前行,而正是这种国寿感情,加上自己的坚持才使我工作能永葆激情。

三、较强的沟通与激励能力。主管的首要特质就是能够对伙伴进行有效的沟通,并无时无刻给伙伴以地全方位的激励。就营销来讲,营业部主任就等同于大的营销主管,好的主管似"水",能润湿、改变周围环境,给团队带来生机与活力。4 年的团队生涯,以及 3 年多的企划与组训工作,我几乎每天都在职场度过,与伙伴一起奔波于市场,一方面积累了销售、增员、育成等实战经验,另一方面也培养了自身的沟通与激励能力。沟通与激励的前提是建立在与伙伴的信任之上的,而伙伴的信任是基于我能为他们提供帮助,非常庆幸的是我服务过的三个职场(昌化营业部、六分部、青山营业部)至少 95% 的伙伴对我是充分信任的。

四、较好的学习力与执行力。我读的是秘书专业,毕业后从事了办公室、广告企划以及市场营销等工作,为了很好地适应环境,我每年都会订阅专门的杂志,多年来养成了自我学习的习惯。作为职业人士,学习是为了能适应市场,更好地生存,而执行是职业经理人的天职。国寿这几年来,让我更加明白了一点:唯有执行力才是企业发展的源动力。

如果我能竞聘成功,不仅是我人生追求、自我提高的体现,也使我有机会进一步奉献寿险事业,服务他人。若能竞聘成功,我对任职后的工作有以下初步的设想。

一、做好角色转换,融入团队。我对营业部主任的理解是,既不是纯粹的业务主管,同时也不是纯粹的行政主管。对外:与所辖区的政府、银行、学校等企事业单位接触我是代表临安国寿,力求建立起平等、互利、互惠的合作关系。对内:首先,我是名学生,我能够向虚心我的老领导们,尤其是徐主任请教,尽快熟悉全盘工作;其次,我是名协力者,力争给主管、伙伴提供强有力地支持,让他们有归属感,能在这个行业看到愿景;最后,我还是班长,给部门提供正确地发展方向,能带领团队完成上级下达的各项指标。

二、有效地资源整合,整装再发。营业部工作主要是三大块业务,一个窗口。对于窗口工作:其一是为业务一线提供高效服务,能参与到营销例会经营中来,更多地了解公司动态,熟悉业务操作流程,真正让一线伙伴感受到来自二线的关怀与温暖;其二是能专业地为广大客户提供服务,展示国寿形象。三大块业务有机地结合,真正做到资源充分利用,营销工作当务之急是选择性地培养个别主管,通过多种方式,全力发展组织,同时建立科学的早会及周经营模式,让主管、准主管及广大伙伴参与到团队创建中来。中介、团体可以考虑适当灵活地引才,同时充分利用营销伙伴的社团关系,支持、培养、激发营销伙伴全方面地销售潜能。

三、明确部门规划,谋求发展。××营业部地处××东大门,所辖3个乡镇,人口5万左右,区域经济发展在全市居中游,居民存款余额占全市12%左右,从国寿情况来看,保费的贡献度大致占9%,寿险发展潜力较大,这也注定未来几年区域寿险竞争会加剧。××新一届党委政府提出了我市的发展规划是短期内实现与杭州大都市的无缝对接,作为××国寿的前哨营——××营业部更有责任做强做实,以全方位的保障为经济的高速发展保驾护航。今年对于国寿来讲是希望之年,××营业部根据公司的整体规划,以省、市公司"农网"创建精神为指引,力求更上台阶。

最后,用一句话自勉:一个主管要想站起来,有所作为必须有一点精神,必须有一股志气。如果一个公司不倡导主管发扬奉献精神,这个公司就没有希望;如果一个主管不主动发扬奉献精神,这个团队就没有希望,一个主管只想索取,这个人也失去了人生价值。请给我一次机会,我将为国寿奉献出自己的青春与才华!

谢谢!

综合训练

一、申请书的写作格式有哪些要求?

二、对演讲词的基本要求是什么?

三、写作演讲词应掌握哪些技巧? 演讲词常见的开头和结尾形式分别有哪些?

四、根据自己在校所学的专业技能,按照申请书的写作要求,写一份创业贷款申请书。

五、根据求职信的写作要求,结合自己所学的专业,撰写一封求职信。

六、你认为下面的竞聘词写得怎么样? 怎样使它的效果更好?

工友们,假如我有幸成为你们的厂长,你们一定会问:"你能为我们做些什么? 对企业有些什么样的改革措施?"恕我直言,我无力为你们迅速带来财富,提高你们的工资,增加你们的奖金。至于改革的具体方案和措施,我也无可奉告。……

七、请撰写一份竞聘学生干部(如学生会主席、文艺部部长、班级干部等)的竞聘词。

附录一 党政机关公文处理工作条例

第一章 总 则

第一条 为了适应中国共产党机关和国家行政机关(以下简称党政机关)工作需要,推进党政机关公文处理工作科学化、制度化、规范化,制定本条例。

第二条 本条例适用于各级党政机关公文处理工作。

第三条 党政机关公文是党政机关实施领导、履行职能、处理公务的具有特定效力和规范体式的文书,是传达贯彻党和国家方针政策,公布法规和规章,指导、布置和商洽工作,请示和答复问题,报告、通报和交流情况等的重要工具。

第四条 公文处理工作是指公文拟制、办理、管理等一系列相互关联、衔接有序的工作。

第五条 公文处理工作应当坚持实事求是、准确规范、精简高效、安全保密的原则。

第六条 各级党政机关应当高度重视公文处理工作,加强组织领导,强化队伍建设,设立文秘部门或者由专人负责公文处理工作。

第七条 各级党政机关办公厅(室)主管本机关的公文处理工作,并对下级机关的公文处理工作进行业务指导和督促检查。

第二章 公 文 种 类

第八条 公文种类主要有:

(一)决议。适用于会议讨论通过的重大决策事项。

(二)决定。适用于对重要事项作出决策和部署、奖惩有关单位和人员、变更或者撤销下级机关不适当的决定事项。

(三)命令(令)。适用于公布行政法规和规章、宣布施行重大强制性措施、批准授予和晋升衔级、嘉奖有关单位和人员。

(四)公报。适用于公布重要决定或者重大事项。

(五)公告。适用于向国内外宣布重要事项或者法定事项。

(六)通告。适用于在一定范围内公布应当遵守或者周知的事项。

(七)意见。适用于对重要问题提出见解和处理办法。

(八)通知。适用于发布、传达要求下级机关执行和有关单位周知或者执行的事项,批转、转发公文。

(九)通报。适用于表彰先进、批评错误、传达重要精神和告知重要情况。

(十)报告。适用于向上级机关汇报工作、反映情况,回复上级机关的询问。

(十一)请示。适用于向上级机关请求指示、批准。

（十二）批复。适用于答复下级机关请示事项。

（十三）议案。适用于各级人民政府按照法律程序向同级人民代表大会或者人民代表大会常务委员会提请审议事项。

（十四）函。适用于不相隶属机关之间商洽工作、询问和答复问题、请求批准和答复审批事项。

（十五）纪要。适用于记载会议主要情况和议定事项。

第三章　公　文　格　式

第九条　公文一般由份号、密级和保密期限、紧急程度、发文机关标志、发文字号、签发人、标题、主送机关、正文、附件说明、发文机关署名、成文日期、印章、附注、附件、抄送机关、印发机关和印发日期、页码等组成。

（一）份号。公文印制份数的顺序号。涉密公文应当标注份号。

（二）密级和保密期限。公文的秘密等级和保密的期限。涉密公文应当根据涉密程度分别标注"绝密""机密""秘密"和保密期限。

（三）紧急程度。公文送达和办理的时限要求。根据紧急程度，紧急公文应当分别标注"特急""加急"，电报应当分别标注"特提""特急""加急""平急"。

（四）发文机关标志。由发文机关全称或者规范化简称加"文件"二字组成，也可以使用发文机关全称或者规范化简称。联合行文时，发文机关标志可以并用联合发文机关名称，也可以单独用主办机关名称。

（五）发文字号。由发文机关代字、年份、发文顺序号组成。联合行文时，使用主办机关的发文字号。

（六）签发人。上行文应当标注签发人姓名。

（七）标题。由发文机关名称、事由和文种组成。

（八）主送机关。公文的主要受理机关，应当使用机关全称、规范化简称或者同类型机关统称。

（九）正文。公文的主体，用来表述公文的内容。

（十）附件说明。公文附件的顺序号和名称。

（十一）发文机关署名。署发文机关全称或者规范化简称。

（十二）成文日期。署会议通过或者发文机关负责人签发的日期。联合行文时，署最后签发机关负责人签发的日期。

（十三）印章。公文中有发文机关署名的，应当加盖发文机关印章，并与署名机关相符。有特定发文机关标志的普发性公文和电报可以不加盖印章。

（十四）附注。公文印发传达范围等需要说明的事项。

（十五）附件。公文正文的说明、补充或者参考资料。

（十六）抄送机关。除主送机关外需要执行或者知晓公文内容的其他机关，应当使用机关全称、规范化简称或者同类型机关统称。

（十七）印发机关和印发日期。公文的送印机关和送印日期。

（十八）页码。公文页数顺序号。

第十条　公文的版式按照《党政机关公文格式》国家标准执行。

第十一条　公文使用的汉字、数字、外文字符、计量单位和标点符号等，按照有关国家标准和规定执行。民族自治地方的公文，可以并用汉字和当地通用的少数民族文字。

第十二条　公文用纸幅面采用国际标准 A4 型。特殊形式的公文用纸幅面,根据实际需要确定。

第四章　行　文　规　则

第十三条　行文应当确有必要,讲求实效,注重针对性和可操作性。

第十四条　根据隶属关系和职权范围确定。一般不得越级行文,特殊情况需要越级行文的,应当同时抄送被越过的机关。

第十五条　向上级机关行文,应当遵循以下规则:

(一)原则上主送一个上级机关,根据需要同时抄送相关上级机关和同级机关,不抄送下级机关。

(二)党委、政府的部门向上级主管部门请示、报告重大事项,应当经本级党委、政府同意或者授权;属于部门职权范围内的事项应当直接报送上级主管部门。

(三)下级机关的请示事项,如需以本机关名义向上级机关请示,应当提出倾向性意见后上报,不得原文转报上级机关。

(四)请示应当一文一事。不得在报告等非请示性公文中夹带请示事项。

(五)除上级机关负责人直接交办事项外,不得以本机关名义向上级机关负责人报送公文,不得以本机关负责人名义向上级机关报送公文。

(六)受双重领导的机关向一个上级机关行文,必要时抄送另一个上级机关。

第十六条　向下级机关行文,应当遵循以下规则:

(一)主送受理机关,根据需要抄送相关机关。重要行文应当同时抄送发文机关的直接上级机关。

(二)党委、政府的办公厅(室)根据本级党委、政府授权,可以向下级党委、政府行文,其他部门和单位不得向下级党委、政府发布指令性公文或者在公文中向下级党委、政府提出指令性要求。需经政府审批的具体事项,经政府同意后可以由政府职能部门行文,文中须注明已经政府同意。

(三)党委、政府的部门在各自职权范围内可以向下级党委、政府的相关部门行文。

(四)涉及多个部门职权范围内的事务,部门之间未协商一致的,不得向下行文;擅自行文的,上级机关应当责令其纠正或者撤销。

(五)上级机关向受双重领导的下级机关行文,必要时抄送该下级机关的另一个上级机关。

第十七条　同级党政机关、党政机关与其他同级机关必要时可以联合行文。属于党委、政府各自职权范围内的工作,不得联合行文。党委、政府的部门依据职权可以相互行文。部门内设机构除办公厅(室)外不得对外正式行文。

第五章　公　文　拟　制

第十八条　公文拟制包括公文的起草、审核、签发等程序。

第十九条　公文起草应当做到:

(一)符合国家法律法规和党的路线方针政策,完整准确体现发文机关意图,并同现行有关公文相衔接。

(二)一切从实际出发,分析问题实事求是,所提政策措施和办法切实可行。

（三）内容简洁，主题突出，观点鲜明，结构严谨，表述准确，文字精练。

（四）文种正确，格式规范。

（五）深入调查研究，充分进行论证，广泛听取意见。

（六）公文涉及其他地区或者部门职权范围内的事项，起草单位必须征求相关地区或者部门意见，力求达成一致。

（七）机关负责人应当主持、指导重要公文起草工作。

第二十条　公文文稿签发前，应当由发文机关办公厅（室）进行审核。审核的重点是：

（一）行文理由是否充分，行文依据是否准确。

（二）内容是否符合国家法律法规和党的路线方针政策；是否完整准确体现发文机关意图；是否同现行有关公文相衔接；所提政策措施和办法是否切实可行。

（三）涉及有关地区或者部门职权范围内的事项是否经过充分协商并达成一致意见。

（四）文种是否正确，格式是否规范；人名、地名、时间、数字、段落顺序、引文等是否准确；文字、数字、计量单位和标点符号等用法是否规范。

（五）其他内容是否符合公文起草的有关要求。需要发文机关审议的重要公文文稿，审议前由发文机关办公厅（室）进行初核。

第二十一条　经审核不宜发文的公文文稿，应当退回起草单位并说明理由；符合发文条件但内容需作进一步研究和修改的，由起草单位修改后重新报送。

第二十二条　公文应当经本机关负责人审批签发。重要公文和上行文由机关主要负责人签发。党委、政府的办公厅（室）根据党委、政府授权制发的公文，由授权机关主要负责人签发或者按照有关规定签发。签发人签发公文，应当签署意见、姓名和完整日期；圈阅或者签名的，视为同意。联合发文由所有联署机关的负责人会签。

第六章　公　文　办　理

第二十三条　公文办理包括收文办理、发文办理和整理归档。

第二十四条　收文办理主要程序是：

（一）签收。对收到的公文应当逐件清点，核对无误后签字或者盖章，并注明签收时间。

（二）登记。对公文的主要信息和办理情况应当详细记载。

（三）初审。对收到的公文应当进行初审。初审的重点是：是否应当由本机关办理，是否符合行文规则，文种、格式是否符合要求，涉及其他地区或者部门职权范围内的事项是否已经协商、会签，是否符合公文起草的其他要求。经初审不符合规定的公文，应当及时退回来文单位并说明理由。

（四）承办。阅知性公文应当根据公文内容、要求和工作需要确定范围后分送。批办性公文应当提出拟办意见报本机关负责人批示或者转有关部门办理；需要两个以上部门办理的，应当明确主办部门。紧急公文应当明确办理时限。承办部门对交办的公文应当及时办理，有明确办理时限要求的应当在规定时限内办理完毕。

（五）传阅。根据领导批示和工作需要将公文及时送传阅对象阅知或者批示。办理公文传阅应当随时掌握公文去向，不得漏传、误传、延误。

（六）催办。及时了解掌握公文的办理进展情况，督促承办部门按期办结。紧急公文或者重要公文应当由专人负责催办。

（七）答复。公文的办理结果应当及时答复来文单位,并根据需要告知相关单位。

第二十五条　发文办理主要程序是:

（一）复核。已经发文机关负责人签批的公文,印发前应当对公文的审批手续、内容、文种、格式等进行复核;需作实质性修改的,应当报原签批人复审。

（二）登记。对复核后的公文,应当确定发文字号、分送范围和印制份数并详细记载。

（三）印制。公文印制必须确保质量和时效。涉密公文应当在符合保密要求的场所印制。

（四）核发。公文印制完毕,应当对公文的文字、格式和印刷质量进行检查后分发。

第二十六条　涉密公文应当通过机要交通、邮政机要通信、城市机要文件交换站或者收发件机关机要收发人员进行传递,通过密码电报或者符合国家保密规定的计算机信息系统进行传输。

第二十七条　需要归档的公文及有关材料,应当根据有关档案法律法规以及机关档案管理规定,及时收集齐全、整理归档。两个以上机关联合办理的公文,原件由主办机关归档,相关机关保存复制件。机关负责人兼任其他机关职务的,在履行所兼职务过程中形成的公文,由其兼职机关归档。

第七章　公 文 管 理

第二十八条　各级党政机关应当建立健全本机关公文管理制度,确保管理严格规范,充分发挥公文效用。

第二十九条　党政机关公文由文秘部门或者专人统一管理。设立党委(党组)的县级以上单位应当建立机要保密室和机要阅文室,并按照有关保密规定配备工作人员和必要的安全保密设施设备。

第三十条　公文确定密级前,应当按照拟定的密级先行采取保密措施。确定密级后,应当按照所定密级严格管理。绝密级公文应当由专人管理。公文的密级需要变更或者解除的,由原确定密级的机关或者其上级机关决定。

第三十一条　公文的印发传达范围应当按照发文机关的要求执行;需要变更的,应当经发文机关批准。涉密公文公开发布前应当履行解密程序。公开发布的时间、形式和渠道,由发文机关确定。经批准公开发布的公文,同发文机关正式印发的公文具有同等效力。

第三十二条　复制、汇编机密级、秘密级公文,应当符合有关规定并经本机关负责人批准。绝密级公文一般不得复制、汇编,确有工作需要的,应当经发文机关或者其上级机关批准。复制、汇编的公文视同原件管理。复制件应当加盖复制机关戳记。翻印件应当注明翻印的机关名称、日期。汇编本的密级按照编入公文的最高密级标注。

第三十三条　公文的撤销和废止,由发文机关、上级机关或者权力机关根据职权范围和有关法律法规决定。公文被撤销的,视为自始无效;公文被废止的,视为自废止之日起失效。

第三十四条　涉密公文应当按照发文机关的要求和有关规定进行清退或者销毁。

第三十五条　不具备归档和保存价值的公文,经批准后可以销毁。销毁涉密公文必须严格按照有关规定履行审批登记手续,确保不丢失、不漏销。个人不得私自销毁、留存涉密公文。

第三十六条　机关合并时,全部公文应当随之合并管理;机关撤销时,需要归档的公文经整理后按照有关规定移交档案管理部门。工作人员离岗离职时,所在机关应当督促其将暂存、借用的公文按照有关规定移交、清退。

第三十七条　新设立的机关应当向本级党委、政府的办公厅(室)提出发文立户申请。经审查符合条件的,列为发文单位,机关合并或者撤销时,相应进行调整。

第八章　附　　则

第三十八条　党政机关公文含电子公文。电子公文处理工作的具体办法另行制定。

第三十九条　法规、规章方面的公文,依照有关规定处理。外事方面的公文,依照外事主管部门的有关规定处理。

第四十条　其他机关和单位的公文处理工作,可以参照本条例执行。

第四十一条　本条例由中共中央办公厅、国务院办公厅负责解释。

第四十二条　本条例自 2012 年 7 月 1 日起施行。1996 年 5 月 3 日中共中央办公厅发布的《中国共产党机关公文处理条例》和 2000 年 8 月 24 日国务院发布的《国家行政机关公文处理办法》停止执行。

二〇一二年四月十二日

附录二 中华人民共和国国家标准 党政机关公文格式

GB/9704—2012

（中华人民共和国国家质量监督检验检疫总局、中华人民共和国国家标准化
管理委员会 2012 年 6 月 29 日发布，2012 年 7 月 1 日实施）

1 范围

本标准规定了党政机关公文通用的纸张要求、排版和印制装订要求、公文格式各要素的编排规则，并给出了公文的式样。

本标准适用于各级党政机关制发的公文。其他机关和单位的公文可以参照执行。

使用少数民族文字印制的公文，其用纸、幅面尺寸及版面、印制等要求按照本标准执行，其余可以参照本标准并按照有关规定执行。

2 规范性引用文件

下列文件对于本标准的应用是必不可少的。凡是注日期的引用文件，仅所注日期的版本适用于本标准。凡是不注日期的引用文件，其最新版本（包括所有的修改单）适用于本标准。

GB/T 148 印刷、书写和绘图纸幅面尺寸

GB 3100 国际单位制及其应用

GB 3101 有关量、单位和符号的一般原则

GB 3102（所有部分） 量和单位

GB/T 15834 标点符号用法

GB/T 15835 出版物上数字用法

3 术语和定义

下列术语和定义适用于本标准。

3.1 字 word

标示公文中横向距离的长度单位。在本标准中，一字指一个汉字宽度的距离。

3.2 行 line

标示公文中纵向距离的长度单位。在本标准中，一行指一个汉字的高度加 3 号汉字高度的 7/8 的距离。

4 公文用纸主要技术指标

公文用纸一般使用纸张定量为 60 g/m² ～80 g/m² 的胶版印刷纸或复印纸。纸张白度 80％～90％，横向耐折度≥15 次，不透明度≥85％，pH 值为 7.5～9.5。

5 公文用纸幅面尺寸及版面要求

5.1 幅面尺寸

公文用纸采用 GB/T 148 中规定的 A4 型纸，其成品幅面尺寸为：210 mm×297 mm。

5.2 版面

5.2.1 页边与版心尺寸

公文用纸天头(上白边)为 37 mm±1 mm，公文用纸订口(左白边)为 28 mm±1 mm，版心尺寸为 156 mm×225 mm。

5.2.2 字体和字号

如无特殊说明，公文格式各要素一般用 3 号仿宋体字。特定情况可以作适当调整。

5.2.3 行数和字数

一般每面排 22 行，每行排 28 个字，并撑满版心。特定情况可以作适当调整。

5.2.4 文字的颜色

如无特殊说明，公文中文字的颜色均为黑色。

6 印制装订要求

6.1 制版要求

版面干净无底灰，字迹清楚无断划，尺寸标准，版心不斜，误差不超过 1 mm。

6.2 印刷要求

双面印刷；页码套正，两面误差不超过 2 mm。黑色油墨应当达到色谱所标 BL100％，红色油墨应当达到色谱所标 Y80％、M80％。印品着墨实、均匀；字面不花、不白、无断划。

6.3 装订要求

公文应当左侧装订，不掉页，两页页码之间误差不超过 4 mm，裁切后的成品尺寸允许误差±2 mm，四角成 90°，无毛茬或缺损。

骑马订或平订的公文应当：

a) 订位为两钉外订眼距版面上下边缘各 70 mm 处，允许误差±4 mm；

b) 无坏钉、漏钉、重钉，钉脚平伏牢固；

c) 骑马订钉锯均订在折缝线上，平订钉锯与书脊间的距离为 3 mm～5 mm。

包本装订公文的封皮(封面、书脊、封底)与书芯应吻合、包紧、包平、不脱落。

7 公文格式各要素编排规则

7.1 公文格式各要素的划分

本标准将版心内的公文格式各要素划分为版头、主体、版记三部分。公文首页红色分隔线以上的部分称为版头；公文首页红色分隔线(不含)以下、公文末页首条分隔线(不含)以上的部分称为主体;公文末页首条分隔线以下、末条分隔线以上的部分称为版记。

页码位于版心外。

7.2　版头

7.2.1　份号

如需标注份号,一般用 6 位 3 号阿拉伯数字,顶格编排在版心左上角第一行。

7.2.2　密级和保密期限

如需标注密级和保密期限,一般用 3 号黑体字,顶格编排在版心左上角第二行;保密期限中的数字用阿拉伯数字标注。

7.2.3　紧急程度

如需标注紧急程度,一般用 3 号黑体字,顶格编排在版心左上角;如需同时标注份号、密级和保密期限、紧急程度,按照份号、密级和保密期限、紧急程度的顺序自上而下分行排列。

7.2.4　发文机关标志

由发文机关全称或者规范化简称加"文件"二字组成,也可以使用发文机关全称或者规范化简称。

发文机关标志居中排布,上边缘至版心上边缘为 35 mm,推荐使用小标宋体字,颜色为红色,以醒目、美观、庄重为原则。

联合行文时,如需同时标注联署发文机关名称,一般应当将主办机关名称排列在前;如有"文件"二字,应当置于发文机关名称右侧,以联署发文机关名称为准上下居中排布。

7.2.5　发文字号

编排在发文机关标志下空二行位置,居中排布。年份、发文顺序号用阿拉伯数字标注;年份应标全称,用六角括号"〔 〕"括入;发文顺序号不加"第"字,不编虚位(即 1 不编为 01),在阿拉伯数字后加"号"字。

上行文的发文字号居左空一字编排,与最后一个签发人姓名处在同一行。

7.2.6　签发人

由"签发人"三字加全角冒号和签发人姓名组成,居右空一字,编排在发文机关标志下空二行位置。"签发人"三字用 3 号仿宋体字,签发人姓名用 3 号楷体字。

如有多个签发人,签发人姓名按照发文机关的排列顺序从左到右、自上而下依次均匀编排,一般每行排两个姓名,回行时与上一行第一个签发人姓名对齐。

7.2.7　版头中的分隔线

发文字号之下 4 mm 处居中印一条与版心等宽的红色分隔线。

7.3　主体

7.3.1　标题

一般用 2 号小标宋体字,编排于红色分隔线下空二行位置,分一行或多行居中排布;回行时,要做到词意完整,排列对称,长短适宜,间距恰当,标题排列应当使用梯形或菱形。

7.3.2　主送机关

编排于标题下空一行位置,居左顶格,回行时仍顶格,最后一个机关名称后标全角冒号。如主送机关名称过多导致公文首页不能显示正文时,应当将主送机关名称移至版记,标注方法见 7.4.2。

7.3.3　正文

公文首页必须显示正文。一般用 3 号仿宋体字,编排于主送机关名称下一行,每个自然段左空二字,回行顶格。文中结构层次序数依次可以用"一、""(一)""1.""(1)"标注;一般第一层用黑体字、第二层用楷体字、第三层和第四层用仿宋体字标注。

7.3.4　附件说明

如有附件,在正文下空一行左空二字编排"附件"二字,后标全角冒号和附件名称。如有多个附件,使用阿拉伯数字标注附件顺序号(如"附件:1.××××××");附件名称后不加标点符号。附件名称较长需回行时,应当与上一行附件名称的首字对齐。

7.3.5　发文机关署名、成文日期和印章

7.3.5.1　加盖印章的公文

成文日期一般右空四字编排,印章用红色,不得出现空白印章。

单一机关行文时,一般在成文日期之上、以成文日期为准居中编排发文机关署名,印章端正、居中下压发文机关署名和成文日期,使发文机关署名和成文日期居印章中心偏下位置,印章顶端应当上距正文(或附件说明)一行之内。

联合行文时,一般将各发文机关署名按照发文机关顺序整齐排列在相应位置,并将印章一一对应、端正、居中下压发文机关署名,最后一个印章端正、居中下压发文机关署名和成文日期,印章之间排列整齐、互不相交或相切,每排印章两端不得超出版心,首排印章顶端应当上距正文(或附件说明)一行之内。

7.3.5.2　不加盖印章的公文

单一机关行文时,在正文(或附件说明)下空一行右空二字编排发文机关署名,在发文机关署名下一行编排成文日期,首字比发文机关署名首字右移二字,如成文日期长于发文机关署名,应当使成文日期右空二字编排,并相应增加发文机关署名右空字数。

联合行文时,应当先编排主办机关署名,其余发文机关署名依次向下编排。

7.3.5.3　加盖签发人签名章的公文

单一机关制发的公文加盖签发人签名章时,在正文(或附件说明)下空二行右空四字加盖签发人签名章,签名章左空二字标注签发人职务,以签名章为准上下居中排布。在签发人签名章下空一行右空四字编排成文日期。

联合行文时,应当先编排主办机关签发人职务、签名章,其余机关签发人职务、签名章依次向下编排,与主办机关签发人职务、签名章上下对齐;每行只编排一个机关的签发人职务、签名章;签发人职务应当标注全称。

签名章一般用红色。

7.3.5.4　成文日期中的数字

用阿拉伯数字将年、月、日标全,年份应标全称,月、日不编虚位(即 1 不编为 01)。

7.3.5.5　特殊情况说明

当公文排版后所剩空白处不能容下印章或签发人签名章、成文日期时,可以采取调整行距、字距的措施解决。

7.3.6　附注

如有附注,居左空二字加圆括号编排在成文日期下一行。

7.3.7　附件

附件应当另面编排,并在版记之前,与公文正文一起装订。"附件"二字及附件顺序号用 3 号黑体字顶格编排在版心左上角第一行。附件标题居中编排在版心第三行。附件顺序号和附件标题应

当与附件说明的表述一致。附件格式要求同正文。

如附件与正文不能一起装订,应当在附件左上角第一行顶格编排公文的发文字号并在其后标注"附件"二字及附件顺序号。

7.4　版记

7.4.1　版记中的分隔线

版记中的分隔线与版心等宽,首条分隔线和末条分隔线用粗线(推荐高度为 0.35 mm),中间的分隔线用细线(推荐高度为 0.25 mm)。首条分隔线位于版记中第一个要素之上,末条分隔线与公文最后一面的版心下边缘重合。

7.4.2　抄送机关

如有抄送机关,一般用 4 号仿宋体字,在印发机关和印发日期之上一行、左右各空一字编排。"抄送"二字后加全角冒号和抄送机关名称,回行时与冒号后的首字对齐,最后一个抄送机关名称后标句号。

如需把主送机关移至版记,除将"抄送"二字改为"主送"外,编排方法同抄送机关。既有主送机关又有抄送机关时,应当将主送机关置于抄送机关之上一行,之间不加分隔线。

7.4.3　印发机关和印发日期

印发机关和印发日期一般用 4 号仿宋体字,编排在末条分隔线之上,印发机关左空一字,印发日期右空一字,用阿拉伯数字将年、月、日标全,年份应标全称,月、日不编虚位(即 1 不编为 01),后加"印发"二字。

版记中如有其他要素,应当将其与印发机关和印发日期用一条细分隔线隔开。

7.5　页码

一般用 4 号半角宋体阿拉伯数字,编排在公文版心下边缘之下,数字左右各放一条一字线;一字线上距版心下边缘 7 mm。单页码居右空一字,双页码居左空一字。公文的版记页前有空白页的,空白页和版记页均不编排页码。公文的附件与正文一起装订时,页码应当连续编排。

8　公文中的横排表格

A4 纸型的表格横排时,页码位置与公文其他页码保持一致,单页码表头在订口一边,双页码表头在切口一边。

9　公文中计量单位、标点符号和数字的用法

公文中计量单位的用法应当符合 GB 3100、GB 3101 和 GB 3102(所有部分),标点符号的用法应当符合 GB/T 15834,数字用法应当符合 GB/T 15835。

10　公文的特定格式

10.1　信函格式

发文机关标志使用发文机关全称或者规范化简称,居中排布,上边缘至上页边为 30 mm,推荐使用红色小标宋体字。联合行文时,使用主办机关标志。

发文机关标志下 4 mm 处印一条红色双线(上粗下细),距下页边 20 mm 处印一条红色双线(上细下粗),线长均为 170 mm,居中排布。

如需标注份号、密级和保密期限、紧急程度,应当顶格居版心左边缘编排在第一条红色双线下,按照份号、密级和保密期限、紧急程度的顺序自上而下分行排列,第一个要素与该线的距离为3号汉字高度的7/8。

发文字号顶格居版心右边缘编排在第一条红色双线下,与该线的距离为3号汉字高度的7/8。

标题居中编排,与其上最后一个要素相距二行。

第二条红色双线上一行如有文字,与该线的距离为3号汉字高度的7/8。

首页不显示页码。

版记不加印发机关和印发日期、分隔线,位于公文最后一面版心内最下方。

10.2　命令(令)格式

发文机关标志由发文机关全称加"命令"或"令"字组成,居中排布,上边缘至版心上边缘为20 mm,推荐使用红色小标宋体字。

发文机关标志下空二行居中编排令号,令号下空二行编排正文。

签发人职务、签名章和成文日期的编排见7.3.5.3。

10.3　纪要格式

纪要标志由"×××××纪要"组成,居中排布,上边缘至版心上边缘为35 mm,推荐使用红色小标宋体字。

标注出席人员名单,一般用3号黑体字,在正文或附件说明下空一行左空二字编排"出席"二字,后标全角冒号,冒号后用3号仿宋体字标注出席人单位、姓名,回行时与冒号后的首字对齐。

标注请假和列席人员名单,除依次另起一行并将"出席"二字改为"请假"或"列席"外,编排方法同出席人员名单。

纪要格式可以根据实际制定。

GB/T 9704—2012

11　式样

A4型公文用纸页边及版心尺寸见图1;公文首页版式见图2;联合行文公文首页版式1见图3;联合行文公文首页版式2见图4;公文末页版式1见图5;公文末页版式2见图6;联合行文公文末页版式1见图7;联合行文公文末页版式2见图8;附件说明页版式见图9;带附件公文末页版式见图10;信函格式首页版式见图11;命令(令)格式首页版式见图12。

37 mm±1 mm天头

28 mm±1 mm订口

225 mm

297 mm

7 mm

—2—

1—

156 mm

210 mm

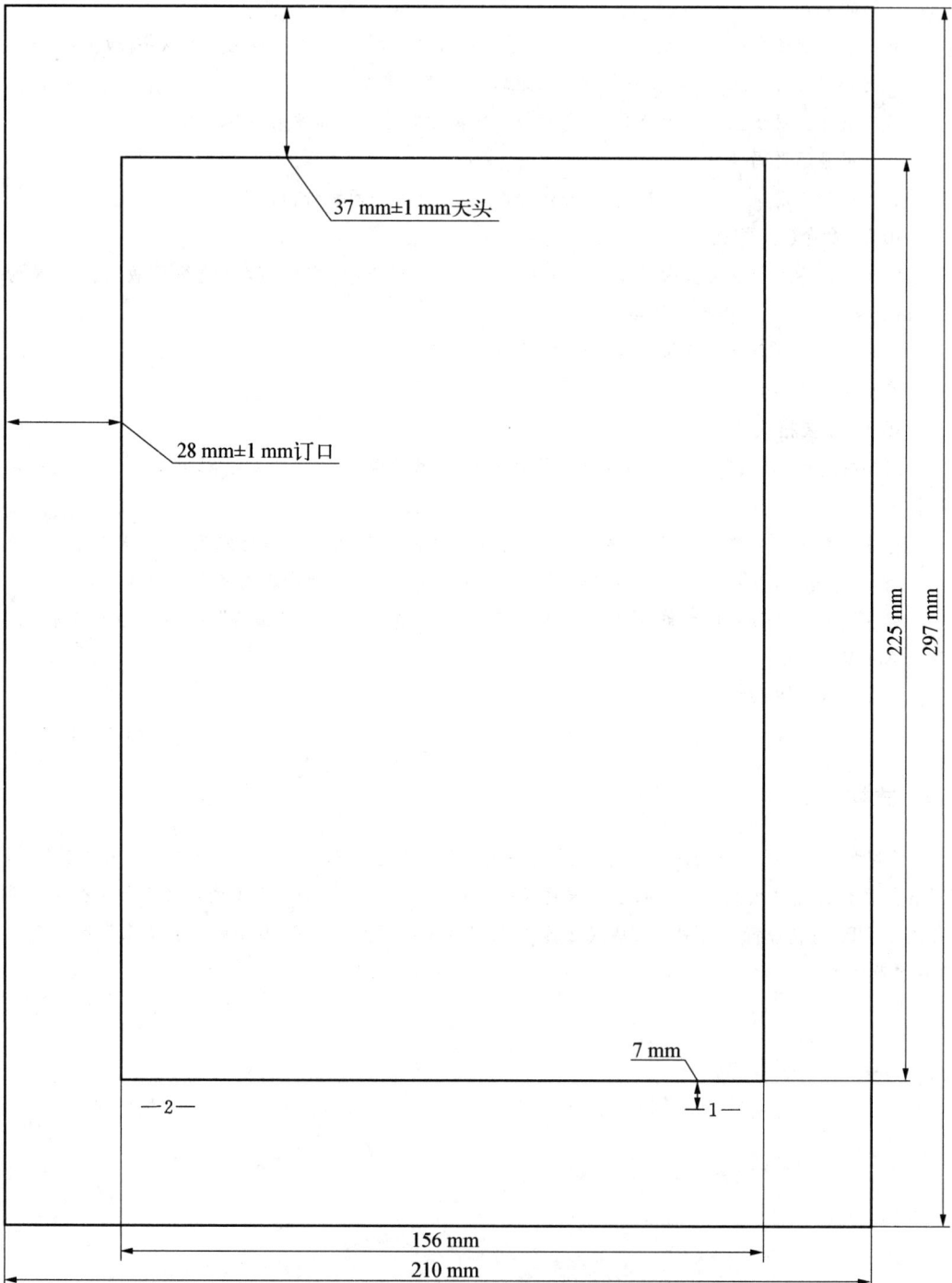

图1   A4型公文用纸页边及版心尺寸

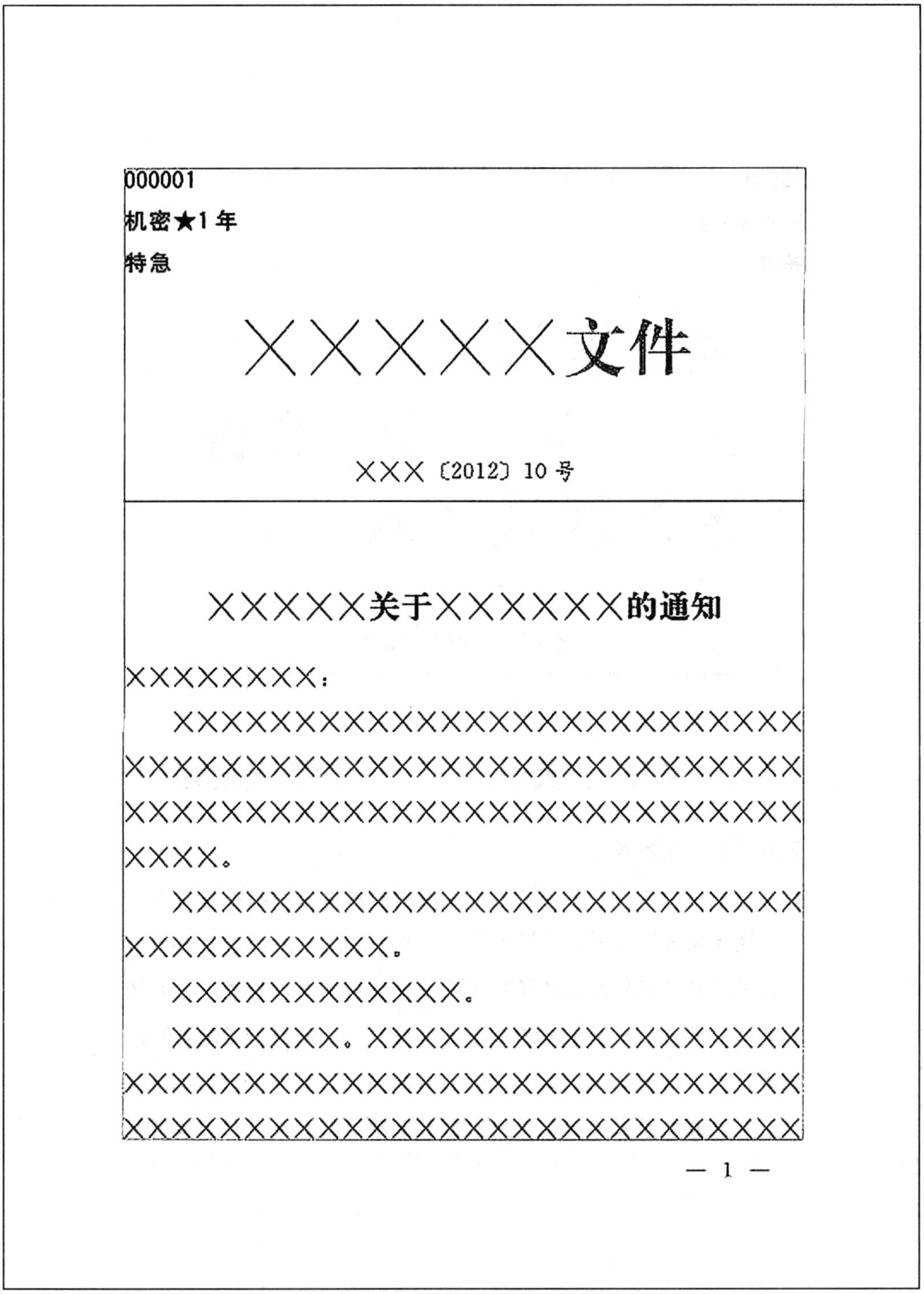

000001

机密★1年

特急

×××××文件

×××〔2012〕10号

×××××关于××××××的通知

×××××××××：

　　××。

　　×××××××××××××××××××××××××××××××××。

　　×××××××××××。

　　××××××××。×××。

— 1 —

图2　公文首页版式

注：版心实线框仅为示意，在印制公文时并不印出。

000001

机密★1年

特急

×××××××

× × × 文件

××××××

×××〔2012〕10 号

×××××关于×××××××的通知

××××××××：

　　×××××××××××××××××××××××。

　　×××××××××××××××××××××××××

××××××××××××××××××××××××××

×××××××××××××××××××××××××××

××××。

　　×××××××××××××××××××××××××××

— 1 —

图 3　联合行文公文首页版式 1

注：版心实线框仅为示意，在印制公文时并不印出。

000001

机 密

特 急

╳╳╳╳╳╳

╳ ╳ ╳

╳╳╳╳╳

签发人：╳╳╳ ╳╳╳

╳╳╳〔2012〕10 号 ╳╳╳

╳╳╳╳╳╳关于╳╳╳╳╳╳╳的请示

╳╳╳╳╳╳╳╳：

　　╳╳╳╳╳╳╳╳╳╳╳╳╳╳╳╳╳╳╳╳╳╳╳

╳╳╳╳╳╳╳╳╳╳╳╳╳╳╳╳╳╳╳╳╳╳╳╳

╳╳╳╳╳╳╳╳╳╳╳╳╳╳╳╳╳╳╳╳╳╳╳╳

╳╳╳╳。

　　╳╳╳╳╳╳╳╳╳╳╳╳╳╳╳╳╳╳╳╳

— 1 —

图 4 联合行文公文首页版式 2

注：版心实线框仅为示意，在印制公文时并不印出。

XXXXXXXXXXXXXXX。

XXXXXXXXXXXXXXXXXXXXXXXXXXXX XXXXXXXXXXXXXXXXXXXXXXXXXXXX XXXXXXXXXXX。

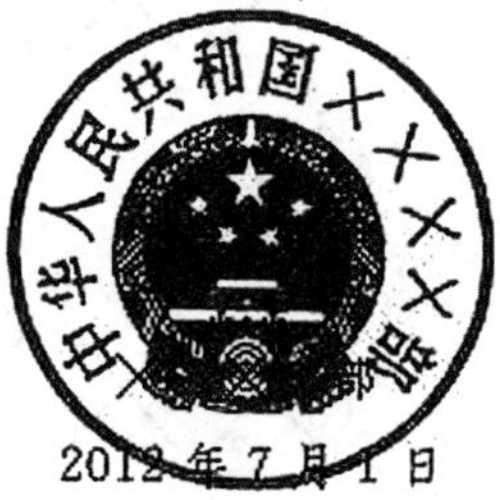

2012年7月1日

(XXXXX)

抄送：XXXXXXXX，XXXXXX，XXXXX，XXXXX，XXXXX。

XXXXXXXXX　　2012年7月1日印发

— 2 —

图5　公文末页版式1

注：版心实线框仅为示意，在印制公文时并不印出。

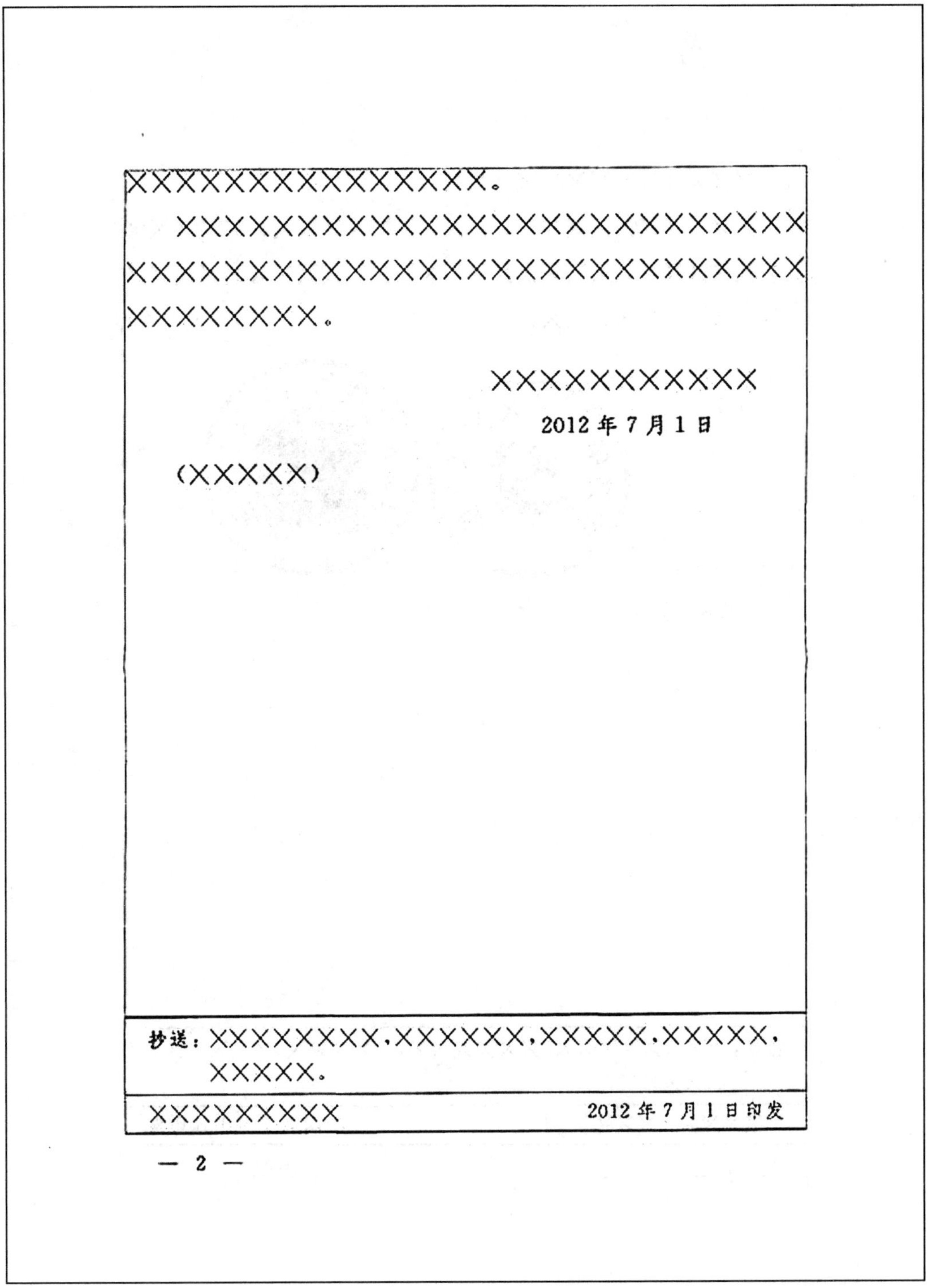

×××××××××××××××。

　　×××××××××××××××××××××
×××××××××××××××××××××××
×××××××。

　　　　　　　　××××××××××
　　　　　　　　2012 年 7 月 1 日

　（×××××）

抄送：×××××××，×××××××，×××××，×××××，
　　×××××。

×××××××× 　　　　　　　　　　2012 年 7 月 1 日印发

— 2 —

图 6　公文末页版式 2

注：版心实线框仅为示意，在印制公文时并不印出。

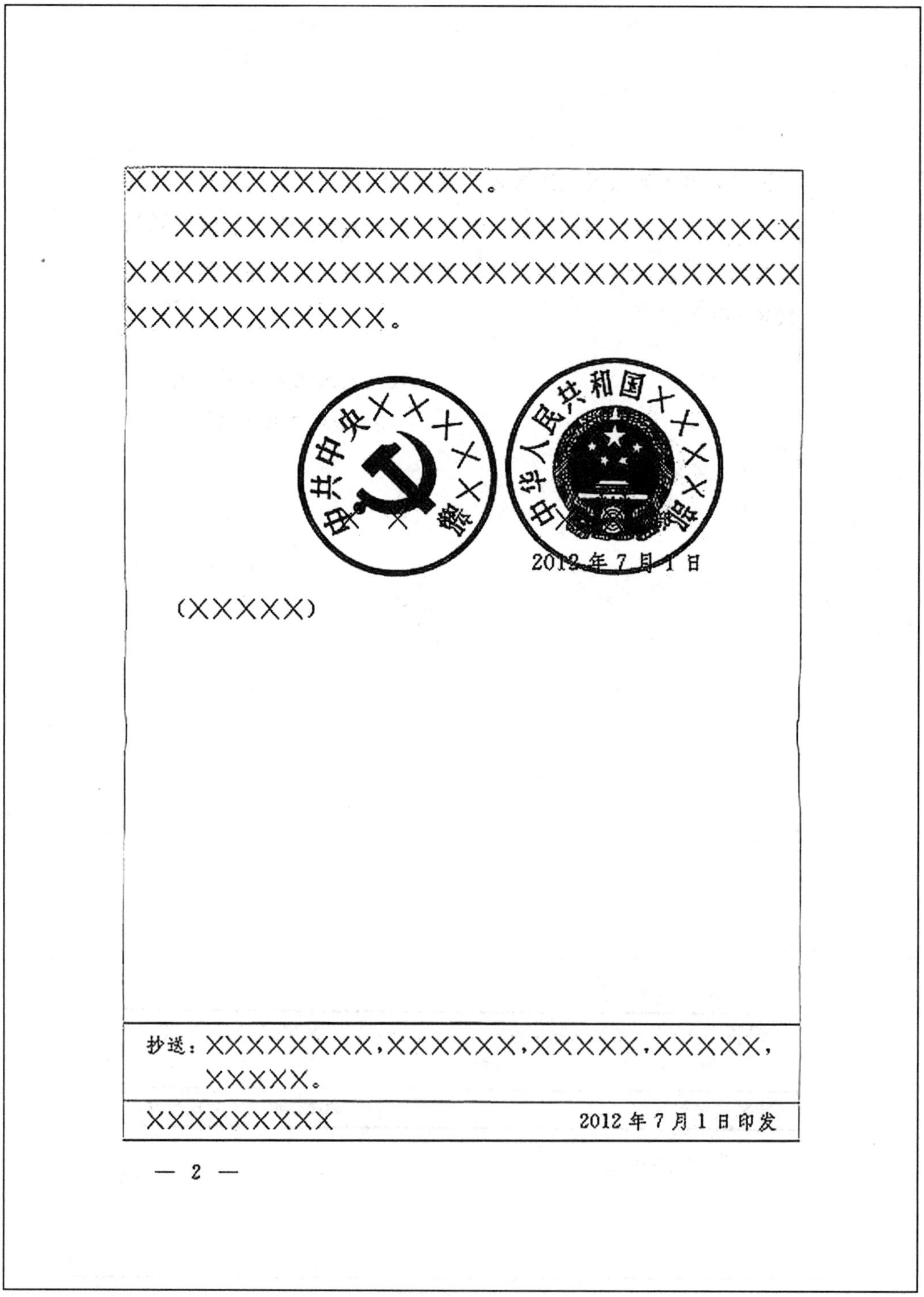

XXXXXXXXXXXXXX。
　　XXXXXXXXXXXXXXXXXXXXX
XXXXXXXXXXXXXXXXXXXXXX
XXXXXXXXXX。

（XXXXX）

抄送：XXXXXXXX，XXXXXX，XXXXX，XXXXX，
XXXXX。

XXXXXXXX　　　　　　2012 年 7 月 1 日印发

图 7　联合行文公文末页版式 1

注：版心实线框仅为示意，在印制公文时并不印出。

××××××××××××××××××。
　　××××××××××××××××××××××××
×××××××××××××××××××××××××
××××××××××。

（×××××）

2012 年 7 月 1 日

抄送：×××××××，×××××××，×××××，×××××，
　　×××××。

×××××××× 　　　　　　　　　　2012 年 7 月 1 日印发

— 2 —

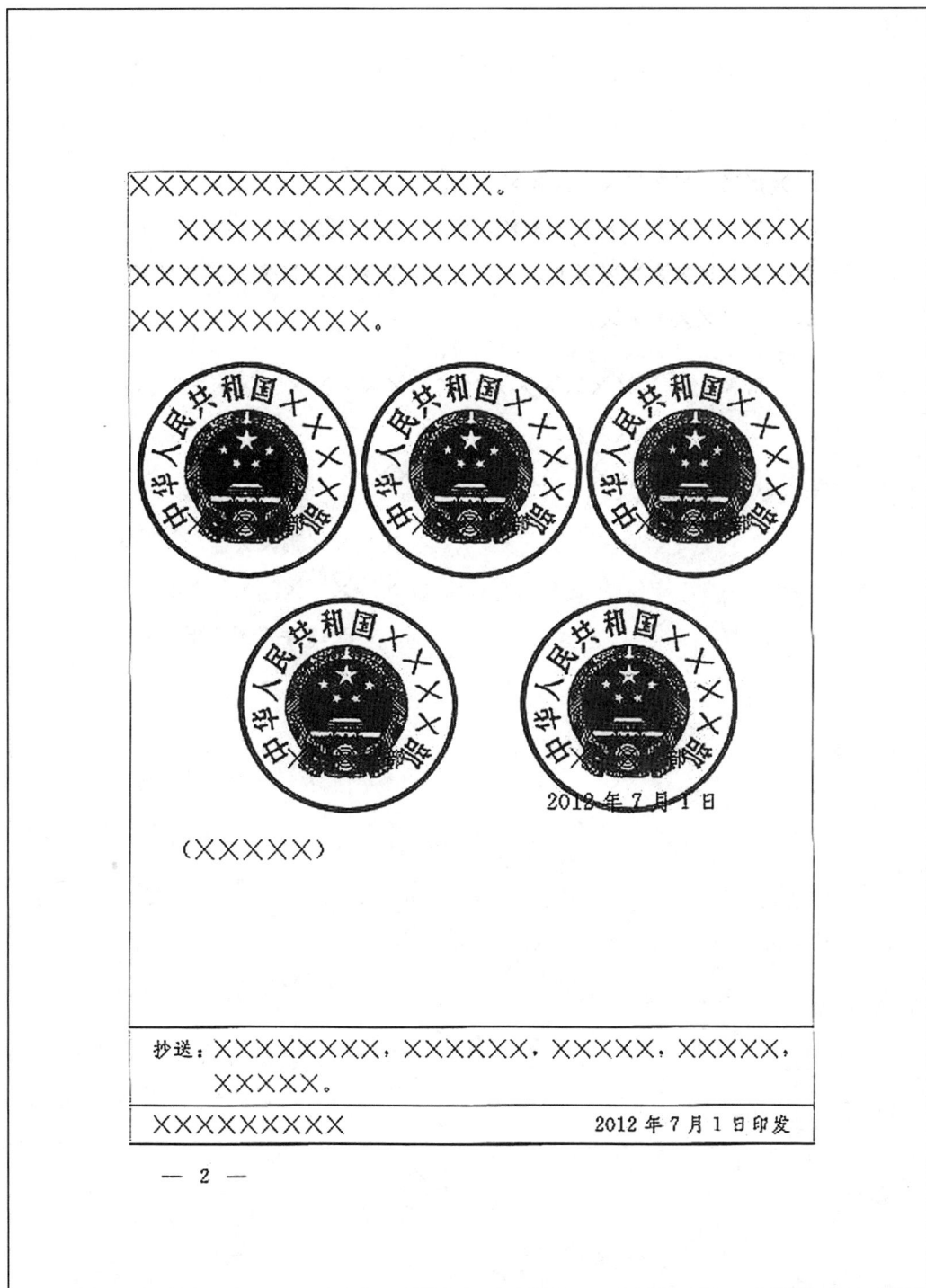

图 8　联合行文公文末页版式 2
注：版心实线框仅为示意，在印制公文时并不印出。

×××××××××××××。
　　×××××××××××××××××××
×××××××××××××××××××
×××××××××××。

　　附件：1. ×××××××××××××××××
　　　　　　×××××
　　　　　2. ××××××××××××

　　　　　　　　　　　×××××××
　　　　　　　　　　　×　×　×　×
　　　　　　　　　　　2012 年 7 月 1 日
（×××××）

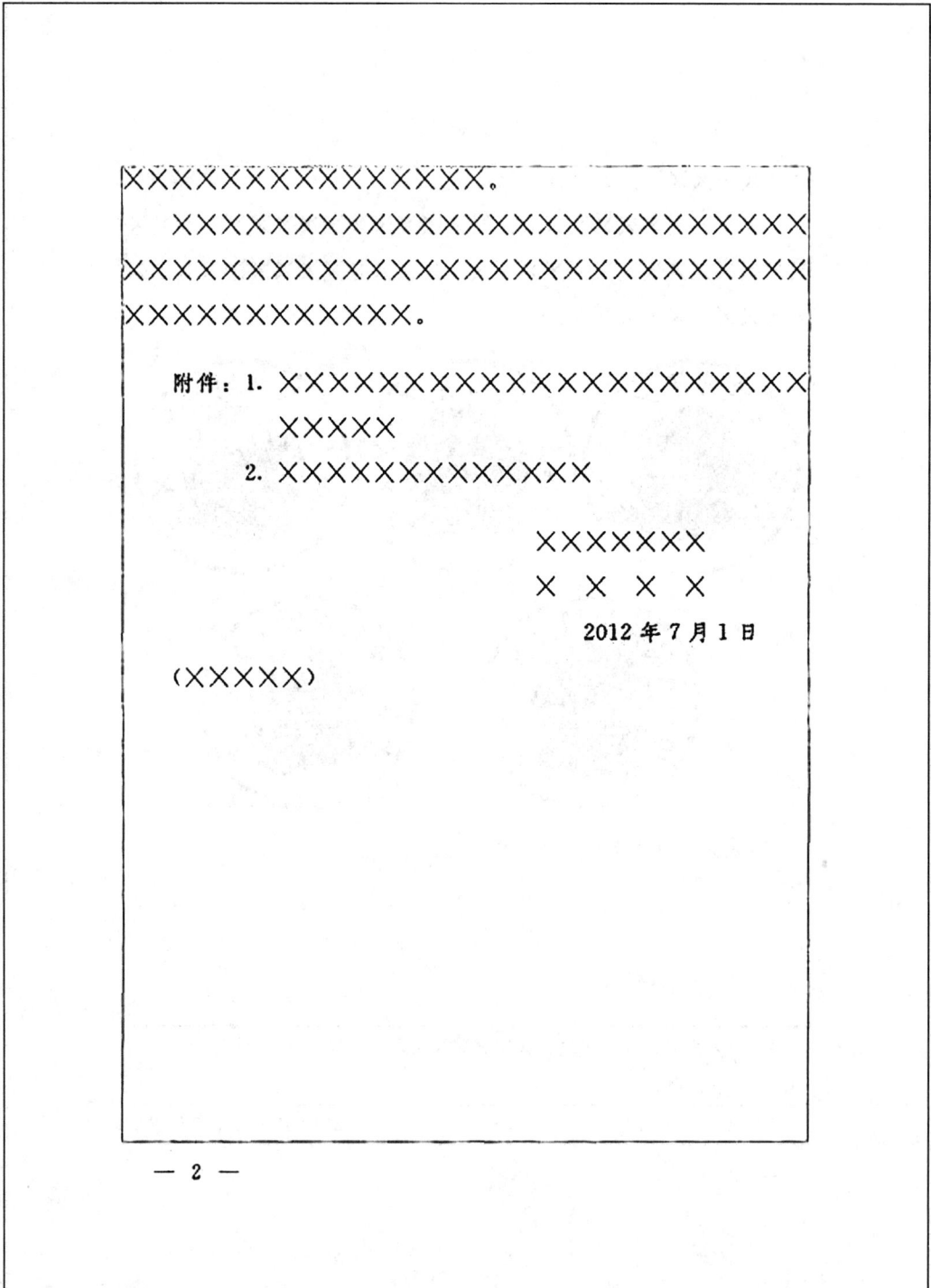

图 9　附件说明页版式

注：版心实线框仅为示意，在印制公文时并不印出。

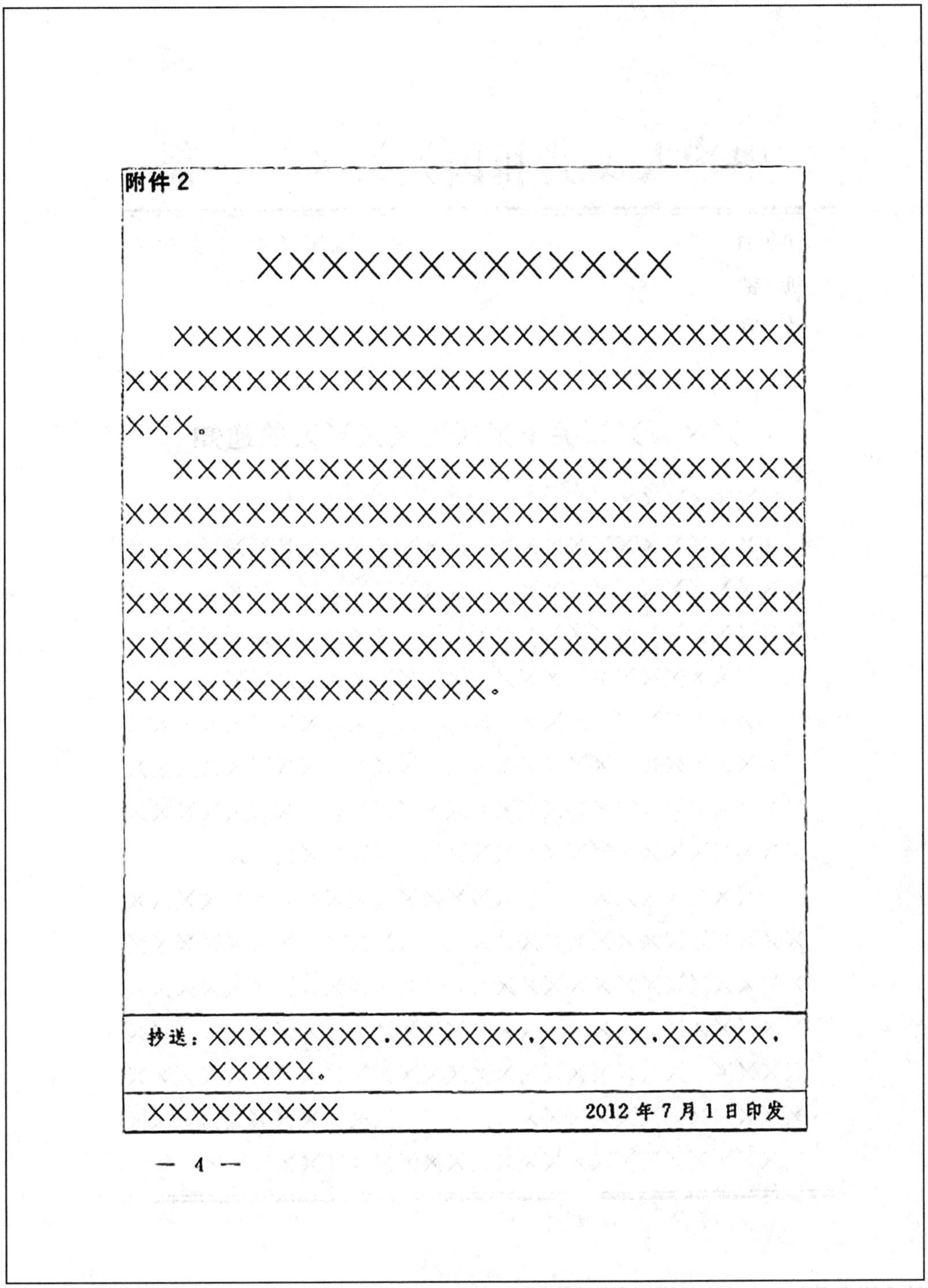

附件2

×××××××××××

　　×××××××××××××××××××
×××××××××××××××××××××
×××。
　　×××××××××××××××××××
×××××××××××××××××××××
×××××××××××××××××××××
×××××××××××××××××××××
×××××××××××。

抄送：××××××××.×××××,×××××,×××××,
　　×××××。

×××××××× 　　　　　2012 年 7 月 1 日印发

— 4 —

图 10　带附件公文末页版式

注：版心实线框仅为示意,在印制公文时并不印出。

中华人民共和国×××××部

000001　　　　　　　　　　　　×××〔2012〕10号

机　密

特　急

×××××关于×××××××的通知

×××××××：

　　×××。

　　×××。

　　×××。

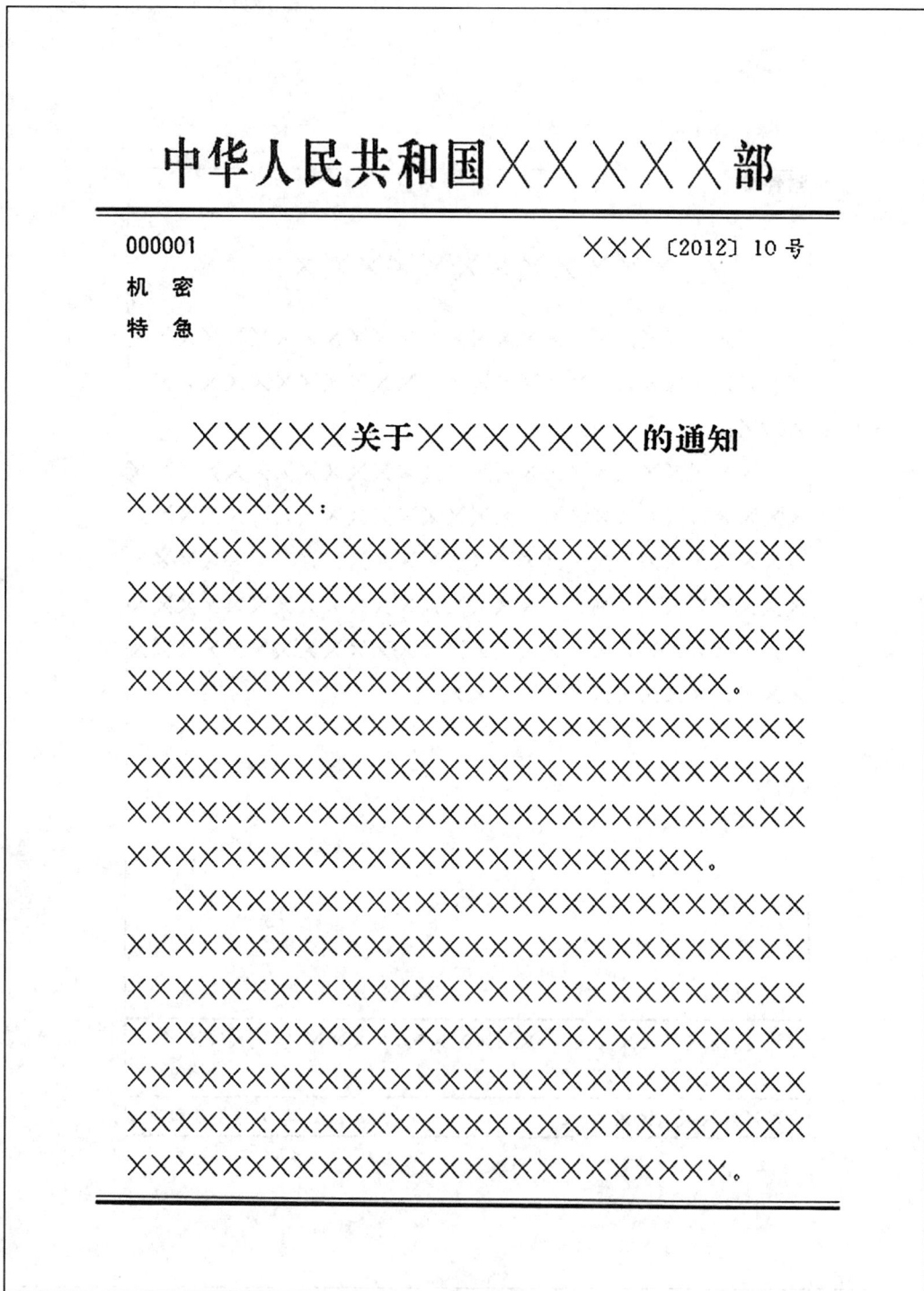

图11　信函格式首页版式

注：版心实线框仅为示意，在印制公文时并不印出。

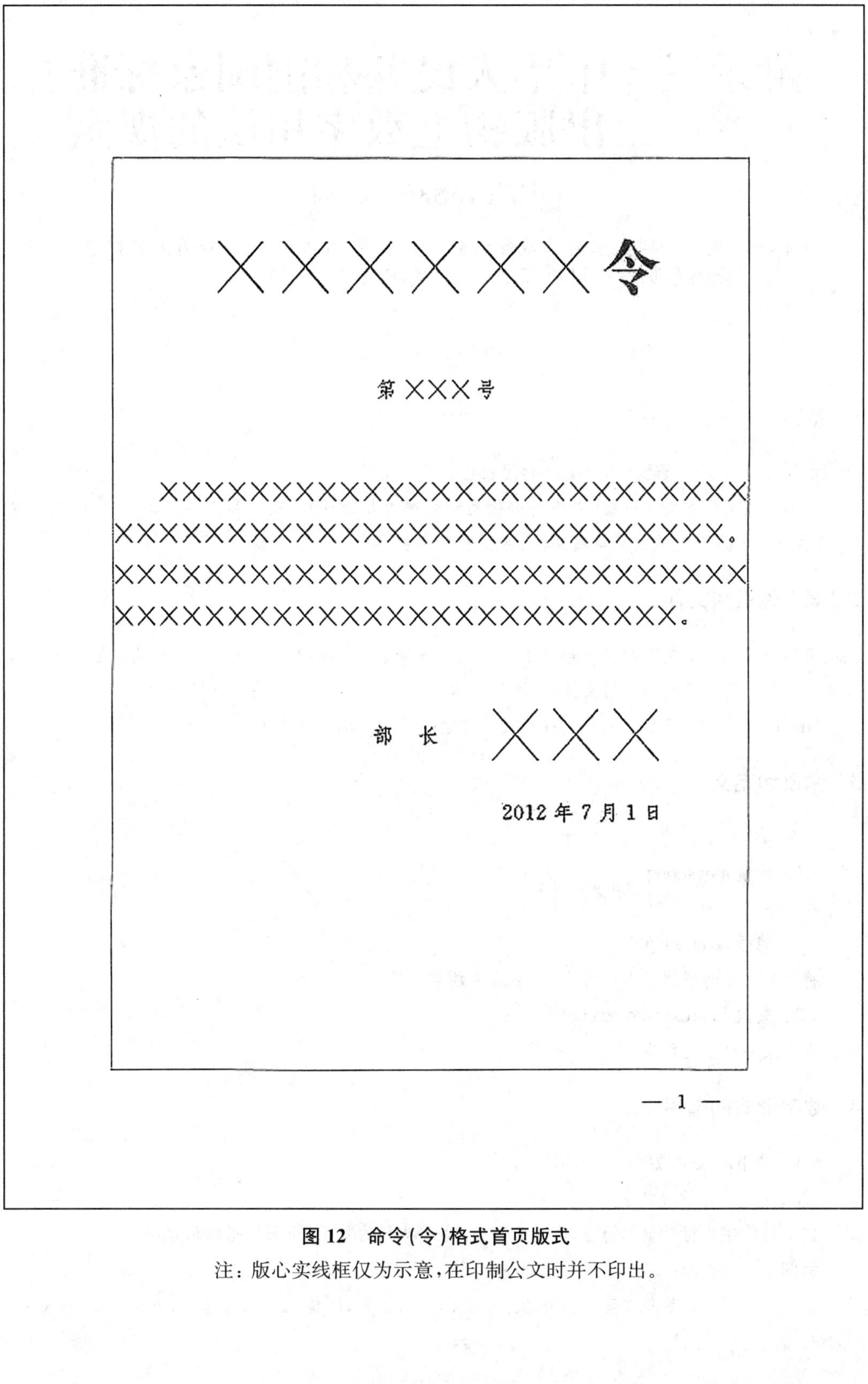

×××××令

第×××号

×××××××××××××××××××××
××××××××××××××××××××××××。
×××××××××××××××××××××××
××××××××××××××××××××××。

部 长 ×××

2012 年 7 月 1 日

图 12 命令(令)格式首页版式

注:版心实线框仅为示意,在印制公文时并不印出。

附录三 中华人民共和国国家标准 出版物上数字用法的规定

GB/T15835—2011

（中华人民共和国国家质量监督检验检疫总局、中华人民共和国国家标准化管理委员会 2011 年 7 月 29 日发布，2011 年 11 月 1 日实施）

1 范围

本标准规定了出版物上汉字数字和阿拉伯数字的用法。

本标准适用于各类出版物（文艺类出版物和重排古籍除外）。政府和企事业单位公文，以及教育、媒体和公共服务领域的数字用法，也可参照本标准执行。

2 规范性引用文件

下列文件对于本文件的应用是必不可少的。凡是注日期的引用文件，仅注日期的版本适用于本文件。凡是不注日期的引用文件，其最新版本（包括所有的修改单）适用于本文件。

GB/T 7408—2005 数据元和交换格式 信息交换 日期和时间表示法

3 术语和定义

下列术语和定义适用于本文件。

3.1 计量 measuring

将数字用于加、减、乘、除等数学运算。

3.2 编号 numbering

将数字用于为事物命名或排序，但不用于数学运算。

3.3 概数 approximate number

用于模糊计量的数字。

4 数字形式的选用

4.1 选用阿拉伯数字

4.1.1 用于计量的数字

在使用数字进行计量的场合，为达到醒目、易于辨识的效果，应采用阿拉伯数字。

示例 1：−125.033 4.05％63％～68％1：500 97/108

当数值伴随有计量单位时，如：长度、容积、面积、体积、质量、温度、经纬度、音量、频率等等，特别是当计量单位以字母表达时,应采用阿拉伯数字。

示例 2: 523.56 km(523.56 千米)　346.87 L(346.87 升)

5.34 m²(5.34 平方米)　567 mm³(567 立方毫米)

605 g(605 克)　100～150 kg(100～150 千克)

34～39℃(34～39 摄氏度)　北纬 40°(40 度)

120 dB(120 分贝)

4.1.2　用于编号的数字

在使用数字进行编号的场合,为达到醒目、易于辨识的效果,应采用阿拉伯数字。

示例: 电话号码:98888

邮政编码:100871

通信地址:北京市海淀区复兴路 11 号

电子邮件地址:x186@186.net

网页地址:http://127.0.0.1

汽车号牌:京 A00001

公交车号:302 路公交车

道路编号:101 国道

公文编号:国办发[1987]9 号

图书编号:ISBN 978-7-80184-224-4

刊物编号:CN11-1399

章节编号:4.1.2

产品型号:PH-3000 型计算机

产品序列号:C84XB-JYVFD-P7HC4-6XKRJ-7M6XH

单位注册号:02050214

行政许可登记编号:0684D10004-828

4.1.3　已定型的含阿拉伯数字的词语

现代社会生活中出现的事物、现象、事件,其名称的书写形式中包含阿拉伯数字,已经广泛使用而稳定下来,应采用阿拉伯数字。

示例: 3G 手机　MP3 播放器　G8 峰会　维生素 B12

97 号汽油　"5•27"事件　"12•5"枪击案

4.2　选用汉字数字

4.2.1　非公历纪年

干支纪年、农历月日、历史朝代纪年及其他传统上采用汉字形式的非公历纪年等等,应采用汉字数字。

示例: 丙寅年十月十五日　庚辰年八月五日　腊月二十

正月初五　八月十五中秋　秦文公四十四年

太平天国庚申十年九月二十四日　清咸丰十年九月二十日

藏历阳木龙年八月二十六日　日本庆应三年

4.2.2　概数

数字连用表示的概数、含"几"的概数,应采用汉字数字。

示例: 三四个月　一二十个　四十五六岁　五六万套

五六十年前　几千二十几一百几十　几万分之一

4.2.3　已定型的含汉字数字的词语

汉语中长期使用已经稳定下来的包含汉字数字形式的词语,应采用汉字数字。

示例: 万一　一律　一旦

三叶虫　四书五经　星期五

四氧化三铁　八国联军　七上八下

一心一意　不管三七二十一　一方面

二百五　半斤八两　五省一市

五讲四美　相差十万八千里　八九不离十　白发三千丈　不二法门　二八年华

五四运动　"一·二八"事变　"一二·九"运动

4.3　选用阿拉伯数字与汉字数字均可

如果表达计量或编号所需要用到的数字个数不多,选择汉字数字还是阿拉伯数字在书写的简洁性和辨识的清晰性两方面没有明显差异时,两种形式均可使用。

示例1: 17号楼(十七号楼)3倍(三倍)

第5个工作日(第五个工作日)

100多件(一百多件)20余次(二十余次)

约300人(约三百人)40天左右(四十天左右)

50上下(五十上下)50多人(五十多人)

第25页(第二十五页)第8天(第八天)

第4季度(第四季度)第45页(第四十五页)

共235位同学(共二百三十五位同学)

0.5(零点五)76岁(七十六岁)

120周年(一百二十周年)1/3(三分之一)

公元前8世纪(公元前八世纪)

20世纪80年代(二十世纪八十年代)

公元253年(公元二五三年)

1997年7月1日(一九九七年七月一日)

下午4点40分(下午四点四十分)

4个月(四个月)12天(十二天)

如果要突出简洁醒目的表达效果,应使用阿拉伯数字;如果要突出庄重典雅的表达效果,应使用汉字数字。

示例2: 北京时间2008年5月12日14时28分

十一届全国人大一次会议(不写为"11届全国人大1次会议")

六方会谈(不写为"6方会谈")

在同一场合出现的数字,应遵循"同类别同形式"原则来选择数字的书写形式。如果两数字的表达功能类别相同(比如都是表达年月日时间的数字),或者两数字在上下文中所处的层级相同(比如文章目录中同级标题的编号),应选用相同的形式。反之,如果两数字的表达功能不同,或所处层级不同,可以选用不同的形式。

示例 3：2008 年 8 月 8 日二〇〇八年八月八日(不写为"二〇〇八年 8 月 8 日")

第一章第二章……第十二章(不写为"第一章　第二章……第 12 章")

第二章的下一级标题可以用阿拉伯数字编号：2.1，2.2，……

应避免相邻的两个阿拉伯数字造成歧义的情况。

示例 4：高三 3 个班 高三三个班(不写为"高 33 个班")

高三 2 班 高三(2)班(不写为"高 32 班")

有法律效力的文件、公告文件或财务文件中可同时采用汉字数字和阿拉伯数字。

示例 5：2008 年 4 月保险账户结算日利率为万分之一点五七五零(0.015 750%)

35.5 元(35 元 5 角三十五元五角叁拾伍圆伍角)

5　数字形式的使用

5.1　阿拉伯数字的使用

5.1.1　多位数

为便于阅读，四位以上的整数或小数，可采用以下两种方式分节：

——第一种方式：千分撇

整数部分每三位一组，以","分节。小数部分不分节。四位以内的整数可以不分节。

示例 1：624,000 92,300,000 19,351,235.235767 1256

——第二种方式：千分空

从小数点起，向左和向右每三位数字一组，组间空四分之一个汉字，即二分之一个阿拉伯数字的位置。四位以内的整数可以不加千分空。

示例 2：55 235 367.346 23　98 235 358.238 368

注：各科学技术领域的多位数分节方式参照 GB 3101—1993 的规定执行。

5.1.2　纯小数

纯小数必须写出小数点前定位的"0"，小数点是齐阿拉伯数字底线的实心点"."。

示例：0.46 不写为 .46 或 0。46

5.1.3　数值范围

在表示数值的范围时，可采用波浪式连接号"～"或一字线连接号"—"。前后两个数值的附加符号或计量单位相同时，在不造成歧义的情况下，前一个数值的附加符号或计量单位可省略。如果省略数值的附加符号或计量单位会造成歧义，则不应省略。

示例：—36～—8℃ 400—429 页 100—150 kg

12 500～20 000 元　9 亿～16 亿(不写为 9—16 亿)

13 万元～17 万元(不写为 13～17 万元)

15%～30%(不写为 15～30%)

$4.3×10^6$～$5.7×10^6$(不写为 4.3～$5.7×10^6$)

5.1.4　年月日

年月日的表达顺序应按照口语中年月日的自然顺序书写。

示例 1：2008 年 8 月 8 日　1997 年 7 月 1 日

"年""月"可按照 GB/T 7408—2005 的 5.2.1.1 中的扩展格式，用"-"替代，但年月日不完整时不能替代。

示例 2：2008-8-8　1997-7-1

8 月 8 日(不写为 8-8) 2008 年 8 月(不写为 2008-8)

四位数字表示的年份不用简写为两位数字。

示例 3："1990 年"不写为"90 年"

月和日是一位数时,可在数字前补"0"。

示例 4：2008-08-08　1997-07-01

5.1.5　时分秒

计时方式即可采用 12 小时制,也可采用 24 小时制。

示例 1：11 时 40 分(上午 11 时 40 分)

21 时 12 分 36 秒(晚上 9 时 12 分 36 秒)

时分秒的顺序应按照口语中时分秒的自然顺序书写。

示例 2：15 时 40 分　14 时 12 分 36 秒

"时""分"也可按照 GB/T 7408—2005 的 5.3.1.1 和 5.3.1.2 中的扩展格式,用":"替代。

示例 3：15:40　14:12:36

5.1.6　含有月日的专名

含有月日的专名采用阿拉伯数字表示时,应采用间隔号"·"将月、日分开,并在数字前后加引号。

示例："3·15"消费者权益日

5.1.7　书写格式

5.1.7.1　字体

出版物中的阿拉伯数字,一般应使用正体二分字身,即占半个汉字位置。

示例：23457.236

5.1.7.2　换行

一个用阿拉伯数字书写的数值应在同一行中,避免被断开。

5.1.7.3　竖排文本中的数字方向

竖排文字中的阿拉伯数字按顺时针方向转 90 度。旋转后要保证同一个词语单位的文字方向相同。

示例：

基地。日零时三十分返回上航行了十三天,于一九九○年八月六捞救生船在太平洋示例二　海军 J12 号打率为一百八十五瓦,功市场售价两千零五十元',返修率仅为百分之零点一五。示例一　雪花牌 BCD188 型家用电冰箱容量是一百二十五升,功

5.2　汉字数字的使用

5.2.1　概数

两个数字连用表示概数时,两数之间不用顿号"、"隔开。

示例：二三米　一两个小时　三五天

一二十个　四十五六岁

5.2.2 年份

年份简写后的数字可以理解为概数时,一般不简写。

示例:"一九七八年"不写为"七八年"

5.2.3 含有月日的专名

含有月日的专名采用汉字数字表示时,如果涉及一月、十一月、十二月,应用间隔号"·"将表示月日的数字隔开,涉及其他月份时,不用间隔号。

示例:"一二·八"事变 "一二·九"运动 五一国际劳动节

5.2.4 大写汉字数字

——大写汉字数字的书写形式

零、壹、贰、叁、肆、伍、陆、柒、捌、玖、拾、佰、仟、万、亿

——大写汉字数字的适用场合

法律文书和财务票据上,应采用大写汉字数字形式记数。

示例:3,504(叁仟伍佰零肆圆)

39,148(叁万玖仟壹佰肆拾捌圆)

5.2.5 "零"和"〇"

阿拉伯数字"0"有"零"和"〇"两种汉字书写形式。一个数字用作计量时,其中"0"的汉字书写形式为"零",用作编号时,"0"的汉字书写形式为"〇"。

示例:"3 052(个)"的汉字数字形式为"三千零五十二"(不写为"三千〇五十二")

"95.06"的汉字数字形式为"九十五点零六"(不写为"九十五点〇六")

"公元 2012(年)"的汉字数字形式为"二〇一二"(不写为"二零一二")

5.3 阿拉伯数字与汉字数字同时使用

如果一个数值很大,数值中的"万""亿"单位可以采用汉字数字,其余部分采用阿拉伯数字。

示例 1:我国 1982 年人口普查人数为 10 亿零 817 万 5 288 人。

除上面情况之外的一般数值,不能同时采用阿拉伯数字与汉字数字。

示例 2:108 可以写作"一百零八",但不应写作"1 百零 8"或"一百 08"

4 000 可以写作"四千",但不能写作"4 千"。

附录四 中华人民共和国国家标准标点符号用法

GB/T 15834—2011

（中华人民共和国国家质量监督检验检疫总局、中华人民共和国国家标准化管理委员会 2011 年 12 月 30 日发布，2012 年 6 月 1 日实施）

1 范围

本标准规定了现代汉语标点符号的用法。

本标准适用于汉语的书面语（包括汉语和外语混合排版时的汉语部分）。

2 术语和定义

下列术语和定义适用于本文件。

2.1 标点符号 punctuation

辅助文字记录语言的符号，是书面语的有机组成部分，用来表示语句的停顿、语气以及标示某些成分（主要是词语）的特定性质和作用。

注：数学符号、货币符号、校勘符号、辞书符号、注音符号等特殊领域的专门符号不属于标点符号。

2.2 句子 sentence

前后都有较大停顿、带有一定的语气和语调、表达相对完整意义的语言单位。

陈述句 declarative sentence 用来说明事实的句子。

祈使句 imperative sentence 用来要求听话人做某件事情的句子。

疑问句 interrogative sentence 用来提出问题的句子。

感叹句 exclamatory sentence 用来抒发某种强烈感情的句子。

2.3 复句 complex sentence

由两个或多个在意义上有密切关系的分句组成的语言单位，包括简单复句（内部只有一层语义关系）和多重复句（内部包含多层语义关系）。

2.4 分句 clause

复句内两个或多个前后有停顿、表达相对完整意义、不带有句末语气和语调、有的前面可添加关联词语的语言单位。

2.5 语段 expression

指语言片段，是对各种语言单位（如词、短语、句子、复句等）不做特别区分时的统称。

2.6　词语 expression

词和短语(词组)。词,即最小的能独立运用的语言单位。短语,即由两个或两个以上的词按一定的语法规则组成的表达一定意义的语言单位,也叫词组。

3　标点符号的种类

标点符号是辅助文字记录语言的符号,是书面语的有机组成部分,用来表示停顿、语气以及词语的标点符号有 17 种,分点号和标号两大类。

点号的作用在于点断,主要表示说话时的停顿和语气。点号又分为句末点号和句内点号。句末点号用在句末,有句号、问号、叹号 3 种,表示句末的停顿,同时表示句子的语气。句内点号用在句内,有逗号、顿号、分号、冒号 4 种,表示句内的各种不同性质的停顿。

标号的作用在于标明,主要标明语句的性质和作用。常用的标号有 9 种,即:引号、括号、破折号、省略号、着重号、连接号、间隔号、书名号和专名号。

3.1　点号

点号的作用是点断,主要表示停顿和语气。分为句末点号和句内点号。

3.1.1　句末点号

用于句末的点号,表示句末停顿和句子的语气。包括句号、问号、叹号。

3.1.2　句内点号

用于句内的点号,表示句内各种不同性质的停顿。包括逗号、顿号、分号、冒号。

3.2　标号

标号的作用是标明,主要标示某些成分(主要是词语)的特定性质和作用。包括引号、括号、破折号、省略号、着重号、连接号、间隔号、书名号、专名号、分隔号。

4　标点符号的定义、形式和用法

4.1　句号

4.1.1　定义

句末点号的一种,主要表示句子的陈述语气。

4.1.2　形式

句号的形式是"。"。

4.1.3　基本用法

4.1.3.1　用于句子末尾,表示陈述语气。使用句号主要是根据语段前后有较大停顿、带有陈述语气和语调,并不取决于句子的长短。

示例 1:北京是中华人民共和国的首都。

示例 2:(甲:咱们走着去吧?)乙:好。

4.1.3.2　有时也可表示较缓和的祈使语气和感叹语气。

示例 1:请您稍等一下。

示例 2:我不由地感到,这些普通劳动者也是同样很值得尊敬的。

4.2　问号

4.2.1　定义

句末点号的一种,主要表示句子的疑问语气。

4.2.2　形式

问号的形式是"?"。

4.2.3　基本用法

4.2.3.1　用于句子末尾,表示疑问语气(包括反问、设问等疑问类型)。使用问号主要根据语段前后有较大停顿、带有疑问语气和语调,并不取决于句子的长短。

示例1:你怎么还不回家去呢?

示例2:难道这些普通的战士不值得歌颂吗?

示例3:(一个外国人,不远万里来到中国,帮助中国的抗日战争。)这是什么精神?这是国际主义的精神。

4.2.3.2　选择问句中,通常只在最后一个选项的末尾用问号,各个选项之间一般用逗号隔开。当选项较短且选项之间几乎没有停顿时,选项之间可不用逗号。当选项较多或较长,或有意突出每个选项的独立性时,也可每个选项之后都用问号。

示例1:诗中记述的这场战争究竟是真实的历史描述,还是诗人的虚构?

示例2:这是巧合还是有意安排?

示例3:要一个什么样的结尾;现实主义的?传统的?大团圆的?荒诞的?民族形式的?有象征意义的?

示例4:(他看着我的作品称赞了我。)但到底是称赞我什么:是有几处画得好?还是什么都敢画?抑或只是一种对于失败者的无可奈何的安慰?我不得而知。

示例5:这一切都是由客观的条件造成的?还是由行为的惯性造成的?

4.2.3.3　在多个问句连用或表达疑问语气加重时,可叠用问号。通常应先单用,再叠用,最多叠用三个问号。在没有异常强烈的情感表达需要时不宜叠用问号。

示例:这就是你的做法吗?你这个总经理是怎么当的??你怎么竟敢这样欺骗消费者???

4.2.3.4　问号也有标号的用法,即用于句内,表示存疑或不详。

示例1:马致远(1250?—1321),大都人,元代戏曲家、散曲家。

示例2:钟嵘(?—518),颍川长社人,南朝梁代文学批评家。

示例3:出现这样的文字错误,说明作者(编者?校者?)很不认真。

4.3　叹号

4.3.1　定义

句末点号的一种,主要表示句子的感叹语气。

4.3.2　形式

叹号的形式是"!"。

4.3.3　基本用法

4.3.3.1　用于句子末尾,主要表示感叹语气,有时也可表示强烈的祈使语气、反问语气等。使用叹号主要根据语段前后有较大停顿、带有感叹语气和语调或带有强烈的祈使、反问语气和语调,并不取决于句子的长短。

示例1:才一年不见,这孩子都长这么高啦!

示例2:你给我住嘴!

示例3:谁知道他今天是怎么搞的!

4.3.3.2　用于拟声词后,表示声音短促或突然。

示例1：咔嚓！一道闪电划破了夜空。

示例2：咚！咚咚！突然传来一阵急促的敲门声。

4.3.3.3　表示声音巨大或声音不断加大时，可叠用叹号；表达强烈语气时，也可叠用叹号，最多叠用三个叹号。在没有异常强烈的情感表达需要时不宜叠用叹号。

示例1：轰！！在这天崩地塌的声音中，女娲猛然醒来。

示例2：我要揭露！我要控诉！！我要以死抗争！！！

4.3.3.4　当句子包含疑问、感叹两种语气且都比较强烈时（如带有强烈感情的反问句和带有惊愕语气的疑问句），可在问号后再加叹号（问号、叹号各一）。

示例1：这么点困难就能把我们吓倒吗？！

示例2：他连这些最起码的常识都不懂，还敢说自己是高科技人才？！

4.4　逗号

4.4.1　定义

句内点号的一种，表示句子或语段内部的一般性停顿。

4.4.2　形式

逗号的形式是"，"。

4.4.3　基本用法

4.4.3.1　复句内各分句之间的停顿，除了有时用分号（见4.6.3.1），一般都用逗号。

示例1：不是人们的意识决定人们的存在，而是人们的社会存在决定人们的意识。

示例2：学历史使人更明智，学文学使人更聪慧，学数学使人更精细，学考古使人更深沉。

示例3：要是不相信我们的理论能反映现实，要是不相信我们的世界有内在和谐，那就不可能有科学。

4.4.3.2　用于下列各种语法位置：

a) 较长的主语之后。

示例1：苏州园林建筑各种门窗的精美设计和雕镂功夫，都令人叹为观止。

b) 句首的状语之后。

示例2：在苍茫的大海上，狂风卷集着乌云。

c) 较长的宾语之前。

示例3：有的考古工作者认为，南方古猿生存于上新世纪至更新世纪的初期和中期。

d) 带句内语气词的主语（或其他成分）之后，或带句内语气词的并列成分之间。

示例4：他呢，倒是很乐意地、全神贯注地干起来了。

示例5：（那是个没有月亮的夜晚。）可是整个村子——白房顶啦，白桦木啦，雪堆啦，全都看得见。

e) 较长的主语中间、谓语中间、或宾语中间。

示例6：母亲沉痛的诉说，以及亲眼见到的事实，都启发了我幼年时期追求真理的思想。

示例7：那姑娘头戴一顶草帽，身穿一条绿色的裙子，腰间还系着一根橙色的腰带。

示例8：必须懂得，对于文化传统，既不能不分青红皂白统统抛弃，也不能不管精华糟粕全盘继承。

f) 前置的谓语之后或后置的状语、定语之前。

示例9：真美啊，这条蜿蜒的林间小路。

示例10：她吃力地站了起来，慢慢地。

示例 11：我只是一个人，孤孤单单的。

4.4.3.3　用于下列各种停顿处：

a) 复指成分或插说成分前后。

示例 1：老张，就是原来的办公室主任，上星期已经调走了。

示例 2：车，不用说，当然是头等。

b) 语气缓和的感叹语、称谓语或呼唤语之后。

示例 3：哎哟，这儿，快给我揉揉。

示例 4：大娘，您到哪儿去啊？

示例 5：喂，你是哪个单位的？

c) 某些序次语("第"字头、"其"字头及"首先"类序次语)之后。

示例 6：为什么许多人都有长不大的感觉呢？原因有三：第一，父母总认为自己比孩子成熟；第二，父母总要以自己的标准来衡量孩子；第三，父母出于爱心而总不想让孩子在成长的过程中走弯路。

示例 7：《玄秘塔碑》所以成为书法的范本，不外乎以下几方面的因素：其一，具有楷书点画、构体的典范性；其二，承上启下，成为唐楷的极致；其三，字如其人，爱人及字，柳公权高尚的书品、人品为后人所崇仰。

示例 8：下面从三个方面讲讲语言的污染问题，首先，是特殊语言环境中的语言污染问题；其次，是滥用缩略语引起的语言污染问题；再次，是空话和废话引起的语言污染问题。

4.5　顿号

4.5.1　定义

句内点号的一种，表示语段中并列词语之间或某些序次语之后的停顿。

4.5.2　形式

顿号的形式是"、"。

4.5.3　基本用法

4.5.3.1　用于并列词语之间。

示例 1：这里有自由、民主、平等、开放的风气和氛围。

示例 2：造型科学、技艺精湛、气韵生动，是盛唐石雕的特色。

4.5.3.2　用于需要停顿的重复词语之间。

示例：他几次三番、几次三番地辩解着。

4.5.3.3　用于某些序次语(不带括号的汉字数字或"天干地支"类序次语)之后。

示例 1：我准备讲两个问题：一、逻辑学是什么？二、怎样学好逻辑学？

示例 2：风格的具体内容主要有以下四点：甲、题材；乙、用字；丙、表达；丁、色彩。

4.5.3.4　相邻或相近两数字连用表示概数通常不用顿号。若相邻两数字连用为缩略形式，宜用顿号。

示例 1：飞机在 6 000 米高空水平飞行时，只能看到两侧八九公里和前方一二十公里范围内的地面。

示例 2：这种凶猛的动物常常三五成群地外出觅食和活动。

示例 3：农业是国民经济的基础，也是二、三产业的基础。

4.5.3.5　标有引号的并列成分之间、标有书名号的并列成分之间通常不用顿号。若有其他成分插在并列的引号之间或并列的书名号之间(如引语或书名号之后还有括注),宜用顿号。

示例1："日""月"构成"明"字。

示例2:店里挂着"顾客就是上帝""质量就是生命"等横幅。

示例3:《红楼梦》《三国演义》《西游记》《水浒传》,是我国长篇小说的四大名著。

示例4:李白的"白发三千丈"(《秋浦歌》)、"朝如青丝暮成雪"(《将进酒》)都是脍炙人口的诗句。

示例5:办公室里订有《人民日报》(海外版)、《光明日报》和《时代周刊》等报刊。

4.6　分号

4.6.1　定义

句内点号的一种,表示复句内部并列关系分句之间的停顿,以及非并列关系的多重复句中第一层分句之间的停顿。

4.6.2　形式

分号的形式是";"。

4.6.3　基本用法

4.6.3.1　表示复句内部并列关系的分句(尤其当分句内部还有逗号时)之间的停顿。

示例1:语言文字的学习,就理解方面说,是得到一种知识;就运用方面说,是养成一种习惯。

示例2:内容有分量,尽管文章短小,也是有分量的;内容没有分量,即使写得再长也没有用。

4.6.3.2　表示非并列关系的多重复句中第一层分句(主要是选择、转折等关系)之间的停顿。

示例1:人还没看见,已经先听见歌声了;或者人已经转过山头望不见了,歌声还余音袅袅。

示例2:尽管人民革命的力量在开始时总是弱小的,所以总是受压的;但是由于革命的力量代表历史发展的方向,因此本质上又是不可战胜的。

示例3:不管一个人如何伟大,也总是生活在一定的环境和条件下;因此,个人的见解总难免带有某种局限性。

示例4:昨天夜里下了一场雨,以为可以凉快些;谁知没有凉快下来,反而更热了。

4.6.3.3　用于分项列举的各项之间。

示例:特聘教授的岗位职责为:一、讲授本学科的主干基础课程;二、主持本学科的重大科研项目;三、领导本学科的学术队伍建设;四、带领本学科赶超或保持世界先进水平。

4.7　冒号

4.7.1　定义

句内点号的一种,表示语段中提示下文或总结上文的停顿。

4.7.2　形式

冒号的形式是":"。

4.7.3　基本用法

4.7.3.1　用于总说性或提示性词语(如"说""例如""证明"等)之后,表示提示下文。

示例1:北京紫禁城有四座城门:午门、神武门、东华门和西华门。

示例2:她高兴地说:"咱们去好好庆祝一下吧!"

示例3:小王笑着点了点头:"我就是这么想的。"

示例4:这一事实证明:人能创造环境,环境同样也能创造人。

4.7.3.2　表示总结上文

示例:张华上了大学,李萍进了技校,我当了工人:我们都有美好的前途。

4.7.3.3　用在需要说明的词语之后,表示注释和说明。

示例1:(本市将举办首届大型书市。)主办单位:市文化局;承办单位:市图书进出口公司;时间:8月15日—20日;地点:市体育馆观众休息厅。

示例2:(做阅读理解题有两个办法。)办法之一:先读题干,再读原文,带着问题有针对性地读课文。

办法之二:直接读原文,读完再做题,减少先入为主的××××。

4.7.3.4　用于书信、讲话稿中称谓语或称呼语之后。

示例1:广平先生:……

示例2:同志们、朋友们:……

4.7.3.5　一个句子内部一般不应套用冒号。在列举式或条文式表述中,如不得不套用冒号时,宜另起段落来显示各个层次。

示例:第十条　遗产按照下列顺序继承:

第一顺序:配偶、子女、父母。

第二顺序:兄弟姐妹、祖父母、外祖父母。

4.8　引号

4.8.1　定义

标号的一种,标示语段中直接引用的内容或需要特别指出的成分。

4.8.2　形式

引号的形式有双引号""""和单引号"''"两种。左侧的为前引号,右侧的为后引号。

4.8.3　基本用法

4.8.3.1　标示语段中直接引用的内容。

示例:李白诗中就有"白发三千丈"这样极尽夸张的语句。

4.8.3.2　标示需要着重论述或强调的内容。

示例:这里所谓的"文",并不是指文字,而是指文采。

4.8.3.3　标示语段中具有特殊含义而需要特别指出的成分,如别称、简称、反语等。

示例1:电视被称作"第九艺术"。

示例2:人类学上常把古人化石统称为尼安德特人,简称"尼人"。

示例3:有几个"慈祥"的老板把捡来的菜叶用盐浸浸就算作工友的菜肴。

4.8.3.4　当引号中还需要使用引号时,外面一层用双引号,里面一层用单引号。

示例:他问:"老师,'七月流火'是什么意思?"

4.8.3.5　独立成段的引文如果只有一段,段首和段尾都用引号;不止一段时,每段开头仅用前引号,只在最后一段末尾用后引号。

示例:我曾在报纸上看到有人这样谈幸福:

"幸福是知道自己喜欢什么和不喜欢什么。……

"幸福是知道自己擅长什么和不擅长什么。……

"幸福是在正确的时间做了正确的选择。……"

4.8.3.6　在书写带月、日的事件、节日或其他特定意义的短语(含简称)时,通常只标引其中的月和日;需要突出和强调该事件或节日本身时,也可连同事件或节日一起标引。

示例1:"5·12"汶川大地震

示例2："五四"以来的话剧,是我国戏剧中的新形式。

示例3:纪念"五四运动"90周年

4.9　括号

4.9.1　定义

标号的一种,标示语段中的注释内容、补充说明或其他特定意义的语句。

4.9.2　形式

括号的主要形式是圆括号"( )",其他形式还有方括号"[ ]"、六角括号"〔 〕"和方头括号"【 】"等。

4.9.3　基本用法

4.9.3.1　标示下列各种情况,均用圆括号:

a) 标示注释内容或补充说明。

示例1:我校拥有特级教师(含已退休的)17人。

示例2:我们不但善于破坏一个旧世界,我们还将善于建设一个新世界!(热烈鼓掌)

b) 标示订正或补加的文字。

示例3:信纸上用稚嫩的字体写着:"阿夷(姨),你好!"。

示例4:该建筑公司负责的建设工程全部达到优良工程(的标准)。

c) 标示序次语。

示例5:语言有三个要素:(1) 声音;(2) 结构;(3) 意义。

示例6:思想有三个条件:(一) 事理;(二) 心理;(三) 伦理。

d) 标示引语的出处。

示例7:他说得好:"未画之前,不立一格;既画之后,不留一格。"(《板桥集·题画》)

e) 标示汉语拼音注音。

示例8:"的(de)"这个字在现代汉语中最常用。

4.9.3.2　标示作者国籍或所属朝代时,可用方括号或六角括号。

示例1:[英] 赫胥黎《进化论与伦理学》

示例2:[唐] 杜甫著

4.9.3.3　报刊标示电讯、报道的开头,可用方头括号。

示例:【新华社南京消息】

4.9.3.4　标示公文发文字号中的发文年份时,可用六角括号。

示例:国发〔2011〕3号文件

4.9.3.5　标示被注释的词语时,可用六角括号或方头括号。

示例1:〔奇观〕奇伟的景象。

示例2:【爱因斯坦】物理学家。生于德国,1933年因受纳粹政权迫害,移居美国。

4.9.3.6　除科技书刊中的数学、逻辑公式外,所有括号(特别是同一形式的括号)应尽量避免套用。必须套用括号时,宜采用不同的括号形式配合使用。

示例:〔茸(róng)毛〕很细很细的毛。

4.10　破折号

4.10.1　定义

标号的一种,标示语段中某些成分的注释、补充说明或语音、意义的变化。

4.10.2　形式

破折号的形式是"——"。

4.10.3　基本用法

4.10.3.1　标示注释内容或补充说明(也可用括号,见4.9.3.1;二者的区别另见B.1.7)。

示例1:一个矮小而结实的日本中年人——内山老板走了过来。

示例2:我一直坚持读书,想借此唤起弟妹对生活的希望——无论环境多么困难。

4.10.3.2　标示插入语(也可用逗号,见4.4.3.3)。

示例:这简直就是——说得不客气点——无耻的勾当!

4.10.3.3　标示总结上文或提示下文(也可用冒号,见4.7.3.1、4.7.3.2)。

示例1:坚强,纯洁,严于律己,客观公正——这一切都难得地集中在一个人身上。

示例2:画家开始娓娓道来——

数年前的一个寒冬,……

4.10.3.4　标示话题的转换。

示例:"好香的干菜,——听到风声了吗?"赵七爷低声说道。

4.10.3.5　标示声音的延长。

示例:"嘎——"传过来一声水禽被惊动的鸣叫。

4.10.3.6　标示话语的中断或间隔。

示例1:"班长他牺——"小马话没说完就大哭起来。

示例2:"亲爱的妈妈,你不知道我多爱您。——还有你,我的孩子!"

4.10.3.7　标示引出对话。

示例:——你长大后想成为科学家吗?

——当然想了!

4.10.3.8　标示事项列举分承。

示例:根据研究对象的不同,环境物理学分为以下五个分支学科:

——环境声学;

——环境光学;

——环境热学;

——环境电磁学;

——环境空气动力学。

4.10.3.9　用于副标题之前。

示例:飞向太平洋

——我国新型号运载火箭发射目击记

4.10.3.10　用于引文、注文后,标示作者、出处或注释者。

示例1:先天下之忧而忧,后天下之乐而乐。

——范仲淹

示例2:乐浪海中有倭人,分为百余国。

——《汉书》

示例3:很多人写好信后把信笺折成方胜形,我看大可不必。(方胜,指古代妇女戴的方形首饰,用彩绸等制作,由两个斜方部分叠合而成。——编者注)

4.11　省略号

4.11.1　定义

标号的一种，标示语段中某些内容的省略及意义的断续等。

4.11.2　形式

省略号的形式是"……"。

4.11.3　基本用法

4.11.3.1　标示引文的省略。

示例：我们齐声朗诵起来："……俱往矣，数风流人物，还看今朝。"

4.11.3.2　标示列举或重复词语的省略。

示例1：对政治的敏感，对生活的敏感，对性格的敏感，……这都是作家必须要有的素质。

示例2：他气得连声说："好，好……算我没说。"

4.11.3.3　标示语意未尽。

示例1：在人迹罕至的深山密林里，假如突然看见一缕炊烟，……

示例2：你这样干，未免太……！

4.11.3.4　标示说话时断断续续。

示例：她磕磕巴巴地说："可是……太太……我不知道……你一定是认错了。"

4.11.3.5　标示对话中的沉默不语。

示例："还没结婚吧?"

"……"他飞红了脸，更加忸怩起来。

4.11.3.6　标示特定的成分虚缺。

示例：只要……就……

4.11.3.7　在标示诗行、段落的省略时，可连用两个省略号（即相当于十二连点）。

示例1：从隔壁房间传来缓缓而抑扬顿挫的吟咏声——

床前明月光，疑是地上霜。

⋯⋯⋯⋯⋯⋯

示例2：该刊根据工作质量、上稿数量、参与程度等方面的表现，评选出了高校十佳记者站。还根据发稿数量、提供新闻线索情况以及对刊物的关注度等，评选出了十佳通讯员。

⋯⋯⋯⋯⋯⋯

4.12　着重号

4.12.1　定义

标号的一种，标示语段中某些重要的或需要指明的文字。

4.12.2　形式

着重号的形式是"·"，标注在相应的文字下方。

4.12.3　基本用法

4.12.3.1　标示语段中重要的文字。

示例1：诗人需要表现，而不是证明。

示例2：下面对本文的理解，不正确的一项是：……

4.12.3.2　标示语段中需要指明的文字。

示例：下边加点的字，除了在词中的读法外，还有哪些读法?

着急　子弹　强调
．　　．．　　．．

4.13　连接号

4.13.1　定义

标号的一种,标示某些相关联成分之间的连接。

4.13.2　形式

连接号的形式有短横线"-"(占半个字符位置)、一字线"—"(占一个字符位置)、浪纹线"～"(占一个字符位置)三种。

4.13.3　基本用法

4.13.3.1　标示下列各种情况,均用短横线:

a) 化合物的名称或表格、插图的编号。

示例1:3-戊酮为无色液体

示例2:参见下页表2-8、表2-9。

b) 连接号码,包括门牌号码、电话号码,以及用阿拉伯数字表示年月日等。

示例3:安宁里东路26号院3-2-11室

示例4:联系电话:010-88842603

示例5:2011-02-15

c) 在复合名词中起连接作用。

示例6:吐鲁番-哈密盆地

d) 某些产品的名称和型号。

示例7:WZ-10直升机具有复杂天气和夜间作战的能力。

e) 汉语拼音、外来语内部的分合。

示例8:shuōshuō-xiàoxiào(说说笑笑)

示例9:盎格鲁-撒克逊人

示例10:让-雅克·卢梭("让-雅克"为双名)

示例11:皮埃尔·孟戴斯-弗朗斯("孟戴斯-弗朗斯"为复姓)

4.13.3.2　标示下列各种情况,一般用一字线,有时也可用浪纹线:

a) 标示相关项目(如时间、地域等)的起止。

示例1:沈括(1031—1095),宋朝人。

示例2:2011年2月3日—10日

示例3:北京—上海特别旅客快车

b) 标示数值范围(由阿拉伯数字或汉字数字构成)的起止。

示例4:25～30 g

示例5:第五～八课

4.14　间隔号

4.14.1　定义

标号的一种,标示某些相关联成分之间的分界。

4.14.2　形式

间隔号的形式是"·"。

4.14.3　基本用法

4.14.3.1　标示外国人名或少数民族人名内部的分界。

示例1：克里斯蒂娜·罗塞蒂

示例2：阿依古丽·买买提

4.14.3.2　标示书名与篇(章、卷)名之间的分界。

示例：《淮南子·本经训》

4.14.3.3　标示词牌、曲牌、诗体名等和题名之间的分界。

示例1：《沁园春·雪》

示例2：《天净沙·秋思》

示例3：《七律·冬云》

4.14.3.4　用在构成标题或栏目名称的并列词语之间。

示例：《天·地·人》

4.14.3.5　以月、日为标志的事件或节日，用汉字数字表示时，只在一、十一和十二月后用间隔号；当直接用阿拉伯数字表示时，月、日之间均用间隔号(半角字符)。

示例1："九一八"事变　　"五四"运动

示例2："一·二八"事变　　"一二·九"运动

示例3："3·15"消费者权益日　　"9·11"恐怖袭击事件

4.15　书名号

4.15.1　定义

标号的一种，标示语段中出现的各种作品的名称。

4.15.2　形式

书名号的形式有双书名号"《 》"和单书名号"〈 〉"两种。

4.15.3　基本用法

4.15.3.1　标示书名、卷名、篇名、刊物名、报纸名、文件名等。

示例1：《红楼梦》(书名)

示例2：《史记·项羽本纪》(卷名)

示例3：《论雷峰塔的倒掉》(篇名)

示例4：《每周关注》(刊物名)

示例5：《人民日报》(报纸名)

示例6：《全国农村工作会议纪要》(文件名)

4.15.3.2　标示电影、电视、音乐、诗歌、雕塑等各类用文字、声音、图像等表现的作品的名称。

示例1：《渔光曲》(电影名)

示例2：《追梦录》(电视剧名)

示例3：《勿忘我》(歌曲名)

示例4：《沁园春·雪》(诗词名)

示例5：《东方欲晓》(雕塑名)

示例6：《光与影》(电视节目名)

示例7：《社会广角镜》(栏目名)

示例8：《庄子研究文献数据库》(光盘名)

示例9：《植物生理学系列挂图》(图片名)

4.15.3.3　标示全中文或中文在名称中占主导地位的软件名。

示例：科研人员正在研制《电脑卫士》杀毒软件。

4.15.3.4   标示作品名的简称。

示例：我读了《念青唐古拉山脉纪行》一文(以下简称《念》),收获很大。

4.15.3.5   当书名号中还需要书名号时,里面一层用单书名号,外面一层用双书名号。

示例：《教育部关于提请审议〈高等教育自学考试试行办法〉的报告》

4.16   专名号

4.16.1   定义

标号的一种,标示古籍和某些文史类著作中出现的特定类专有名词。

4.16.2   形式

专名号的形式是一条直线"____",标注在相应文字的下方。

4.16.3   基本用法

4.16.3.1   标示古籍、古籍引文或某些文史类著作中出现的专有名词,主要包括人名、地名、国名、民族名、朝代名、年号、宗教名、官署名、组织名等。

示例1：孙坚人马被刘表率军围得水泄不通。(人名)

示例2：于是聚集冀、青、幽、并四州兵马七十多万准备决一死战。(地名)

示例3：当时乌孙及西域各国都向汉派遣了使节。(国名、朝代名)

示例4：从咸宁二年到太康十年,匈奴、鲜卑、乌桓等族人徙居塞内。(年号、民族名)

4.16.3.2   现代汉语文本中的上述专有名词,以及古籍和现代文本中的单位名、官职名、事件名、会议名、书名等不应使用专名号。必须使用标号标示时,宜使用其他相应标号(如引号、书名号等)。

4.17   分隔号

4.17.1   定义

标号的一种,标示诗行、节拍及某些相关文字的分隔。

4.17.2   形式

分隔号的形式是"/"。

4.17.3   基本用法

4.17.3.1   诗歌接排时分隔诗行(也可使用逗号和分号,见4.4.3.1/4.6.3.1)。

示例：春眠不觉晓/处处闻啼鸟/夜来风雨声/花落知多少。

4.17.3.2   标示诗文中的音节节拍。

示例：横眉/冷对/千夫指,俯首/甘为/孺子牛。

4.17.3.3   分隔供选择或可转换的两项,表示"或"。

示例：动词短语中除了作为主体成分的述语动词之外,还包括述语动词所带的宾语和/或补语。

4.17.3.4   分隔组成一对的两项,表示"和"。

示例1：13/14次特别快车

示例2：羽毛球女双决赛中国组合杜婧/于洋两局完胜韩国名将李孝贞/李敬元。

4.17.3.5   分隔层级或类别。

示例：我国的行政区划分为：省(直辖市、自治区)/省辖市(地级市)/县(县级市、区、自治州)/乡(镇)/村(居委会)。

5　标点符号的位置和书写形式

5.1　横排文稿标点符号的位置和书写形式

5.1.1　句号、逗号、顿号、分号、冒号均置于相应文字之后,占一个字位置,居左下,不出现在一行之首。

5.1.2　问号、叹号均置于相应文字之后,占一个字位置,居左,不出现在一行之首。两个问号(或叹号)叠用时,占一个字位置;三个问号(或叹号)叠用时,占两个字位置;问号和叹号连用时,占一个字位置。

5.1.3　引号、括号、书名号中的两部分标在相应项目的两端,各占一个字位置。其中前一半不出现在一行之末,后一半不出现在一行之首。

5.1.4　破折号标在相应项目之间,占两个字位置,上下居中,不能中间断开分处上行之末和下行之首。

5.1.5　省略号占两个字位置,两个省略号连用时占四个字位置并须单独占一行。省略号不能中间断开分处上行之末和下行之首。

5.1.6　连接号中的短横线比汉字"一"略短,占半个字位置;一字线比汉字"一"略长,占一个字位置;浪纹线占一个字位置。连接号上下居中,不出现在一行之首。

5.1.7　间隔号标在需要隔开的项目之间,占半个字位置,上下居中,不出现在一行之首。

5.1.8　着重号和专名号标在相应文字的下边。

5.1.9　分隔号占半个字位置,不出现在一行之首或一行之末。

5.1.10　标点符号排在一行末尾时,若为全角字符则应占半角字符的宽度(即半个字位置),以使视觉效果更美观。

5.1.11　在实际编辑出版工作中,为排版美观、方便阅读等需要,或为避免某一小节最后一个汉字转行或出现在另外一页开头等情况(浪费版面及视觉效果差),可适当压缩标点符号所占用的空间。

5.2　竖排文稿标点符号的位置和书写形式

5.2.1　句号、问号、叹号、逗号、顿号、分号和冒号均置于相应文字之下偏右。

5.2.2　破折号、省略号、连接号、间隔号和分隔号置于相应文字之下居中,上下方向排列。

5.2.3　引号改用双引号"﹁""﹂"和单引号"﹃""﹄",括号改用"︵""︶",标在相应文字的上下。

5.2.4　竖排文稿中使用浪线式书名号"　",标在相应文字的左侧。

5.2.5　着重号标在相应文字的右侧,专名号标在相应文字的左侧。

5.2.6　横排文稿中关于某些标点不能居行首或行末的要求,同样适用于竖排文稿。

附录五 标注符号、校对符号及其用法

一、标注符号使用说明

（一）用红蓝两色铅笔或圆珠笔标注符号。

（二）使用符号前后一致。

名　称	符　号	用法说明
标序符号	1 2 3 4 ……	自然段序号,归纳要点
	一 二 三 四 ……	文章结构段序号
注释符号	〔　〕	需要注释的词语
段落符号	ǀ	分段,段与段之间标法
层次符号	╱	段内分层用
摘录符号	「　」	要作摘录的部分
	＝＝＝＝	论点句、中心句、关键句
	……	重要词语
	‿‿‿‿‿‿‿	有欣赏价值佳句
	?	表示不解、质疑
	！　！	应引起注意、极重要
	～ ～ ～ ～（比喻）	标明该句修辞方式
	～ ～ ～ ～（下定义）	标明该处说明方法
	～ ～ ～ ～（抒情）	标明该处表达方式
	～ ～ ～ ～（事实论据）	标明该处的论据类型

二、校对符号使用说明

（一）校样中的校对引线不可交叉。初、二、三校中的校对引线,要从行间画出。

（二）校样上改正的字符要书写清楚。校对外文,要用印刷体。

（三）校对校样,应根据校次分别采用红、纯蓝、绿三种不同的墨水笔或圆珠笔书写校对符号。

（四）作译者改动校样所用笔的颜色,要与校样上已使用的颜色,有所区别,但不可用铅笔。

编号	符号形态	符号作用	符号在文中和页边用法示例	说　明
		一、字符的改动		
1		改正	增高出版物质量。	
2		删除	提高出版物质质量。	
3		增补	要搞好校工作。	增补的字符较多，圈起来有困难时，可用线画清增补的范围。
4		换损污字	坏字和模糊的字要调换。	
5		改正上下角	$16 = 4^2$ H_2SO_4 尼古拉.费欣 $0.25 + 0.25 = 0.5$ 举例 $2 \times 3 = 6$ $X : Y = 1 : 2$	
		二、字符方向位置的移动		
6		转正	字符颠倒要转正。	
7		对调	认真经验总结。 认真经结总脸。	
8		转移	校对工作，提高版质量要重视。	
9		接排	要重视校对工作，提高出版物质量。	
10		另起段	完成任务。明年……	

编号	符号形态	符号作用	符号在文中和页边用法示例	说　明
11	或	上下移		字符上移到缺口左右水平线处 字符下移到箭头所指的短线处
12		左右移	要重视校对工作,提高出版物质量。 3 4　5 6　5 5 欢呼　歌唱	字符右移到箭头所指的短线处 字符左移到缺口上下垂直线处 符号画得太小时,要在页边重标
13		排齐	校对工作非常重要。 　必须提高印刷质量,缩短印制周期。	
14		排阶梯形	BH₂	
15		正图		符号横线表示水平位置,竖线表示垂直位置,箭头表示上方
三、字符间空距的改动				
16	∨ ＞	加大空距	一、校对程序 校对胶印读物、影印书刊的注意事项:	表示适当加大空距
17	∧ ＜	减少空距	二、校对程　序 校对 胶印读物、影印书刊的注意事项:	表示适当减小空距 横式文字画在字间和行头之间
18		空1字 空1/2字距 空1/3字距 空1/4字距	第一章 校对职责和方法	
19	Y	分开	goodmorning	用于外文

编号	符号形态	符号作用	符号在文中和页边用法示例	说　明
			四、其　他	
20	△	保留	认真搞好校对工作。 △	除在原删除的字符下画△外，并在原删除符号上画两竖线
21	○ =	代替	机器由许多②件组成，有的②件是铸出来的，有的②件是锻出来的，有的②件是…… ○＝零	同页内，要改正许多相同的字符，用此符号，要在页边注明： ○＝零
22	oooo	说明	第一章　改三黑 ○○○ 校对的职责	说明或指令性文字不要圈起来，在其字下画圈，表示不作为改正的文字

主要参考文献

1. 余扬、吴剑云：《保险应用写作》，复旦大学出版社，2014 年

2. 宁东玲、刘静意、梁革兵：《应用文写作实训教程》，科学出版社，2015 年

3. 张建：《应用写作》，高等教育出版社，2016 年

4. 郭雪峰、岳五九：《应用文写作实训教程》，清华大学出版社，2016 年

5. 夏京春：《应用文阅读与写作》，现代教育出版社，2018 年

6. 钱立静、郑晓明：《新概念高职应用写作》，高等教育出版社，2012 年

7. 陈桂良：《实用写作》，中国经济出版社，2012 年

8. 钟德玲：《应用文写作项目化实训教程》，中国轻工业出版社，2018 年

9. 黄秀丽、江爱国：《应用文写作》，中国人民大学出版社，2015 年

图书在版编目(CIP)数据

保险应用写作/余扬主编. —2 版. —上海:复旦大学出版社,2019.7(2022.1 重印)
ISBN 978-7-309-14386-7

Ⅰ.①保… Ⅱ.①余… Ⅲ.①保险业-应用文-写作-高等职业教育-教材 Ⅳ.①F840.3

中国版本图书馆 CIP 数据核字(2019)第 112183 号

保险应用写作(第二版)
余 扬 主编
责任编辑/鲍雯妍

复旦大学出版社有限公司出版发行
上海市国权路 579 号 邮编:200433
网址:fupnet@ fudanpress. com http://www. fudanpress. com
门市零售:86-21-65102580 团体订购:86-21-65104505
出版部电话:86-21-65642845
常熟市华顺印刷有限公司

开本 787×1092 1/16 印张 17 字数 334 千
2022 年 1 月第 2 版第 3 次印刷

ISBN 978-7-309-14386-7/F·2583
定价:42.00 元